Hanneke und Hans Korteweg

Dem inneren Licht folgen

Chakren, Charakterstrukturen und die sieben Strahlen

Aus dem Niederländischen
von Hildegard Höhr und Theo Kierdorf

Esoterik

Herausgegeben von Gerhard Riemann

Die hier vorgestellte »integrale Psychologie« verbindet esoterische und psychologische Systeme zu einer Synthese, die es dem Leser ermöglicht, mit seiner inneren Stimme in Kontakt zu kommen. Dabei legen die Autoren größten Wert auf die praktische Umsetzbarkeit der hier vorgestellten Gedanken und Prinzipien. So werden u. a. für unsere Zeit typische Erkrankungen wie Magersucht, Hyperventilation oder Migräne besprochen mit den ihnen entsprechenden Blockaden und deren Lösung. Ein anderer Schwerpunkt dieses Buches liegt in der Beschreibung kollektiver Charakterstrukturen und deren Gruppendynamik. Ein Buch für alle, die sich für Körperenergien interessieren und deren Einfluß auf unseren Charakter und unseren Gesundheitszustand.

Hanneke und Hans Korteweg leiten seit 12 Jahren das »Institut für integrale Psychologie«. In Kursen und Einzelsitzungen unterweisen sie in Selbsthilfe für Körper und Seele. In ihrer Arbeit integrieren sie die Lehren von C. G. Jung, Alice Baily, Wilhelm Reich sowie das Wissen um das Chakren-Energiesystem.

Deutsche Erstausgabe Mai 1991
© 1991 Droemersche Verlagsanstalt Th. Knaur Nachf., München
Das Werk einschließlich aller seiner Teile ist urheberrechtlich geschützt.
Jede Verwertung außerhalb der engen Grenzen des Urheberrechts-
gesetzes ist ohne Zustimmung des Verlages unzulässig und strafbar.
Das gilt insbesondere für Vervielfältigungen, Übersetzungen,
Mikroverfilmungen und die Einspeicherung und Verarbeitung
in elektronischen Systemen.
Titel der Originalausgabe »Innerlijke Leiding«
© 1989 by Hans Korteweg und Hanneke Korteweg-Frankhuisen
Originalverlag Servire Uitgevers B.V., Katwijk aan Zee
Umschlagillustration Peter F. Strauss
Satz DTP (Ventura Publisher 2.0) br
Druck und Bindung Ebner Ulm
Printed in Germany
ISBN 3-426-04261-4

2   4   5   3

Inhalt

Einleitung

*W*ir schreiben dieses Buch aus dem Wunsch heraus, das Wissen, das uns am Herzen liegt, so zu vermitteln, daß andere es für ihr Leben nutzen können. Wir arbeiten seit gut fünfzehn Jahren als Psychotherapeuten, Berater und Lehrer für Menschen, die im Einklang mit ihrer inneren Quelle leben möchten. In dieser Zeit hat sich unser Wissen weiterentwickelt und ist zu konkreter Erfahrung geworden – die Engländer würden sagen, zu einem »body of knowledge«. Wir haben dieses Erfahrungswissen sowohl in unserem persönlichen Leben wie auch in unserer Arbeit gesammelt. Das vorliegende Buch ist das Ergebnis dieser Synthese. Wir möchten mit diesem Buch eine integrale Psychologie vorstellen, die sich aus verschiedenen, scheinbar nicht miteinander verwandten Elementen zusammensetzt: dem System der Chakren (das auf uralte östliche Überlieferungen zurückgeht), den fünf Charakterstrukturen (von Wilhelm Reich und den Begründern der Bio-Energetik entwickelt) und der Lehre von den Sieben Strahlen (bekannt aus esoterischen Schriften). Diese verschiedenen Systeme haben wir ausführlich beschrieben und aufgezeigt, wie sie miteinander in Zusammenhang stehen. Damit richtet sich unser Buch sowohl an den Anfänger, der noch nie etwas von der behandelten Materie gehört hat, als auch an denjenigen, der sich schon gründlich in eines oder mehrere der hier im Zusammenhang dargestellten Systeme vertieft hat.

Zentrales Thema des Buches: die Chakren, die Charakterstrukturen und die Lehre von den Sieben Strahlen als Hilfsmittel verstehen zu können, die es uns ermöglichen, mit unserer eigenen tiefsten Quelle in Kontakt zu treten. Deshalb haben wir unserem Buch auch den Titel gegeben: *Dem inneren Licht folgen.* Wir wenden uns darin an die Menschen, die ihr tiefstes Wissen und ihre tiefsten Wünsche in ihr alltägliches Leben integrieren wollen.

Unser Buch möchte zudem unseren Lesern helfen, das, was sie bereits wissen, und das, womit wir sie neu bekannt machen, im Alltag umzusetzen. Das Buch ist in Liebe geschrieben. In Liebe zum Leben und in Liebe zu dem Menschen, mit dem zusammen wir es geschrieben haben. Diese Liebe ist der Grundton unseres Wissens.

Innere Leitung, so ist an einer Stelle in diesem Buch zu lesen, ist untrennbar mit äußerer Leitung verbunden. Innerlich sind wir mit unserer Quelle verbunden, und wir arbeiten von ihr aus, doch verfügen wir auch über äußere Quellen. Wir befinden uns in einer Tradition, in der wir übermitteln und auf unsere Weise verarbeiten, was andere uns vermittelt haben. Viele haben uns in unserem Leben den Weg gewiesen. Einige dieser Menschen möchten wir hier nennen: Eva Pierrakos-Broch, John Pierrakos, Barbara Brennan und David Tansley. Sie waren für uns Helfer im wahrsten Sinne des Wortes. Auch unser Freund und Kamerad Jaap Voigt soll in dieser Reihe genannt werden. Er hat uns geholfen, wie er sich ausdrückt, »unser Wissen in das Stoffliche einsinken zu lassen«. Schließlich danken wir Rob Stoeckart für gewissenhaftes Lesen und Kommentieren des Manuskripts.

Leser, die sich aufgrund der Lektüre dieses Buches für unsere Arbeit interessieren und die nähere Information darüber wünschen, können sich an folgende Adresse wenden:

Instituut voor Toegepaste Integrale Psychologie
(Institut für angewandte Integrale Psychologie)
Achterdijk 3, NL-5328 JL Rossum, Tel. 0031 - (0) 4182 - 2173

Hanneke Korteweg-Frankhuisen
Hans Korteweg

Kapitel 1

Integrale Psychologie

*W*ir wären sicher sehr erstaunt, wenn ein Hammer plötzlich aus eigener Kraft aus der Werkzeugkiste in die Hand seines Besitzers fliegen und mit der Hand schlagende Bewegungen vollführen würde – wenn der Hammer also praktisch seinen »Herrn« zwingen würde, seinem Willen zu gehorchen. Wenn der Hammer dann mitsamt seinem »Benutzer« alles kurz und klein schlagen und »Amok laufen« würde, so stünde dies sicherlich am nächsten Tag als Schlagzeile in den Zeitungen. Hämmer – sowie ganz allgemein alle Werkzeuge und Maschinen – müssen wissen, was ihnen zusteht. Da sie Gebrauchsgegenstände sind, dürfen sie nicht *uns* gebrauchen.

Bei Werkzeugen und Apparaten für den Bereich des Materiellen wie Hämmer, Nähmaschinen und Autos halten wir dies für selbstverständlich. Doch merkwürdigerweise erscheint es uns gar nicht so selbstverständlich, wenn es sich um psychische Werkzeuge handelt, beispielsweise um das menschliche Wahrnehmungsvermögen oder um den Denkapparat. Psychische Werkzeuge dürfen sich fast alles erlauben, was einem einfachen Gebrauchsgegenstand für den Bereich des Materiellen strengstens untersagt ist. Vor allem der Denkapparat kann es in dieser Hinsicht sehr weit treiben.

Rat und Tat

Unser innerer Computer, der Denkapparat, ist ein Gebrauchsgegenstand, der dem Menschen als Informationsspeicher sowie zum Abwägen und Kombinieren verschiede-

ner Tatsachen dienen kann. Er versteht es, Kausalzusammen-
hänge zu erfassen und aus Erfahrungen der Vergangenheit
Schlüsse zu ziehen, die die Zukunft betreffen. Deshalb ist der
Denkapparat ein äußerst nützliches Hilfsmittel, das jedoch
auch ziemlich gefährlich werden kann, wenn er, wie es so
oft der Fall ist, die Führung übernimmt und seinen »Besitzer«
nach seiner Pfeife tanzen läßt.

Der Denkapparat, den wir auch als lineares oder niederes
Denken bezeichnen können, betrachtet, wie bereits gesagt,
die Gegenwart aus dem Blickwinkel der Vergangenheit. Er
mißt alles, was sich ihm an Neuem präsentiert, an den
Erfahrungen, die er in der Vergangenheit analysiert, selektiert
und gespeichert hat. Da er fortwährend die Gegenwart an
der Vergangenheit zu messen versucht, reagiert er oft inad-
äquat und undifferenziert. Außerdem neigt er zu Verallge-
meinerungen. Ist er beispielsweise ein einziges Mal von
einem Polizisten ungerecht behandelt worden, so sendet er
von diesem Zeitpunkt an jedesmal Warnsignale aus, wenn
ein Polizist in die Nähe kommt – wahrscheinlich sogar schon,
wenn nur jemand mit einer Mütze auf dem Kopf sich am
Horizont zeigt. So funktioniert unser Denkapparat, und das
ist auch seine Aufgabe: Er geht prinzipiell auf Nummer
Sicher. Auf diese Weise schützt er den Menschen davor,
Fehler zu wiederholen, und verlängert dadurch das Leben
des Betreffenden.

Dieses niedere Denken läßt sich mit einem königlichen
Minister vergleichen, wie wir ihn aus Märchen und Mythen
kennen: Ein erfahrener Ratgeber mit einer eigenständigen
Sicht der Dinge. Solange der König den Minister zwar zu Rate
zieht, die notwendige Entscheidung jedoch anschließend
selbst trifft, und solange der Minister weiß, was ihm zusteht,
und nicht versucht, sich in den Entscheidungsprozeß einzu-
mischen, geht alles gut. Doch aus Märchen und Mythen wie
auch aus unserem Alltag ist bekannt, daß sich Minister selten

mit ihrer Rolle begnügen; sie wollen höher hinaus. Ebenso strebt auch der menschliche Denkapparat nur zu oft höher hinaus; er erklärt sich zur Zentrale, zum Selbst, obwohl ihm dazu jegliche Befähigung fehlt.

Die berühmten Worte von Descartes, »Ich denke, also bin ich«, machen nur einen Sinn, wenn es tatsächlich eine Zentralinstanz gibt – ein Ich, das denkt, bzw. das vom Denkapparat Gebrauch macht. Wenn diese Zentralinstanz nicht vorhanden ist oder wenn sie dem Denken ihren Platz abgetreten hat, wäre es zutreffender und ehrlicher zu sagen: »Ich werde gedacht, deshalb bin ich nicht.«

Wahrscheinlich gibt es auf unserem Planeten aus dieser Sicht heraus sehr wenige Menschen, die »sind«.

Das große Plappermaul

Ob das niedere Denken die Führung übernommen hat, läßt sich an der unaufhörlichen mentalen Geschäftigkeit erkennen. Sobald der Denkapparat sich verselbständigt hat, erweist er sich gewöhnlich als unglaubliche »Quasselstrippe«. *Großes Plappermaul* wäre ein guter Name für ihn. Unentwegt fügt er bei der geringsten Stimulation Erinnerung an Erinnerung und spuckt einen Schwall von Assoziationen aus. Außerdem führt er im Kopf seines armen Eigentümers unentwegt Diskussionen mit eingebildeten Gegnern. Das kann dazu führen, daß der Eigentümer des Denkapparates schließlich wild gestikulierend und laut diskutierend durch die Straßen läuft, begleitet von den neugierigen Blicken der Passanten, bei denen es noch nicht so weit gekommen ist.

Besonders wenn äußere Ruhe eintritt – zum Beispiel bei Urlaubsanfang oder bei Beginn der Meditation –, drängt sich das unruhige Denken, das sich in alles einmischen muß, in den Vordergrund. Ehe man sich's versieht, glaubt man an diesen Hexenkessel von Ängsten, Erwartungen, Prognosen, übereilten Schlußfolgerungen und fragmentierten Erinnerungen. Das ist sehr verführerisch – genauso verführerisch, wie es ist, auf Klatschgeschichten einzugehen oder sich einen uninteressanten Film weiter anzuschauen, weil er ja vielleicht später noch spannend werden könnte.

Außerdem ist die Richtung, die das große Plappermaul weist, ziemlich deprimierend. Der selbständig agierende Denkapparat hat *per definitionem* keine Kenntnis von größeren Zusammenhängen. Er ist auf persönliches Überleben ausgerichtet und kennt weder Weisheit noch Liebe. Die Informationen, die er liefern kann, gründen auf einseitig klassifizierten und zusammengetragenen Fakten. Da es das Ziel des niederen Denkens ist, eine Wiederholung bereits einmal erlebter Schmerzen zu verhindern, betrachtet es neue Ereignisse immer wieder aus dem Blickwinkel früherer schmerzhafter Erfahrungen und verhindert genau dadurch neues Glück. Wo das niedere Denken das Regiment führt, lastet der Fluch der Vergangenheit auf allem Neuen.

Philip K. Dick, der begnadete Science-fiction-Autor, dessen gesamtes Werk sich mit der Thematik von Wahn und Wirklichkeit befaßt, erzählt in seiner Geschichte *Frozen Journey* von einem Mann, der zu einem weit entfernten Sonnensystem reist. Die Reise dauert ungefähr zehn Jahre. Die Passagiere des Raumschiffs verbringen diese Zeit im Kältetiefschlaf; sie befinden sich also während der ganzen Reise in einem Zustand der Bewußtlosigkeit. Die Hauptperson der Geschichte, ein Mann namens Kemmings, erwacht kurz nach der Abreise teilweise aus seinem Kälteschlaf. Der Bordcomputer läßt nichts unversucht, um Kemmings wieder einzuschläfern, doch es gelingt ihm nicht. Er kann ihn auch nicht völlig zu Bewußtsein bringen und ihn aufstehen lassen, da es an Bord des Raumschiffes weder Sauerstoff noch Nahrung gibt. »›Ich werde Ihnen sensorische Anregungen zuspielen‹, teilt ihm die Stimme des Schiffes mit. ›Die Gefahr, der Sie ausgesetzt sind, ist sensorische Deprivation. Wenn Sie zehn Jahre ohne sensorische Wahrnehmung bei Bewußtsein sind, wird Ihr Verstand verfallen. Bis wir das System LR 4 erreichen, werden Sie wie eine Pflanze sein … Es gibt eine Politik für solche Situationen: Ich werde Ihnen Ihre eigenen verschütteten Erinnerungen eingeben, unter Betonung der angenehmsten.‹«[1]

Der Bordcomputer untersucht die Erinnerungen vieler Jahre, die größtenteils tief in Kemmings' Unbewußtes gesunken sind. Der Computer wählt die angenehmste Erinnerung, die er finden kann, und induziert sie in Kemmings' Bewußtsein. Dieser vergißt schon nach wenigen Sekunden, daß es sich um eine alte Erinnerung handelt, die der Computer aus seinem Unbewußten ausgegraben hat, so intensiv werden alle seine Sinne davon angesprochen. Doch schon nach kurzer Zeit tauchen Probleme auf, denn so wie Kemmings in seinem bisherigen Leben jeweils nur für sehr kurze Zeit glücklich zu sein vermochte, ist er auch jetzt nur über einen kurzen Zeitraum dazu in der Lage. Selbst die angenehmsten Szenen, die ihm vom Bordcomputer des Raumschiffes wieder zugänglich gemacht werden, verwandelt sein Denkapparat mittels der darin verankerten Ängste, Vorurteile und negativen Erwartungen in kürzester Zeit in verhängnisvolle und schreckliche Phantasien. Immer wieder muß der Bordcomputer Kemmings aus seinen Phantasien herausreißen, um zu verhindern, daß der Raumpassagier verrückt wird. Immer wieder gibt er ihm neue Chancen, doch immer wieder wendet Kemmings diese Chancen ins Negative. Am Ende vermag der Leser nicht mehr zu unterscheiden, was Wirklichkeit ist und was die alten Erfahrungen sind, die Kemmings auf die ihn angebotenen neuen Möglichkeiten projiziert.

[1] Philip K. Dick, »Tiefgekühlt« (Originaltitel »Frozen Journey«) in *Kosmische Puppen und andere Lebensformen,* Ein Philip K. Dick-Reader, Hrsg. Uwe Anton, Heyne SF, Bd. 4328, München 1986.

Wie so viele Science-fiction-Geschichten ist auch diese ein moderner Mythos. Wir alle befinden uns auf einer solchen großen Reise, und wir alle sind dieser eine Passagier, der nicht schlafen und nicht wachen kann. Wir erhalten die Gelegenheit, die endlose Zeit, die vor uns liegt, positiv und kreativ zu gestalten, und wir merken, wie sehr unsere Vergangenheit und dasjenige, was unverarbeitet geblieben ist, unser kreatives Potential behindern. Obwohl wir uns das Beste vorstellen können, wähnen wir uns in einer Hölle und machen auf diese Weise unsere Umgebung auch tatsächlich dazu. Es liegt an uns, die Leere nicht mehr mit unseren alten Vorstellungen, mit unseren Ängsten, Erwartungen und Vorurteilen auszufüllen. Es ist unsere Sache, das Wagnis auf uns zu nehmen, die negative Sicherheit von gestern nicht mehr auf das Mysterium des gegenwärtigen Augenblicks zu übertragen und eine eigene, neue Antwort zu finden.

Schüler eines höheren Prinzips

> Ich meine, daß gewissen Gedankenrichtungen die Zulassung verweigert wird, gewisse Gewohnheiten des Denkens ausgetilgt und gewisse Zugänge zu Ideen nicht entwickelt werden. Das geht durch einen Austauschprozeß vor sich und nicht durch einen heftigen Unterdrückungsakt.
>
> Alice A. Bailey[2]

Der Prozeß, den Alice Bailey hier beschreibt, erfordert große Disziplin. Das ist etwas anderes als reine Beherrschung. Disziplin beinhaltet, wie das Wort schon sagt, daß man bereit ist, Schüler (lat. *discipulus*) eines höheren Prinzips zu sein und sich einem höheren Prinzip unterzuordnen – in jedem Fall dem freien, kreativen Denken.

[2] *Eine Abhandlung über die Sieben Strahlen* Bd. 5, »Die Strahlen und die Einweihungen«, S. 258, Lucis, Genf 1972.

Das Wort Disziplin hat in unserer Zeit einen etwas negativen Beigeschmack bekommen. Es erweckt die Assoziation der Humorlosigkeit und die Vorstellung, daß man sich mitten im Winter eigenhändig ein Loch ins Eis hackt und sich dann in das eiskalte Wasser gleiten läßt. Doch dies ist nicht die Art von Disziplin, die wir hier meinen. Es geht nicht um Unterdrückung und Selbstbeherrschung, sondern darum, daß wir uns für etwas entscheiden, das uns wertvoll ist, und daß wir das, was sich als weniger passend für uns erwiesen hat, nicht weiter nähren.

Es hat keinen Sinn, den Denkapparat zu unterdrücken. Das große Plappermaul läßt sich nicht auf Dauer unterdrücken; es meldet sich nach einer Pause stets mit größerer Lautstärke. Außerdem geht es nicht darum, den Denkapparat völlig auszuschalten. Immerhin ist er ein äußerst nützliches Werkzeug. Er soll nur nicht den Ton angeben und mit seinen bruchstückhaften Erkenntnissen den kreativen Prozeß behindern. Er muß wissen, was ihm zukommt – er muß seine Grenzen kennen.

Disziplin erfordert Unterscheidungsfähigkeit und die Fähigkeit zu objektiver Wahrnehmung. Es ist wichtig, daß wir die Information, die das niedere Denken uns gibt, an unserem tiefsten Wissen überprüfen und daß wir das Denken und die Auswüchse desselben zu beobachten vermögen, ohne uns daran zu klammern und vor allem ohne uns emotional damit zu verbinden.

Wenn wir dies tun – wenn wir die Impulse des Denkens als Information betrachten und wenn wir nicht emotional auf diese Information reagieren, üben wir Disziplin. Dann stehen wir selbst im Zentrum, das Denken ist wieder zu einer Funktion geworden, und dem schöpferischen Denken ist die Tür geöffnet.

Wenn wir wissen, was wir denken, und wenn wir denken, was wir wissen, sind wir frei. Zwar werden zweifellos auch dann noch Ängste und negative Erwartungen existieren, doch werden unser Dasein und unsere Entscheidungen nicht mehr von ihnen bestimmt.

Schöpferisches Denken

> Wir leben in aufeinanderfolgenden Momenten, in steter Trennung, in Teilen und Teilchen. Und indessen lebt im Menschen die Seele des Ganzen, das weise Schweigen, die Weltschönheit, mit welcher jeder Teil und jedes Teilchen in Zusammenhang steht: das Ewig-Eine.
>
> Ralph Waldo-Emerson, *Die Über-Seele*[3]

Als Mensch besitzt man die Fähigkeit, über alles nachzudenken und sich alles Erdenkliche vorzustellen. Man hat die Freiheit, damit so weit zu gehen, wie man will. Dem Vorstellungsvermögen des Menschen sind keine Grenzen gesetzt. Es ist nicht an die Gesetze der Schwerkraft gebunden, nicht an die Begrenzungen von Zeit und Raum. Du kannst dir alles vorstellen, jede Existenz, jede Zukunft, die du nur wünschst. Nichts liegt fest, wenn du dich nicht mehr vom niederen Denken bestimmen läßt.

Auch den Sinn deines Lebens kannst du dir vorstellen. Selbst dies ist keine Wahrheit, die außerhalb von dir liegt. Du bist derjenige, der bestimmt, warum du hier auf Erden bist: aufgrund von altem Karma, rein zufällig, weil du eine bestimmte Aufgabe hast, nur aufgrund der biologischen Vereinigung deiner Eltern, weil du auch diese Zeit-Räumlichkeit einmal erforschen wolltest oder warum auch immer. Auf die Frage nach dem Sinn deines Lebens gibt es keine eindeutige, allgemeingültige Antwort, die du nur zu entdecken bräuchtest so wie die Lösung eines Kreuzworträtsels. Nein, du selbst bist die Antwort, und du findest deine Antwort, wenn du dich

---

[3] Ralph Waldo-Emerson, *Ausgewählte Texte*, Hrsg. Hans Christian Meiser, Goldmann-TB 8441, S. 113

nicht mehr von der Vergangenheit bestimmen läßt, nicht mehr denkst, daß jemand oder etwas außerhalb von dir die Antwort weiß, und wenn du es wagst, dein kreatives Vorstellungsvermögen zu entfalten. Das, was du dann wahrnimmst, ist deine Antwort.

Du bist für dich selbst der einzige Zugang zum Leben. Du bist das Leben, welches das Leben wahrnimmt und liebt oder nicht liebt. Es ist dir unmöglich, dir außer dem Leben noch etwas anderes vorzustellen. Du bist eine Manifestation des Lebens; deine Gedanken sind eine Form von Leben, wie tief oder wie weit sie auch reichen mögen. Der Sinn deines Lebens kann sich nur in deinem Leben enthüllen, nicht außerhalb davon.

Wenn du dein Leben vollkommen erfüllst, von Augenblick zu Augenblick, indem du dafür sorgst, daß deine tiefsten Wünsche Wirklichkeit werden, kreierst du damit in jedem Augenblick den Grund für deine Existenz. Das ist Sinngebung. Wenn du so lebst, gibt es für dich nichts mehr außerhalb des gegenwärtigen Augenblicks. Leben und Sinngebung ist dann gleichbedeutend damit, alle Aufmerksamkeit auf das Hier und Jetzt zu konzentrieren. Das ist die allergrößte Kunst. Es entsteht etwas Neues in dir, wenn du dem, was in dir emporsteigt, deinen tiefsten Wünschen, konsequent folgst. Deine liebsten Wünsche sind die Lichtlinie, die dich durch das Labyrinth des Raum-Zeitlichen geleitet. Wenn du dieser Lichtlinie unablässig folgst und mit allem, was du bist, den Hindernissen entgegentrittst, denen du auf deinem Weg unvermeidlich begegnest, kreierst du, wie nur *du kreieren kannst*. Der Lichtlinie zu folgen erfordert Hingabe, Mut und Unterscheidungsvermögen von dir, doch die Kreation kommt zustande, indem du deine eigene Antwort auf das gibst, was dir auf deinem Weg begegnet.

Dieses Thema klingt in vielen Märchen an. In einem solchen Märchen suchen drei Brüder für ihren Vater die Wundernachtigall, den Vogel, der mit seinem jubelnden Lied Tote zum Leben erwecken kann. Die drei Brüder wünschen sich von ganzem Herzen, diese Wundernachtigall zu finden, doch fehlt den beiden ältesten die Hingabe, der Mut und das Unterscheidungsvermögen, um diesen Wunsch konsequent zu verfolgen. Nur der jüngste ist dazu in der Lage. Doch auch er stößt auf Hindernisse: Eine verwundete Taube liegt am Wegesrand. Auch er möchte die Wundernachtigall möglichst bald finden, trotzdem hält er sein Pferd an und steigt ab. Dies ist *seine* Antwort, *sein* kreativer Akt. Obgleich auch er darauf brennt, sein Ziel zu erreichen, ist er mit ganzem Herzen bei dem, was ihm begegnet. Zwar führt dies nach den Gesetzen der herkömmlichen Logik zu einer Verzögerung seiner Reise, doch tatsächlich stellt sich heraus, daß er, gerade weil er bei der Taube anhält, schneller zu seinem Ziel kommt. Die Taube erzählt ihm nämlich, welche Hindernisse er auf seinem weiteren Weg antreffen wird und wie er ihnen am besten begegnet. So findet der Held dieser Geschichte, gerade weil er sich mit einem Hindernis befaßt, schließlich das, was er sich am innigsten wünscht. Er erreicht sein Ziel *und* findet persönliche Erfüllung.

Die größte Erfüllung findest du in Dingen, die du so tust, wie nur *du* es kannst. Das sind deine Kunstwerke. Damit trägst du etwas Essentielles, Einzigartiges bei und bist gleichzeitig völlig in deinem Element. So zu leben bedeutet zu spielen. Die ganze Schöpfung ist dann ein einziges großes Spiel, ohne daß man dahinter oder darin eine ernsthaftere Bedeutung suchen müßte. Du bist das Leben, das mit dem Leben spielt, denn du spielst natürlich niemals allein.

Zwar kann dieses gemeinsame Spiel unterbrochen werden, wenn man Vorbehalte hat, sich ein Hintertürchen offenhält oder die angeblichen Privatinteressen wahrt. Dann gerät das Spiel ins Stocken, und sogleich ist es auch mit dem schöpferischen Prozeß und mit der Freude vorbei. Doch wenn du das Spiel nicht unterbrichst, wirst du anderen begegnen, die ebenso wie du das, was ihnen an sich selbst das Liebste ist, »aufs Spiel setzen«, die wie du bereit sind, bis zum Äußersten zu gehen, jeden Moment von neuem. Und in dem so entstehenden gemeinsamen Spiel bildet sich wieder ein neues Ganzes. Je mehr Raum das gemeinsame Spiel erhält, um so besser können die Leerräume mit Neuschöpfungen ausgefüllt werden.

Auf diese Weise entstehen unzählige Formen und immer mehr Spieler. Du stellst fest, daß du dieses Spiel weiter und weiter fortsetzen willst. So wie eine Schlange immer wieder ihre Haut abstreift, so gehst du von jeder Form, die du geschaffen hast, in eine neue Form über. Du hast immer weniger Angst davor, das Alte hinter dir zu lassen. Immer bewußter genießt du deine Freiheit und deine schöpferische Kraft, und du wirst dir immer sicherer, daß das Leben dich nicht fallen lassen wird. Ein Spiel ohne Ende.

Aber bevor du so weit bist ...

Jenseits von Verlust und Gewinn

Um frei und kreativ denken zu können, mußt du den Impulsen des niederen Denkens gegenüber unabhängig sein. Das bedeutet vor allem, daß du dich nicht von der Möglichkeit persönlichen Verlustes oder persönlichen Gewinns beherrschen lassen darfst. Das niedere Denken ist immer auf persönlichen Vorteil aus; es will Verlust verhindern, sowohl Verlust von Besitz wie auch Verlust von Menschen (die es übrigens als Besitz betrachtet), und es will Frustration und Schmerz jeder Art vermeiden.

Um frei denken zu können, darfst du dem Erbsenzählen des niederen Denkens keine Beachtung mehr schenken. Das kannst du aber nur, wenn du nicht mehr versuchst, all das Unerwünschte, dem du begegnen kannst, auszugrenzen.

Das Leben ist nicht nur eitel Sonnenschein. Jeden Augenblick kann das Dach herabstürzen, und der Tod steht vor der Tür. Alles, was denkbar ist, ist ein Teil des Lebens, ebenso wie alles, was denkbar ist, Teil des Vorstellungsvermögens ist. Doch lernen wir immer wieder – dies ist ein wichtiger Bestandteil unserer Erziehung –, daß das Leben um uns herum gefährlich ist und daß wir uns gegen die vielen Gefahren, die auf uns lauern, absichern müssen. Ebenso lernen wir, uns dem Teil unseres Denkens gegenüber zu verschließen, der sich (von Natur aus) das weniger Wünschenswerte, Gefährliche ausmalt.

So wirkt unser Sicherheitssystem stets gleichzeitig in zwei Richtungen: nach innen, auf unsere eigenen Vorstellungen, und nach außen, auf das Leben um uns herum. Doch wir tun so, als käme das Schreckenerregende nur von außen. Statt des Lebens in uns selbst machen wir das Leben außerhalb von uns zur Ursache unserer Angst.

Wenn wir nicht mehr unsere Zeit damit vergeuden, unser Leben an unseren Ängsten zu orientieren, verlieren unsere Ängste an Bedeutung. Wir vermögen unser Denken dann dem Unbekannten zu öffnen, einer neuen Möglichkeit, die durch uns verwirklicht werden will. Letzten Endes bedeutet dies, daß wir auch die größte Gefahr, die das Leben in sich birgt – den Tod –, nicht mehr als Feind ansehen.

Dies ist der entscheidende große Schritt für jeden Menschen. Jeder wird irgendwann im Leben einmal mit dem Tod konfrontiert, in der Welt der Gedanken und in der Realität. Die Art, wie man diesem größten Feind der menschlichen Existenz entgegentritt, zeigt, was für ein Mensch man ist. Wirklich frei wird nur, wer den Tod nicht aus seinem Denken ausklammert, sondern ihn vollständig zuläßt und anfängt, ihn als einen Teil des Lebens anzusehen. Hat man dies geschafft, so kommt dies einer Einweihung gleich; man hat ein Tor durchschritten und ist in ein neues Leben eingetreten, das nicht mehr von der Angst vor dem Tode bestimmt wird. Wer dieses Tor durchschreitet, sieht, daß alles ohne Ausnahme Leben ist, Leben, das sich fortwährend entwickelt und erneuert. Wer diesen Schritt tut, weiß, daß er im Grunde nicht den Gesetzen von Zeit und Raum unterliegt. Er weiß, daß sein Kern, der *Geist*, frei ist.

Wenn wir eins sind mit unserem Geist, so sind wir Reisende durch Zeit und Raum, die während ihrer Reise ununterbrochen bei Bewußtsein sind und die, anders als die Hauptperson in Philip K. Dicks Geschichte, nie an etwas festhalten, das einmal war.

Der Sprung

Der Geist drückt sich in einem dreidimensionalen Körper mit einem dazugehörigen Denkapparat aus. Er begibt sich sozusagen in eine Wirklichkeit, in der ihm durch Raum und Zeit Grenzen gesetzt sind. Gleichzeitig jedoch verbleibt er weiterhin in völliger Freiheit außerhalb der Schranken der stofflichen Wirklichkeit. Der Geist ruht in sich selbst, er inkarniert, er ist und er wird.

Daß die Lebensessenz ruhend *ist* und gleichzeitig sich entwickeln *wird*, vermag der linear denkende Verstand nicht zu fassen. Diese Kluft kann das niedere Denken nicht überbrücken. Dazu bedarf es eines Sprungs.

Die meisten religiösen Systeme vollziehen diesen Sprung nicht. Die Anhänger dieser Systeme behaupten, daß der Geist anderswo verweile – beispielsweise im Himmel – und daß er sich nur in besonderen Augenblicken – beispielsweise während des Gottesdienstes oder während bestimmter sakramentaler Handlungen – im Irdischen manifestiere. Im Prinzip, so behaupten sie, sei das Irdische, Raum-Zeitliche, Stoffliche nicht spirituell, sondern ein fundamental anderer Zustand. Wir seien in diesen Zustand gefallen und könnten nur das Beste daraus machen, indem wir uns an bestimmte Regeln hielten, bestimmte Dinge täten und andere unterließen. So könnten wir, wenn wir uns darum bemühen würden, unser Bestes zu geben, in einem bestimmten Augenblick – meist nach dem Tod – in das Reich des Geistes eingehen. Diese religiösen Systeme sehen den Menschen als das Geschöpf einer höheren Kraft, eines Schöpfers. Sie erkennen nicht an, daß allem Schöpfungskraft innewohnt und daß jeder Mensch der Schöpfer seines eigenen Daseins ist. Sie kennen nicht das Prinzip des kontinuierlichen Fortgangs der Schöpfung. Statt dessen bieten sie uns ein statisches moralisches System an.

Der weiter oben erwähnte Sprung hat nichts mit einem Denksystem zu tun, das eine weitgehende Unterscheidung zwischen Geist und Stoff trifft, zwischen Himmel und Erde, zwischen Schöpfer und Geschöpf. Der Sprung ist nur möglich, wenn man erkennt, daß der Geist in allem anwesend ist und daß Materie verdichteter Geist ist, so wie Geist erleuchtete Materie. Doch selbst wenn man dies erkennt, ist der Sprung zur tatsächlichen Erfahrung dieses Prinzips noch groß.

Viele Menschen unserer Zeit sind dabei, diesen Sprung zu tun. Sie lernen, mit der höchsten Energie in Kontakt zu sein und alles, was sie in diesem Kontakt erfahren, auf die konkrete tägliche Wirklichkeit anzuwenden. Sie lernen, daß im Zentrum jeder konkreten Situation eine »Freiheit des Werdens« liegt, von der aus sich die Situation in jede mögliche Richtung entwickeln kann, und daß sie selbst sich von diesem Zentrum aus kreativ mit der Richtung und mit der Entwicklung der Dinge befassen können. Sie lernen, in zwei Welten gleichzeitig zu leben.

Das Problem dabei ist, daß wir oft nicht wissen, wie wir aus unseren Alltagssorgen heraus zu dieser essentiellen Wirklichkeit Kontakt aufnehmen können, zu diesem Punkt von Freiheit, von wo aus schöpferisches Handeln möglich ist. Wir wissen, daß wir uns von hier nach dort begeben wollen und daß wir dies können – von der Zeit zur Ewigkeit, von diesem Ort überallhin –, aber wie und wann, das wissen wir nicht. Uns ist auch klar, daß wir in jenen anderen Zustand nicht gelangen können, indem wir uns aus der Zeit und aus dem Raum wegphantasieren. Wir können nur dorthin gelangen, wenn wir uns ganz in der Zeit und im Raum inkarnieren, wenn wir ganz Teil dieses Augenblicks werden. In der Erfahrung dieses Augenblicks fallen Gestern und Morgen plötzlich weg, und wir finden einen direkten Durchgang zum ewigen Jetzt. Deshalb besteht die einzige Methode, die wir anwenden können, darin, uns immer wieder in den gegenwärtigen Augenblick zurückzuholen, sobald wir merken, daß wir daraus wegtreiben, aus dieser Erfahrung in diesem Körper, in diesem Raum. Wenn wir uns immer wieder um dieses Zurückkommen bemühen, merken wir, daß uns das mit der Zeit immer besser gelingt. Wir werden uns immer schneller dessen bewußt, daß wir kurzzeitig »nicht da waren«, daß wir uns für einen Augenblick zwischen den Schatten des Gestern oder zwischen den hoch aufragenden und beängstigenden Gestalten des Morgen befanden.

Doch auch die Anwendung dieser Methode ist keine Erfolgsgarantie. Wichtiger als die Methode ist, bewußt nach der Erfahrung einer Wirklichkeit zu verlangen, die sich nicht durch unser altes Denken begrenzen läßt. Denn das ist das Paradoxe: Wenn wir zum schöpferischen Zentrum unseres Daseins werden wollen – wenn wir unser Dasein wirklich mit unseren besten Absichten und mit unserem tiefsten Verlangen in Übereinstimmung bringen wollen, wird uns dabei geholfen.

Krise

Nehmen wir einmal an, du suchst so intensiv nach Freiheit, daß du sagst, nichts sei dir wichtiger. Du träumst davon, liest darüber und sprichst darüber. Du willst dich loslassen und dich anderen hingeben. Trotzdem hältst du dich immer noch stark zurück. Du stehst mit einem Fuß auf der Schwelle, doch du bekommst den anderen Fuß nicht hoch, und eigentlich suchst du nach wie vor nach Gründen, ihn da zu lassen, wo er ist.

Dann hilft das Leben, wie so oft, in Form einer Krise. Eine Krise ist eine Situation, in der du mit deinem dreidimensionalen Bewußtsein keinen Ausweg mehr siehst. Alle Notausgänge sind verschlossen. Du siehst keine Möglichkeit mehr, aus dieser Situation herauszukommen. Deine Tricks und Kniffe funktionieren nicht mehr. Aufsässigkeit hilft auch nicht mehr. Du stehst vor einem unüberwindlichen Hindernis.

Auf diese Weise wirst du gezwungen, mit deiner ganzen Aufmerksamkeit beim unmittelbar Vorhandenen zu bleiben: dem Wunsch nach Hilfe und dem Sprung, den du tief in deinem Inneren tun möchtest. Es kann sehr lange dauern, bis du den Wunsch nach Hilfe als Impuls ernst nimmst, so sehr hast du dir die Vorstellung zu eigen gemacht, es alleine schaffen zu wollen. Doch die Gefühle der Ohnmacht und der Beklemmung werden stärker und stärker, bis dein ganzes Sein zu einer einzigen großen Bitte um Hilfe geworden ist. Wenn dieser Zustand eintritt, fällt alle Arroganz und Rechthaberei von dir ab. Du gibst alle Phantasien darüber auf, wie die Hilfe auszusehen hat. Du wendest dich mit deinem ganzen Ich-Bewußtsein an etwas, das größer ist als alles, was du kennst, etwas, das so groß ist, daß du keine Kontrolle darüber hast. Und dann kommt es!

Wer anklopft, dem wird geöffnet. Das ist kein Märchen, das ist Wirklichkeit. Aber du mußt mit allem, was du hast, anklopfen. Du darfst nichts zurückhalten aus Angst, es zu verlieren. Wenn du um etwas vollkommen bittest, erhältst du immer eine Antwort. Diese Antwort fällt wahrscheinlich völlig anders aus, als du erwartet hast, doch stimmt sie voll und ganz mit deinem tiefsten Wunsch überein. Die Antwort, die du erhältst, bringt dich mit einem neuen Denken in Verbindung. So verhilft die Krise dir dazu, den großen Sprung in das zu wagen, was du zwar bist, jedoch nicht kennst.

Sonne und Sonnen

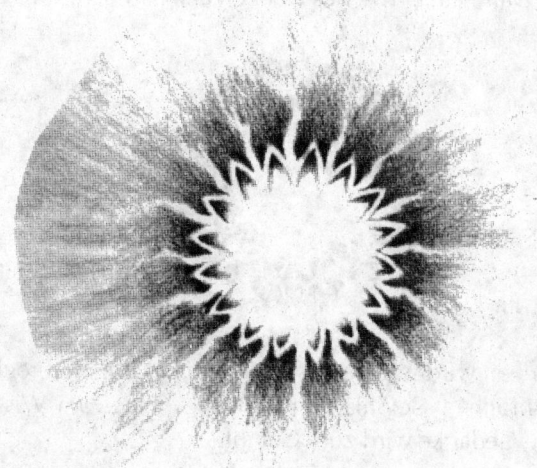

Durch den Sprung gelangst du in eine Wirklichkeit, in der alles möglich ist, in der der Widerstand des Stofflichen nie ein Hindernis bedeutete. Der Wille zu kreieren und der schöpferische Gedanke, der die Folge jenes Willens ist, sind der Anfang allen Schöpfertums. Sie gehen sozusagen der Materie voraus. Nicht die Materie bestimmt dich, sondern du bestimmst die Materie. Du bist selbst fortwährend Zentrum, wie eine Sonne. Alles geht von dir aus. Von diesem Zentrum aus stehst du mit anderen, ähnlichen Zentren in Verbindung, mit anderen Sonnen, die wissen, daß sie selbst der Anfangspunkt ihrer eigenen Existenz sind. Das Zusammenspiel dieser Zentren ist das Fundament echter, auf das Leben gerichteter Beziehungen. Die Strahlen dieser Sonnen sind deine Gedanken. Diese Strahlen dringen bis in die äußersten Ecken deines Seins.

Wenn das niedere Denken die Impulse der zentralen Kraft nicht umleitet, sondern ihr als gewissenhaftes ausführendes Organ dient, kann der natürliche Gedankenstrom ungestört fließen. Dann entspricht das Denken dem Wissen.

Das Denken wird infolgedessen von einem ununterbrochenen natürlichen Gefühlsstrom begleitet. Der vom Wissen genährte Gedanke wird zum Gefühl.

Gefühle und Emotionen

Charakteristisch für ein Gefühl ist, daß es sich frei fließend ausdrückt. Ein mit dem Gedankenstrom einhergehendes Gefühl strahlt ohne zusätzliche Anstrengung nach außen. Dies ist eine natürliche Folge der Tatsache, daß das Ich sein Denken und Fühlen als Teil des Lebens erfährt. Läßt sich ein Mensch hingegen vom Mahlstrom der Gedanken eines isolierten Denkapparats dominieren, so hat er keine Gefühle, sondern *Emotionen*. Dies ist ein wichtiger Unterschied. Emotionen müssen hinaus (das ist auch in der ursprünglichen lateinischen Bedeutung des Wortes enthalten: *e-movere* = sich nach außen bewegen). Eine Emotion ist eine Energiewelle, die danach verlangt, auf etwas gerichtet zu werden. Geschieht dies nicht, so gerät der Organismus in einen Zustand der Spannung. Eine Emotion ist an eine bestimmte, festgelegte Art der Erfahrung und Sicht der Wirklichkeit gekoppelt. Jede fixe Idee des niederen Denkens ist mit bestimmten Emotionen verbunden, die sich als außerordentlich zwingend manifestieren können. Beispielsweise geht die fixe Idee, »daß man Menschen nicht vertrauen kann«, Hand in Hand mit den Emotionen Mißtrauen, Haß und Rachsucht.

Eine Emotion zielt darauf, daß man sich einer Spannung entledigen will, während ein Gefühl auf Kontaktaufnahme zielt. Je unbewußter eine fixe Idee des niederen Denkens ist, um so blinder und zwingender sind die damit verbundenen Emotionen.

Manche Menschen scheinen völlig von ihren Emotionen bestimmt zu werden und andere – die man gewöhnlich als »rationaler« bezeichnet – ausschließlich durch ihr niederes Denken. Dies erweist sich jedoch bei näherer Betrachtung als purer Schein. Emotionen und starre Ansichten gehören zusammen wie Feuer und Rauch. Jeder emotional reagierende Mensch hat bestimmte Vorurteile und sehr starre Meinungen über das Leben und die anderen Menschen. Ebenso verbirgt sich unter der scheinbar so kalten und beherrschten Oberfläche eines vom niederen Denken dominierten Menschen ein Vulkan an Emotionen, der ausbricht, wenn man den festgefahrenen Ansichten eines solchen Menschen nur lange genug Widerstand entgegensetzt.

Erkennt man die eigenen fixen Ideen und Emotionen und ist man sich ihrer bewußt, so hat man die Möglichkeit, die

Wirkungsweise des niederen Denkens und der damit verbundenen Emotionen zu beobachten, statt sich damit zu identifizieren. So kann man die Emotionen meistern. Sie verlieren ihre zwingende Macht, und die frei werdende Energie steht zur Verfolgung der eigenen Ziele zur Verfügung.

Vom Zentrum (der Sonne) aus gesehen sind die Gefühle ein erweitertes Strahlungsfeld, in dem und durch das sich der Geist auszudrücken vermag. Gefühle sind, so könnte man sagen, eine Verdichtung von Gedanken; deshalb umfassen sie in der folgenden Abbildung einen Teil des Gedankenfeldes der vorangegangenen Abbildung.

Die Körper

Man kann einen Menschen als ein Gebilde aus Gedanken, Gefühlen, einem physischen Körper und einem beseelten Zentrum verstehen. Vom Zentrum aus gesehen ist der *physische Körper* der entfernteste, gleichzeitig aber auch der konkreteste Ausdruck. So wie die Gefühle eine Verdichtung der Gedanken sind, ist der physische Körper eine Verdichtung der Gefühle.

Dem physischen Körper entspricht ein unsichtbares Gegenstück (das jedoch nach einiger Übung deutlich wahrnehmbar wird): der *Ätherkörper*. Dieser Körper lenkt die Vitalenergie, die Lebensenergie, die der Motor für jede Bewegung im physischen Körper ist. Er stellt eine Umhüllung des physischen Körpers dar. Innerlich kannst du ihn als Bewegung in dir selbst nachspüren. Äußerlich kannst du ihn als einen leuchtenden Saum wahrnehmen, der wie eine zweite pulsierende Haut den gesamten Körper umschließt. Wenn wir im folgenden vom physischen Körper sprechen, meinen wir damit die Totalität des ätherisch/physischen Körpers.

Die Emotionen und Gefühle bilden ebenfalls eine Einheit, in der gleichen Weise, wie der physische Körper eine Einheit ist.

Dieses Ganze nennen wir den *Gefühlskörper* oder den *Astralkörper.* Er ist im allgemeinen nicht sichtbar, wohl aber spürbar. Die Energie, aus welcher der Gefühlskörper aufgebaut ist, hat eine feinere Schwingung als der physische Körper und geht über dessen Grenzen hinaus. Das ist der Grund, weshalb jemand, der die Gabe (entwickelt) hat, den Astralkörper wahrzunehmen, ihn als ein Strahlungsfeld *um* den physischen Körper *herum* sieht. Das Gegenteil ist jedoch der Fall: Der physische Körper befindet sich als ein verdichtetes Energiefeld *im* Astralkörper.

Der folgende Körper mit einer noch größeren Reichweite ist der Körper der Gedanken, der *Mentalkörper.* Er kann (außer von einigen wenigen) nicht gesehen und nicht empfunden, wohl aber mental »aufgefangen« werden. Jeder hat wohl schon einmal die Erfahrung gemacht, daß er plötzlich den gleichen Gedanken hatte wie ein anderer Mensch in der nahen Umgebung. Eine praktische Erklärung dieses Phänomens könnte lauten, daß es in solchen Fällen zu einer Berührung der beiden Mentalkörper gekommen ist, wodurch der Gedanke übertragen wurde.

Je stärker du dich selbst als die Quelle deiner Gedanken, deiner Gefühle und deines physischen Daseins erfährst, um so stärker kannst du die Wirkungsweise dieser verschiedenen Körper bei dir selbst und bei anderen wahrnehmen. Hellsehen ist deshalb nichts anderes als das natürliche Vermögen, hell bzw. klar zu sehen. Wenn du frei von den Vorstellungen bist, die die Wirklichkeit »trüben«, siehst du klar. Dann ist dein Denken nicht mehr auf dich selbst gerichtet, sondern du kannst in deinem Denken eine Verbindung zu allen Teilen des Ganzen herstellen. Dies ist der natürliche organische Zustand. Es ist, so könnte man sagen, unser angestammtes Recht, das wir verloren haben, weil wir uns mit den Auffassungen und Vorstellungen anderer identifiziert haben, mit den Auffassungen unserer Familie, unserer Kultur – unserer Vorbilder, die wir zwischen uns selbst und die Wirklichkeit gesetzt haben. Auf diese Weise sind wir kurzsichtig geworden.

Den, der du vom Grunde deines Wesens her bist, deine Seele, nennen wir in diesem Zusammenhang den *Kausalkörper*. Er ist kausal, weil er die Ursache (lateinisch *causa*) bzw. die Quelle deiner Gedanken, deiner Gefühle und deines physischen Körpers ist. Der *Kausalkörper* dehnt sich am weitestens aus, und er besteht aus der feinsten Energie. Siehe die Abbildung auf Seite 32. Den mentalen, den astralen und den physischen Körper bezeichnen wir zusammenfassend als die *Persönlichkeit.* Je mehr sich die verschiedenen Körper miteinander in Einklang befinden – mit anderen Worten, je mehr man fühlt, wie man denkt, und handelt, wie man fühlt und denkt –, wird man als Persönlichkeit zu einem Ganzen. Wenn die Integration sich vollzogen hat, sieht sich die Persönlichkeit vor eine ungeheure Entscheidung gestellt. Sie kann die Einheit, die sie erlangt hat, zum eigenen Vorteil nutzen, oder sie kann sich in den Dienst eines größeren Ganzen stellen.
Die Persönlichkeit, die sich dafür entscheidet, dem größeren Ganzen zu dienen, geht den Weg der Hingabe. Hingabe an die Leitung des Geistes, der sich mittels der Seele (oder des Kausalkörpers) äußert. Wenn die Persönlichkeit diesen aktiven Weg der Hingabe geht, wird sie zu einem Werkzeug oder Instrument. Im sozialen Bereich bedeutet dieses Instrument-Sein, daß jemand alles, was er entwickelt hat und was er geworden ist, einsetzt, um anderen zu helfen, ihren Lebensweg zu verfolgen.

SEELE

MENTALKÖRPER

ASTRALKÖRPER

PHYSISCHER
KÖRPER

PERSÖNLICHKEIT

Kapitel 2

Helfer-Sein und Instrument-Sein

*D*er neuen Wissenschaft und dem Neuen Denken (auch Denken des Neuen Zeitalters genannt) liegt natürlich die treibende Kraft des Lebens selbst zugrunde: Der Impuls zu fortwährender Entwicklung und zu einer stetigen Erweiterung des Bewußtseins. Jedes Individuum, das diesen Impuls in sich erkennt, sieht sich vor die Frage gestellt, ob und wie seine Persönlichkeit darauf antwortet.

Immer mehr Menschen scheinen in dieser Zeit ein offenes Ohr zu haben; sie machen sich auf unterschiedlichste Weise (durch Schulungen, Meditation, Workshops zur Förderung der persönlichen Entwicklung, Therapien) von alten Vorstellungen frei und geben diesem Bestreben in ihrem täglichen Leben aktiv Form.

Sowohl Wissenschaftler als auch Therapeuten und Heiler tragen zu der neuen Bewegung bei. Die Wissenschaftler wenden sich an die gesamte Menschheit, um ihr eine umfassendere Perspektive der Wirklichkeit nahezubringen. Die Therapeuten und Heiler begleiten Menschen individuell auf dem Weg der Bewußtseinserweiterung und Ganzwerdung. Abgesehen von diesen seit langem existierenden innovativen gesellschaftlichen Funktionen entstehen heute viele neue Formen, in denen Menschen anderen helfen, sich dem größeren Ganzen anzuvertrauen. Es entwickeln sich innovative gesellschaftliche Funktionen, die es bisher noch nicht gegeben hat.

Der Helfer als Instrument

Die Zukunft ist der Webstuhl, der bereits mit Kettfäden versehen ist, auf welchen jedoch noch nichts gewebt worden ist. Setze dich nieder vor diesen Webstuhl, Schwester, Verwandte, und richte deine ganze Aufmerksamkeit auf das Muster, das du dir in Gedanken wünschst. Nimm dann die Schußspule in die Hand und widme dich deiner Aufgabe. In gewissem Sinne sind auch wir Schußspulen im Dienste eines höheren Ziels, und wir werden dazu angehalten, ein Muster zu entwerfen, das wir selbst nicht sehen können, weil wir zu nahe vor dem Gewebe stehen. Wir können erkennen, wie die Fäden geknüpft werden, wie sie sich verwirren und wie sie reißen, und vielleicht können wir selbst etwas in Ordnung bringen und neu weben – aber wir sind nicht der Große, der Eine, der alles überblickt. Jetzt ist für dich die Zeit gekommen, deinen Teil des Musters anzufertigen, ohne daß du den Entwurf gesehen hast.

Andre Norton, *Sandsister* [5]

Ein Mensch, der seinen kreativen Beitrag zum größeren Ganzen leistet und neue Lebensformen entwickelt, ist ein *Helfer*. Er hilft anderen zu sehen, daß es möglich ist, auf eine völlig einzigartige Weise positiv zur bestehenden Situation beizutragen. Dies tut er, indem er die Funktion übernimmt, mit deren Hilfe er seiner Essenz maximal Ausdruck verleihen kann und die er deshalb optimal bekleidet. Auf diese Weise kann man in jeder erdenklichen gesellschaftlichen Funktion ein Helfer sein. Ein Metzger, der Respekt vor Tieren und Ehrerbietung gegenüber Leben und Tod hat, ist ebenso sehr ein Helfer wie ein Architekt, der Wohnformen entwirft, die den menschlichen Bedürfnissen entsprechen.

Helfer-Sein beginnt, wenn du so sehr von der Gewißheit des Wunders durchdrungen bist, daß du dies anderen übermitteln willst, in welcher Form auch immer. Hast du selbst zutiefst erfahren, daß jedes Hindernis im Leben eine Möglichkeit ist, die zu neuer Lebenserfüllung führen kann, kannst

---

[5] Andre Norton, *Lore of the Witch-World*, Daw-Books, New York 1980.

du auch anderen helfen, das, was ihnen als unmöglich erscheint, zu neuen Möglichkeiten zu transformieren. Du gießt kein Wasser zum Wein, sondern du hilfst, Wunder zu vollbringen.

Früher oder später gelangst du an den Punkt, dein Wissen und deine Erfahrung nicht mehr länger ausschließlich für dich selbst und die Deinen nutzen zu wollen. Dies ist eine Art Sättigungspunkt. Du hast die unterschiedlichsten Dinge gelernt und gelesen, du hast dich darum bemüht, dich weiterzuentwickeln, du hast dich in Therapie begeben, du meditierst, du hast deine Eltern neu zu schätzen gelernt, du bist reicher an Erfahrung geworden; es fehlt dir zwar immer noch vieles, und du könntest ganz sicher noch hundert Jahre damit verbringen, auch diese Mängel zu beheben, doch du erkennst, daß du mit Sicherheit immer wieder auf neue Unzulänglichkeiten stoßen wirst – kurzum, du hast genug davon, ausschließlich auf Erfahrung und auf deine eigene Entwicklung ausgerichtet zu sein, und du sagst: »Jetzt will ich etwas mit all dem anfangen!«
Oder anders ausgedrückt: Wenn du deine Lebensenergie nicht mehr von alten Vorstellungen aufzehren läßt und wenn du nicht mehr in der Vergangenheit lebst, stehen dir alle Möglichkeiten offen zu tun, was du eigentlich tun willst. Du bist von dem Gedanken durchdrungen, daß deine Erfahrung, wie einzigartig sie auch sein mag, gleichzeitig für jeden anderen Menschen gilt. Du erkennst, daß jeder Mensch die gleichen Grundbedürfnisse hat und auf seinem Weg zur Erfüllung ähnliche Hindernisse überwinden muß, wie du selbst es mußtest und immer noch mußt. Du fängst an, die Menschheit als ein Ganzes zu sehen und dich selbst als einen unentbehrlichen Teil dieses Ganzen – nicht so sehr im Sinne von außergewöhnlich, aber doch von unentbehrlich. Denn was du kannst, kannst nur du, im Guten wie im Schlechten.

So wirst du zu der Autorität, die du im Grunde bist, und so wirst du außerdem zu einem Mitglied der Familie der Menschen. Dies ist der Eintritt in eine *Bruderschaft.*

Wer zu der Autorität wird, die er im Grunde immer war, und der Bruderschaft der lebenden Menschen beitritt, vollzieht in sich einen wichtigen Übergang vom isolierten und ichbezogenen Denken zu konstruktivem Denken, das den anderen mit einbezieht. Über die eigenen Gefühle erfährt er, daß er mit anderen mitfühlen kann, und zwar nicht aus Sentimentalität, sondern weil er das, was der andere durchlebt, kennt. Er »stimmt« ständig die »Saiten« des Fühlens und Denkens so, daß er optimal er selbst und gleichzeitig Teil des größeren Ganzen sein kann, offen nach innen und offen nach außen. Sehr oft merkt er dann, daß er jemandem genau an dem Punkt helfen kann, an dem er früher einmal selbst nicht mehr weiter wußte und dann Hilfe empfing. So könnte beispielsweise jemand seinen Weg kreuzen, der an der gleichen Art von beschränktem Vorstellungsvermögen leidet, mit dem er selbst einmal zu kämpfen hatte. Das ist die erste Prüfung.

Weitere Entwicklung des Helfer-Seins

> Was man weiß, als Wissen gelten lassen, was man nicht weiß,
> als Nicht-Wissen gelten lassen: Das ist Wissen.
>
> Kungfutse, *Gespräche, II: 17. Das Wissen*[6]

Mit der Zeit wird es für einen Menschen, der sich auf diesem Weg befindet, zu einer Erfahrungstatsache, daß er auf sein inneres Wissen vertrauen kann. Er vermag das innere Wissen immer besser in Worte zu fassen. Er lernt zu unterscheiden, wann das beschränkte Denken sich zu Wort meldet und wann das Wissen aus ihm spricht.

[6] Kungfutse, *Gespräche.* Lun Yü, Eugen Diederichs Verlag, Düsseldorf/Köln 1974, S.46.

Dies erfordert ein hohes Maß an Verantwortlichkeit. Denn wenn man erst einmal mit dem Wissen in Kontakt gekommen ist, wird es immer schwieriger, es zu ignorieren. Die Stimme des inneren Wissens, des Gewissens, wird lauter und lauter. Wahrscheinlich ist es zutreffender zu sagen, daß das innere Gehör schärfer und schärfer wird, denn das Wissen war schon immer vorhanden, man muß nur in der Lage sein, es zu empfangen. Dieses hörende Wissen oder wissende Hören kann äußerst unangenehm sein, denn es stellt seine Forderungen. Das zeigt sich schon bald. Wenn du versuchst, dein inneres Ohr vor etwas Bestimmtem zu verschließen – zum Beispiel weil du endlich einmal wieder »einfach tun willst, wozu du Lust hast« –, wirst du die Folgen schon bald spüren. Jede Entwicklung bringt ein höheres Maß an Verantwortlichkeit mit sich. Wer mehr sieht, ist verantwortlich dafür, wie er mit diesem Mehr-Sehen umgeht. So wirst du nach einer gewissen Entwicklung feststellen, daß nicht einmal deine Gedanken ohne Folgen sind. Eine Sorge, die du hegst, wird im Laufe der Zeit Wirklichkeit. Wenn du denkst, du könntest kein Geld verdienen, verdienst du es auch nicht. Das gilt für alle Bereiche. Du bist verantwortlich dafür, deinem inneren Wissen Gehör zu schenken, und ebenso bist du verantwortlich für die alten Denkmuster, die du zwischen dich selbst und das innere Wissen schiebst. Theoretisch war dir das natürlich schon seit längerem klar, aber es ist etwas völlig anderes zu merken, wie konkret sich so etwas auswirkt. In dieser Phase ist äußerster Einsatz gefordert, um nicht nur das Handeln, sondern auch das Denken mit dem Wissen in Einklang zu bringen.

Eines der schwierigsten Dinge ist es wohl, die Verantwortung für die eigene *Stimmung* zu übernehmen. Wie du dich fühlst, ist eine Folge dessen, »wie du dich denkst«! Wenn du den Kontakt zu dir selbst verloren hast oder in schlechter Stimmung bist, mußt du dich wieder neu einstimmen. Das bedeutet keineswegs, daß du dich immer in einer Hochstimmung befinden mußt, sondern nur, daß du dein Gefühl nicht mehr als etwas betrachten kannst, dessen Spielball du bist. Genaugenommen ist das Gefühl der Ball, mit dem du spielst. Je selbstverständlicher dieser Gedanke für dich wird, um so lebenslustiger wirst du und um so freundlicher wird auch deine Haltung anderen gegenüber werden. Du begnügst dich nicht mehr damit, schlecht gelaunt oder verdrießlich zu sein, als ob das etwas wäre, das unabhängig von allem anderen oder die Schuld anderer wäre. So können dir andere im Gefühlsbereich keinen Schaden mehr zufügen. Deine Ausstrahlung wird wohltuend, und du selbst wirst heiter.

Letztlich lautet die Forderung an dich, in allem Tun und Lassen dein Bestes zu geben. Das ist deine Verantwortung, und das ist sehr viel. Weil diese Verantwortung so groß ist und weil sie so ausschließlich dich selbst betrifft, zögern viele Menschen an diesem Punkt. Sie können eigentlich schon lange bestätigen, daß sie sich in Kontakt mit ihrem inneren Wissen befinden; sie verfügen über die Erfahrung und über das Bewußtsein, doch fehlt ihnen die Bereitschaft, wirklich schon im kleinsten so zu handeln. Es gibt kaum etwas Beklemmenderes und Schmerzlicheres, als zu wissen und nicht jenem Wissen entsprechend zu leben.

Helfer-Sein ist eine Sache ständigen Wählens und Sich-Entscheidens. Du bist frei, und deshalb mußt du in jedem Augenblick unter vielen Möglichkeiten wählen. Auch wenn du nicht wählst, wählst du. Dann wählst du die alten Muster – den Weg des geringsten Widerstandes, der sich schließlich als der Weg des größten Widerstandes erweisen wird.

Ergebnis und Wirkung

Jeder Mensch, der sich mit seinem inneren Wissen verbindet und sich bei allem, was er tut, davon leiten läßt, ist ein Helfer.

Helfer-Sein ist somit keine Technik. Ebensowenig ist es eine bestimmte Art zu handeln. Helfer-Sein ist ein Seinszustand. Helfer-Sein ist die Bereitschaft, sich zu jeder Zeit mit dem Höchsten zu verbinden, das man kennt, und ihm treu zu sein. Helfer-Sein ist eine Einstellung, die von dem Wissen begleitet wird, daß man das Ergebnis des eigenen Handelns nicht von vornherein abschätzen kann. In diesem Sinne verstandenes Helfen hat deshalb auch nichts mit dem »äußerlichen« Verrichten guter Werke zu tun, die nicht dem eigenen Inneren entspringen. Helfer-Sein ist nichts Berechenbares, nichts, wobei man den Erfolg an einem anderen »ablesen« kann – es ist nicht einmal etwas, das man für einen anderen tut.

Hilfe ist niemals etwas, das man aktiv »zustande bringt«. Jeder Helfer kämpft in seiner Lehrzeit eine Zeitlang mit Problemen, die in der einen oder anderen Weise mit dieser fundamentalen Wahrheit in Zusammenhang stehen. Du denkst, daß es um das Ergebnis geht, das du erzielst, aber das ist genauer betrachtet eine Illusion, denn du merkst immer wieder, daß die heilsame Wirkung auf völlig andere Weise eintritt, als du vorausgesehen hattest. Wie sehr du dich auch bemühst, du kannst einen anderen nicht heilen. Bestenfalls kannst du im anderen etwas anrühren, das die Heilung in seinem Inneren in die Wege leitet.

Was genau zur Heilung notwendig ist, kannst du weder vorhersehen noch beherrschen. Du gibst jemandem in Übereinstimmung mit deinem ganzen Wissen die tiefgreifendsten Erläuterungen und Erklärungen, und nach längerer Zeit sagt der andere: »Was du damals gesagt hast, hat mir wirklich geholfen.« – »Ja, ja«, denkst du dann, »damals war ich gut in Form.« Dann fragst du nach: »Was habe ich denn damals eigentlich gesagt?« Daraufhin stellt sich heraus, daß gar nicht jene weisen Sprüche über »das Wesentliche« gemeint sind. Du kannst dich gar nicht mehr daran erinnern, daß du das, was der andere nun als so wirksam bezeichnet, überhaupt gesagt hast. Auf diese Weise wirst du etwas bescheidener. Allmählich wird der Wunsch, bei anderen Menschen Veränderungen zu bewirken, der Wunsch nach Ergebnissen, zu dem Wunsch transformiert, als reines Werkzeug zu fungieren. Kompetenz wird zu Wirksamkeit transformiert.

Du kannst von Wirkung sprechen, wenn du erkennst, daß du ein Kanal für die Liebe bist, die dem Leben eigen ist, und daß du nichts mehr aus eigenem Antrieb zu erreichen oder hinzuzufügen brauchst. Wirkung beinhaltet *Resonanz* zwischen deiner Seele und der Seele des anderen; deine Tätigkeit dabei besteht lediglich darin, daß du den Kontakt zu deiner Seele aufrechterhältst. Wirkung ist deshalb die (bezüglich der Form unvorhersehbare) Hilfe, der du es als Instrument oder Werkzeug ermöglichst, durch dich hindurch zum Empfänger zu fließen. Diese Hilfe wird zweifellos in Kraft treten.

Meditation als Hilfe

Im Verlauf des Textes ist nun schon mehrmals das Wort Meditation aufgetaucht, ohne daß dieser Begriff näher erläutert wurde. Dies ist jedoch notwendig, da der Begriff Meditation mit unterschiedlichen Inhalten in Verbindung gebracht wird.

Unsere allgemeine Definition von Meditation lautet: *Meditation ist alles, was du tust, um dich mit deinem inneren Leitfaden zu verbinden.* Im spezielleren Sinne bedeutet Meditation: *Das Unterscheiden und »Reinigen« der Ambitionen, Gefühle und Gedanken, auf daß sie mit dem Grundton der Seele in Einklang gebracht werden.*

Dazu brauchst du nicht unbedingt die Augen zu schließen, mit geradem Rücken zu sitzen oder auch nur überhaupt zu sitzen. Du kannst stehen, laufen, tanzen, sitzen, liegen, solange nur das, was du tust, dich mit der Quelle deines Daseins in Kontakt bringt. Jeder Mensch hat seine eigene

Form der Meditation, und jeder Aspekt der konkreten Wirklichkeit kann ein Zugang zur Meditation sein.

Meditation erfordert anfänglich den Einsatz deiner gesamten Energie. Wenn du anfängst zu meditieren, unterbrichst du den vertrauten Lauf der Dinge. Du mußt aus einem Schnellzug von Gedanken und Emotionen aussteigen, der nicht von selbst anhält, und in diesem Zug hörst du lauter nette, vertraute Stimmchen, die sagen: »Ach, bleib' doch noch ein wenig bei uns.« Du mußt deine ganze Willenskraft aufbieten, um auszusteigen.

Es passiert so häufig, daß du in deine Bilder verstrickt und in deinen Emotionen gefangen bist. Vielleicht ist dir in solchen Fällen sogar klar, daß du irgendwie »auf dem falschen Weg« bist, doch das allein genügt nicht, denn du brauchst ein äußerst großes Maß an Selbstdisziplin, um dieses »Irgendwie« in den Vordergrund deines Bewußtseins zu rücken und zu dir selbst zurückzukehren. Wir sind oft stärker mit der Negativität verbunden, als wir meinen.

Man könnte diesen Prozeß, immer wieder aus einem fahrenden Zug auszusteigen, sobald man merkt, daß man nicht auf dem richtigen Weg ist, mit einem langsam wirkenden Entzugsprogramm vergleichen. Obwohl du eigentlich weißt, was auf dem Spiel steht, und obwohl du die heilsame Wirkung des Neuen erfahren hast, übt das Alte immer noch eine starke Anziehungskraft aus. Du mußt es mit großer Geduld immer wieder als das erkennen, was es ist, und aus deinem System entfernen.

Hinzu kommt, daß du dich auch mit deiner Umgebung auseinanderzusetzen hast, die dich mit bestimmten Eigenschaften identifiziert und die dich immer wieder dementsprechend abstempelt. So mußt du dich mit den Auswirkungen dessen auseinandersetzen, wie du früher warst. Man kann dies altes Karma nennen. Du hast jetzt eine neue Ursache geschaffen, es wird aber noch viel Mühe kosten, bis du es schaffst, von deiner neuen Geistesverfassung aus Altes zu revidieren. Dies ist natürlich auch eine phantastische Übung. Du wirst genau mit dem konfrontiert, was du selbst kreiert hast, und du weißt, daß du dies immer wieder kreieren wirst, falls du nicht alles dafür tust, um bei dir selbst zu bleiben.

Das Alte sehen, seine Saugkraft spüren und dich doch an dem Neuen orientieren, das in deinem Herzen lebt, das ist Meditation. Meditation bedeutet aber auch, die äußerste Selbstdisziplin und Willenskraft aufzubringen, dich aus den Verstrickungen mit anderen zu lösen und die Phantasien in deinem Kopf aufzugeben, und mit einem Höchstmaß an Aufmerksamkeit hier zu sein und zu tun, was du tust. Wenn du dich so verhältst, kehrst du immer wieder zu der umfassenderen Wirklichkeit zurück und erkennst, daß du all die Begründungen, die dir vorgaukeln, du solltest an etwas weiterhin festhalten, selbst erfunden hast – damit du dich nicht hinzugeben brauchst.

So kann Meditation dir helfen, immer beharrlicher deine innere Wahrheit zu deinem Ausgangspunkt zu machen. Meditation wird dann in deinem Leben zu einer dauerhaften Leitlinie, zu einer dauerhaften Verbindung zum Zentrum in dir. Diese Leitlinie, die manchmal auch *Antahkarana*[7] genannt wird, schaffst du selbst, indem du anfänglich deinen ganzen Willen aufbietest, um deinen eigentlichen Wünschen zu folgen und dies auch in deinen Alltag hineinträgst. Brücken zu bauen ist harte Arbeit.

Von einem bestimmten Zeitpunkt an wird Meditation zu einer Lebenshaltung; man braucht sich dann nicht mehr zum Meditieren zu zwingen. Damit ist die große Brücke geschlagen. In der Sprache der Bibel heißt das: Die Jakobsleiter ist aufgerichtet, und Engel steigen auf ihr auf und ab.

[7] *Antahkarana* bedeutet wörtlich »Inneres Organ«, »Inneres Instrument«; das, was uns denken, empfinden, erinnern und unterscheiden läßt. Aus: Lexikon der östlichen Weisheitslehren, O.W. Barth-Verlag, München 1986, S. 17.

Zur Illustration des Vorangegangenen ist dies ein passendes Meditationssymbol:

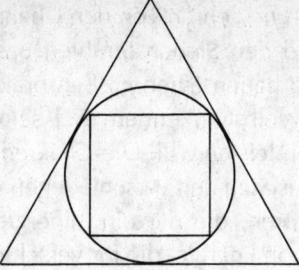

Es ist ein altes Symbol, das viele Deutungen zuläßt. Eine Möglichkeit der Deutung ist: Helfer-Sein, Disziplin und Meditation sind die drei Seiten des Dreiecks der Wirkung, das sowohl die Wirklichkeit der Seele (des Kreises) wie auch die irdische Wirklichkeit (des Vierecks) umfaßt. Helfer-Sein, Disziplin und Meditation sind die Pfeiler des Himmels und der Erde, der Seele und der Persönlichkeit.

Wege nach Rom

Alles kann Meditation sein, doch jeder Meditationsweg hat seine eigenen Regeln, seine eigene Psychologie und seine eigenen Orientierungshilfen. Alle Wege führen nach Rom, aber es ist ein großer Unterschied, ob man durch die Alpen oder an der Adria entlang dorthin reist; die beiden Routen erfordern eine völlig unterschiedliche Ausrüstung.

Den Meditationsprozeß, den wir in diesem Buch beschreiben und vermitteln wollen, nennen wir *angewandte integrale Psychologie*. Es ist ein Prozeß, in dem wir mittels Selbstkenntnis (*Psychologie*) die verschiedenen »Körper« unterscheiden, reinigen und miteinander in Einklang bringen (*integrale*) und so das tiefste Wissen und die tiefsten Wünsche in der täglichen Praxis konkretisieren (*angewandte*).

Orientierungshilfen, deren wir uns auf diesem Wege bedienen, sind die *Chakren*, die *Charakterstrukturen* und die *Sieben Strahlen*. Die Lehren von den Chakren, den Charakterstrukturen und den Sieben Strahlen basieren auf Erfahrungswissen und haben einen großen praktischen Wert für jeden, der sich selbst erkennen und seinen Beitrag zum größeren Ganzen leisten will. Die *Chakren* sind die Verbindungspunkte zwischen den verschiedenen Körpern. Sie sind die Transformatoren, die die eine Energie umwandeln in spezielle Arten von Energie, die für verschiedene Lebensbereiche und verschiedene Lebensphasen notwendig sind. Es gibt sieben große Chakren. Die Chakren und ihre Eigenschaften vermitteln Einsicht in das Geheimnis deiner inneren Struktur und deiner direkten Lebensaufgabe. Sie stellen den inneren Aspekt deines Seins dar.

Die *Charakterstrukturen* sind die Gestalt gewordenen Widerstände der Persönlichkeit, so wie sie sich im mentalen, astralen und physischen Körper manifestieren. Dies ist das Karma, das als Muster sichtbar wird und das vor allem im physischen Körper zum Ausdruck kommt. In der zentralen Charakterstruktur eines Menschen liegt der Schlüssel zu dem ureigenen Weg, den dieser Mensch gehen kann. Die Charakterstrukturen zeigen spezifische Versagenstendenzen an. Gleichzeitig jedoch weisen sie auf die Qualitäten hin, die zutage treten können, wenn jene Versagenstendenzen transformiert werden. Die Charakterstrukturen lassen sich nach einem gewissen Studium mit einiger Übung gut voneinander unterscheiden, und sie können uns konkrete Hinweise liefern.

Die *Sieben Strahlen* zeigen, auf welche Aspekte der Einheit – die Liebe ist – die Seele, die Persönlichkeit, der mentale, der astrale und der physische Körper am besten abgestimmt sind. Die Sieben Strahlen zeigen, für welche Art von Musik ein Mensch sich in seiner Eigenschaft als Instrument am besten eignet, und sie weisen gleichzeitig darauf hin, welche Art von Dissonanz er erzeugen könnte.

Die Chakren und die Charakterstrukturen sind Bausteine. Die Sieben Strahlen stellen die tiefste Ebene energetisch-psychologischer Faktoren dar, die uns bekannt ist. Sie sind das verbindende Element des Gesamtorganismus – der Mörtel zwischen den Bausteinen.

Die Kenntnis der Lehre von den Sieben Strahlen hilft uns, das Wesentliche – mitsamt den dazugehörigen Problemen und Möglichkeiten – kennenzulernen.

Die Kenntnis der Charakterstrukturen hilft, die Blockaden, die die Verbindung der Seele mit der Persönlichkeit verhindern, auszugleichen und/oder zu transformieren.

Die Kenntnis der Chakren hilft zu erkennen, welche großen Phasen des Übergangs ein Mensch durchlebt.

Diese sehr stark geraffte Beschreibung soll einen Vorgeschmack auf und einen Überblick über die folgenden Kapitel geben. Dort werden wir ausführlicher auf diese drei Systeme eingehen, auf die Verbindung zwischen ihnen und darauf, wie sie uns beim Meditationsprozeß und im Auf und Ab unseres Alltags von Nutzen sein können.

Kapitel 3

Die Leiter zwischen Himmel und Erde

*D*er Körper bildet die Verbindung zwischen Himmel und Erde. Das ist eine simple Tatsache. Unten ist die Erde; darauf stehst du mit deinen Füßen. Gleich über dir beginnt der Himmel; darin befindet sich dein Kopf.

Um dessen gewahr zu werden, was in dir lebt und wie du es auf eine natürliche Weise in Handeln umsetzen kannst, solltest du Kontakt zur Erde herstellen. Wir haben in unserer Kultur fast vergessen, daß die Erde – Mutter Erde! – uns diese große Hilfe bietet. Für die Völker hingegen, die naturverbundener leben, ist die Erde selbstverständlicherweise eine lebendige Kraftquelle, auf die man zurückgreifen kann.

Jeder Mensch steht körperlich ständig in Kontakt mit der Erde, schon allein deshalb, weil die Schwerkraft ihn dort festhält, obwohl dies dem Menschen häufig nicht bewußt ist. Er lebt sozusagen auf dem Speichergeschoß seines Hauses, ohne sich auch nur im geringsten dessen bewußt zu sein, was in den darunterliegenden Stockwerken vor sich geht. Außerdem wohnen viele Menschen nur zur Hälfte in ihrem Körper und zur anderen Hälfte außerhalb davon.

Oft erfordert es große Anstrengung, das Haus des Körpers wieder zu beziehen. Dazu mußt du dir zuallererst deines Fundaments bewußt werden.

Du solltest dir bewußt werden, daß alles, was du erfährst, sich innerhalb der Grenzen deines Körpers abspielt, und daß das Leben, das du in dir erfährst, in der Erde verwurzelt ist. Dies nennen wir *erden*.

Indem du dich erdest, steckst du sozusagen den Stecker in die Steckdose. Du schließt dich mit deinem Bewußtsein an.

Dann folgst du mit deiner Aufmerksamkeit dem Lebensstrom, der von der Erde aus in dir aufsteigt. Das ist ganz einfach: Du stehst da und erfährst, daß du nicht *auf*, sondern *in* deinen Beinen stehst und daß die Erde dich trägt; du erfährst, wie du von unten von Leben erfüllt wirst. Es ist ganz einfach, doch für die meisten Menschen, die hauptsächlich oben in ihrem Kopf leben, sehr ungewohnt und sehr schwierig.

Erden ist ein vitaler und energetischer Prozeß. Wenn du dich erdest, vereinigst du dich mit allem, was lebt. Du kehrst zurück auf die Ebene, auf der sich der Lebensstrom in der Natur als Pflanzen, Bäume und Tiere manifestiert. Du wirst Teil der Erde – und für einen Augenblick verliert es jegliche Bedeutung, daß du eine Lebensform mit einem selbst-wahrnehmenden Bewußtsein bist.

Dies ist die Ebene, auf welcher das Leben in seiner reinsten, neutralsten Form erfahren wird. Auf dieser Ebene gibt es keine Bilder, keine Vermutungen und keine Abstempelungen. Du kannst dir vorstellen, daß ein Baum auf diese Weise seinen Kontakt zur Erde erfährt. Von seinen Wurzeln aus richtet er sich aus eigener Kraft empor und streckt seine Zweige dem Licht entgegen. Genau um diese Erfahrung geht es beim Erden.

Doch dazu mußt du dich aus deiner festgefügten Wirklichkeit *fallen* lassen. Das setzt die Bereitschaft voraus, sehen zu wollen, daß du dich von Gedanken beherrschen läßt, die völlig überflüssig sind. Hättest du diese Gedanken nicht, so wärst du geerdet. Es sind Gedanken, die sich im Kreis bewegen und somit nirgendwohin führen. Du mußt bereit sein, diese Gedanken loszulassen, um lernen zu können, dich wieder mit den Wurzeln zu verbinden. Sei unbesorgt: Wenn es wertvolle eigene Gedanken sind, kehren sie von selbst wieder zurück.

Wenn du deine alten Gedanken losläßt und dich von der Erde tragen läßt, öffnest du dich einer Kraft, die größer ist als du selbst: dem Lebensstrom. Der Strom des Lebens bewegt sich in dir aufwärts. Und du wiederum bewegst dich auf diesem Strom. Die Vibration ist in dir. Während sie aufsteigt, wird die Vibration feiner und feiner, und schließlich fließt sie in deinen Kopf. Dort – was für eine Überraschung! – kann sie die Form eines funkelnagelneuen Gedankens annehmen, der Ausdruck dessen ist, was in dir lebt. Ein Geschenk von Mutter Erde, das du empfangen konntest, weil du dich ihr anvertraut hast.

Erden, eine Übung

Überlege zuerst, wie du dich enterden kannst. Nimm dazu die sogenannte »Habacht-Stellung« ein: Die Füße stehen eng beieinander, die Knie sind nach hinten durchgedrückt, der Bauch ist eingezogen, die Gesäßbacken sind zusammengepreßt, die Brust ist herausgestreckt; dabei atmest du hoch in die Brust, hältst den kleinen Finger an der Hosennaht, das Kinn hoch, preßt die Kiefer aufeinander und richtest die Augen zum Horizont. Dies ist die Haltung der Soldaten, die Standfestigkeit zu geben scheint, in Wirklichkeit jedoch äußerst labil macht. Ein kleiner Schubs, und schon bist du umgefallen – gerade ausgestreckt und stramm.

In unserer Kultur lernen wir, so zu stehen – oder zumindest annähernd so zu stehen. Wir lernen, daß es ein Gefühl der Sicherheit vermittelt, wenn wir unsere »Scharniere« im Körper in einer ganz bestimmten Stellung arretieren. So beherrschen wir mit unserem Muskelsystem die unwillkürlichen Bewegungen des Lebens, das sich durch uns ausdrücken will.

Wenn wir die Lebensenergie zulassen wollen, müssen wir lernen, sowohl im wortwörtlichen wie auch im übertragenen Sinne unsere feste Position loszulassen und wieder weich und flexibel zu werden. Das können wir nur, wenn wir frei atmen und frei stehen, wodurch wir uns in jedem Augenblick in jede beliebige Richtung bewegen können, und dies ist nur möglich, wenn wir unsere Gelenke nicht »verschließen«.

Stelle dich mit nackten Füßen auf den Boden. Die Füße sind schulterbreit voneinander entfernt und weisen gerade nach vorne. Lehne dich vor, bis deine Fersen sich vom Boden entfernen. Lasse dich nun in die Knie sakken, so daß dein Körpergewicht auf der Mitte deiner Füße ruht und deine Füße flach auf dem Boden stehen. Deine Knie sind nun leicht gebeugt. Lasse deine Gesäßbacken los, als wolltest du dich auf einen hinter dir stehenden Stuhl setzen. Lasse den Bauch los. Atme in deinen Bauch. Lege den Nachdruck auf das Ausatmen. Zähle beim Einatmen bis drei und beim Ausatmen bis fünf. Lasse deine Schultern los. Entspanne den Nacken von innen und lasse deinen Unterkiefer los und deinen Mund leicht geöffnet (das ist oft das schwierigste, weil man sich dabei so idiotisch vorkommt).
In deinem Körper sitzt jetzt nichts mehr fest, alles ist locker. Doch wahrscheinlich erfährst du kein Gefühl von Lockerheit. Im Gegenteil, die Spannung in deinem Körper wird wahrscheinlich größer, gerade jetzt, wo du deinen Körper nicht mehr in den verschiedenen Gelenken »arretierst« und ihn dadurch nicht mehr sozusagen in Sektoren unterteilst.
Verharre trotz der Spannung eine Zeitlang in dieser Übergangsposition, von der aus jede Bewegung möglich ist, und nimm diese Haltung bewußt wahr. Lenke jedesmal, wenn du ausatmest, deine Aufmerksamkeit in den unteren Teil deines Körpers, in deine Beine, in deine Füße, in die Fußsohlen. Erfahre den Kontakt mit der Erde und erfahre, daß die Erde dich trägt.
Allmählich entsteht eine Vibration, die in deinem Kör-

per von unten hochsteigt. Vergrößere die Vibration nicht. Versuche auch nicht, sie zu bezwingen. Bleibe weiter stehen, atme weiter und halte dein Gewahrsein aufrecht. Lasse das Leben in dir aufsteigen. Beobachte, was geschieht.

Der Himmel

Und wie steht es nun mit Vater Himmel?

Sobald du den Lebensstrom – von unten nach oben – in deinem Bewußtsein zugelassen hast, weißt du, was in dir lebt. Du kennst das Material (buchstäblich den Mutterstoff – lateinisch: *mater-ia*) oder den Urstoff, aus dem du gemacht bist, seine Beschaffenheit, seine Beweglichkeit. Du stehst mit beiden Beinen in der dreidimensionalen Welt – der Welt der Schwerkraft, des Raums und der Zeit.

Dann ist der Augenblick gekommen, in dem du dir deiner Verbindung zu dem, was über dir ist, bewußt wirst: des Himmels.

Der Himmel ist nichts anderes als das, was sich über deiner Schädeldecke abspielt. Auch dessen kannst du dir energetisch gewahr werden. Der Unterschied zwischen den beiden Polen ist, daß du den Energiestrom, der von oben kommt, als eine viel feinere Vibration erfährst als denjenigen, der durch deine Beine aufsteigt.

Ebenso wie du dich nach unten für das öffnen kannst, was aus der Erde durch dich und in dir aufsteigt, kannst du dich nach oben hin öffnen für das, was vom Himmel durch dich hinabsteigt. Das ist aber nur möglich, wenn du keinen einzigen Gedanken in deinem Kopf festhältst, so schön er auch sein mag. Andernfalls kann die Vibration einfach nicht durchdringen.

Um dich zu erden, mußt du zuerst deinen physischen Körper öffnen, ihn verfügbar machen für die Kraft, die aus Mutter Erde kommt und die in dir aufsteigen will. Wenn du dich auf diese Weise öffnest, wird der astrale und der mentale Körper von dieser Kraft aus neu organisiert. Du begegnest sodann Widerständen, die du in deinem Fühlen und Denken gegen das, was die Erde erfordert und was sie dir bietet, aufgebaut hast.

Um dich zu »himmeln«, mußt du zuerst einmal deinen mentalen Körper öffnen, ihn der Kraft zugänglich machen, die sich von Vater Himmel ausgehend in dir manifestieren will. Wenn du dies tust, wird sich der astrale und der physische Körper um diese Kraft herum ordnen. Du wirst aber auch mit den Widerständen konfrontiert werden, die du in deinem Gefühlsleben und in deinem physischen Dasein gegen die Anforderung aufgebaut hast, die der Himmel an dich stellt.

Zuerst kommt die Erde bzw. die Vitalkraft. Dann kommt der Himmel bzw. das Bewußtsein. Wird der Himmel von einem Menschen empfangen, der in der Erde verwurzelt ist, so verschwinden die ich-bezogenen Gedanken, und es entwickelt sich eine neue Art zu denken. Dies ist der Übergang zu der Erfahrung, daß die Gedanken nicht erdacht werden, sondern als Ausdruck von etwas Höherem einfließen, das du liebst, ohne es begreifen zu können. Diese neuen Gedanken sind kreativ und setzen etwas in Bewegung, und wenn du ihnen Gehör schenkst, zeigt sich, daß sie sich immer wieder nahtlos an deine tiefsten Wünsche anschließen. Diese Gedanken sind das, was wir auch Intuitionen nennen.

Energetisch kannst du dies als Licht und Wärme erfahren, welche du wie das Licht der Sonne durch die Poren deiner Schädeldecke aufnimmst und mit dem Licht und der Wärme in deinem Herzen verbindest. Wenn das Licht des Herzens sich mit dem Licht von oben verbindet, verfällst du in deinen eigenen Rhythmus. Als das Instrument, das du bist, mischst du dich unter die anderen Instrumente des großen Orchesters.

Du stehst oder sitzt in einem Zustand sanfter Entspannung.
Schließe die Augen. Atme ruhig und tief. Folge mit deiner Aufmerksamkeit deinem Atem. Einatmen, Ausatmen und Ruhe. Einatmen, Ausatmen und Ruhe. Beobachte, wo in deinem Körper du diesen Ruhepunkt erfährst.
Stell dir vor, du könntest deine Schädeldecke von innen öffnen, als ob dein Kopf ein Trichter wäre, durch den die kosmische Energie einströmen kann. Stell dir vor, daß du die Schädeldecke öffnest und daß die Energie wie ein Strom aus Licht hineinfließt und sich von oben in dich ergießt, bis du vom Kopf bis zu den Zehenspitzen mit goldener Energie angefüllt bist.

Stell dir nun vor, daß du von dem Ruhepunkt der Atmung aus eine Verbindung nach oben herstellst, zu deinem Kopf und zu deiner Schädeldecke, als ob du ein Rohr nach oben ausfahren würdest. Schiebe dieses Rohr durch deine Schädeldecke aufwärts bis zu der Quelle, aus der die goldene Energie fließt. Tue dies sehr langsam. Bleibe in Kontakt mit dem, was geschieht. Sei nicht hastig und zwinge dich nicht. Es ist möglich, daß die Erfahrung irgendwann aufhört. In diesem Fall solltest du die Übung vorläufig nicht fortsetzen.

Dies ist eine aktive Übung zur Entwicklung der Empfänglichkeit, denn du setzt dein Vorstellungsvermögen aktiv dafür ein. Was du empfängst, ist das, was alle Menschen empfangen können, doch aufgrund deiner Aktivität bist du an dem beteiligt, was du empfängst. Durch deine aktive Bemühung wird es zu etwas Individuellem.

Zweierlei Arten des Fallens

Wenn du dich erdest und wenn du dich »himmelst«, läßt du dich fallen; du vertraust dich dem Unbekannten an.

Die erste Art zu fallen besteht darin, daß du deine Bilder losläßt; du ersetzt sie durch den Lebensstrom, den du in deinem Bewußtsein zuläßt. Die zweite Art zu fallen besteht darin, daß du zuläßt, daß dein Bewußtsein dem umfassenderen Bewußtsein untergeordnet ist.

Die erste Art zu fallen erfordert, daß du deinen Kopf vor der Urkraft der Erde beugst. Die zweite Art zu fallen erfordert, daß du deinen Kopf mit etwas füllen läßt, das du zuvor nicht kanntest.

Bei der ersten Art zu fallen geht es um die Frage: Wer bin ich, und was ist meine Wirklichkeit?

Bei der zweiten Art zu fallen geht es um die Frage: Was ist meine Botschaft in dieser Wirklichkeit?

Zuerst ist es notwendig, daß du inkarnierst, daß du vollständig zu einem Teil dieser Erde wirst. Dann geht es um Transformation, darum, daß du alles Irdische mit der Lichtkraft verbindest.

Das erste Fallen bedeutet, daß du lernst, dich tragen zu lassen; das zweite, daß zu lernst, dich leiten zu lassen. Du läßt dich leiten durch die Ideen, die aus dem höheren Bewußtsein in dich einströmen. Du bietest dich selbst als Instrument für die Musik der Schöpfung an.

Du wirst zum Mit-Schöpfer.

Evolution

Wir sind davon überzeugt, daß sich das Bewußtsein im Laufe der Zeit immer weiter entwickelt. Was lebt, entwickelt ein immer umfassenderes Bewußtsein. Energie und Bewußtsein nähern sich einander mehr und mehr an. Dies gilt für das individuelle Leben eines jeden Menschen ebenso wie für das Leben als Ganzes.

Das ist kein Dogma, sondern etwas, was wir alle feststellen können. Wir sehen, daß alles Lebendige von dem lernt, was es durchlebt, und daß es schließlich eine Form für das Neu-Erlernte findet. Dieses Evolutionsgesetz ist der rote Faden in unserem Dasein.

Doch woher kommt der Impuls zur Evolution? Was ermöglicht Lernen?

Wir müssen annehmen, daß dem Bewußtsein der Wunsch zugrunde liegt, alles Stoffliche zu durchdringen und in seine eigenen Vibrationen umzuwandeln, bis alles von Bewußtsein – also von sich selbst – durchdrungen ist. Dieses Bewußtsein ist der Vater der Evolution. Die Mutter ist die vitale Energie – der Stoff, an dem sich dieser Prozeß vollzieht.

Der Körper spiegelt diesen Prozeß exakt wider. Je weiter oben du in deinem Körper bist, um so feiner wird die Vibration und um so größer ist das Bewußtsein. Du kannst deinen Körper jedoch auch als Konkretisierung deiner persönlichen Geschichte sehen, als fleischgewordene Lebensgeschichte. An deinem eigenen Körper kannst du erkennen, wie du auf eine individuelle Weise die Reise der Vitalenergie zu vollständigem Bewußtsein vollziehst und in welchem Stadium der Reise du dich befindest.

Aber wir gehen noch einen Schritt weiter. Du kannst deinen Körper als Konkretisierung der Geschichte des Lebens selbst sehen, als fleischgewordenen Niederschlag der Evolution des Lebens vom Ursprung bis heute. Das Leben hat sich genau bis zu dem Punkt, an dem du jetzt bist, entwickelt. Alles, was sich auf der Stufenleiter der Entwicklung unter dir befindet, ist dir durch dich selbst bekannt – du hast es ja selbst durchlebt. Das Charakteristische der Energie / des Bewußtseinsniveaus, das du durchlebt hast – die Stufen unter dir auf der Leiter der Evolution –, trägst du noch immer in dir. Du kennst die reine Materie von Feuer, Wasser, Luft und Gestein, du kennst das pflanzliche Leben und das tierische. Die Erfahrungen auf all diesen Gebieten sind in dir gespeichert – in deiner Psyche und in deinem Körper. In deinem Körper haben sich diese Erfahrungen im Bereich unter dem Zwerchfell angesammelt.

Das Leben hat sich zu dem Menschen weiterentwickelt, der du jetzt bist. Alles, was das Leben auf diesem Weg durchgemacht hat, ist in der Tiefe des (Unter-)Bewußtseins wie auch in der Tiefe des (Unter-)Körpers als Information gespeichert. Du bist eine Manifestation des Lebens, doch du bist nicht das Endprodukt, nicht die Krone der Schöpfung. Die Entwicklung des Lebens ist noch nicht abgeschlossen. Deshalb kannst du dir auch die Frage stellen: In welcher Phase befinde ich mich jetzt? In welcher Phase befinden wir uns eigentlich als gesamte Menschheit? Und: Was könnte auf die gegenwärtige Phase folgen?

Einst – am Anfang dieses Universums – existierte nur Energie. Aus dieser Energie entstand Materie. Es bildeten sich Sterne und Planeten. In/auf/aus der Materie entstanden Lebensformen: Einzeller, Pflanzen, Tiere. Schließlich entwickelten sich in den Tieren die Fähigkeit zur Selbstwahrnehmung und zum Bewußtsein ihrer selbst. Das Leben konnte nun gezielt Einfluß auf die Umgebung nehmen. Dann kamen die Menschen. Im Augenblick befinden sich einige wenige Vorboten der Menschheit an der Schwelle, die vom Ich-Bewußtsein – dem, was wir als niederes Denken bezeichnen – zu einer anderen Art von Denken führt: einem kreativen, nicht ich-bezogenen Denken. Sie lernen, sich in ihrem Denken auf einen zentralen schöpferischen Gedanken einzustimmen, in dem alles eins ist und in dem gemeinsam der Weg zur nächsthöheren Stufe gesucht wird.

Dieser Übergang ist sowohl ein kollektiver als auch ein individueller Prozeß. Der einzelne erfährt diesen Übergang in seinem alltäglichen Leben als eine immer stärker werdende Zuspitzung von Gegensätzen, bis schließlich nur noch ein einziger großer Gegensatz existiert und er vor die Wahl gestellt wird, seine persönlichen Interessen zu verfolgen oder in allen Lebensbereichen einen tätigen Beitrag zum größeren Ganzen zu leisten.

Die Evolutionsreise im Körper

Man kann den menschlichen Körper von unten nach oben als die Geschichte der Evolution der Erde betrachten. Grob gesagt, du vollziehst von den Füßen bis zum Scheitel deines Kopfes die Reise von der Materie zu den Pflanzen und Tieren, danach zum Menschen und von dort zum höher entwickelten geistigen Wesen nach.

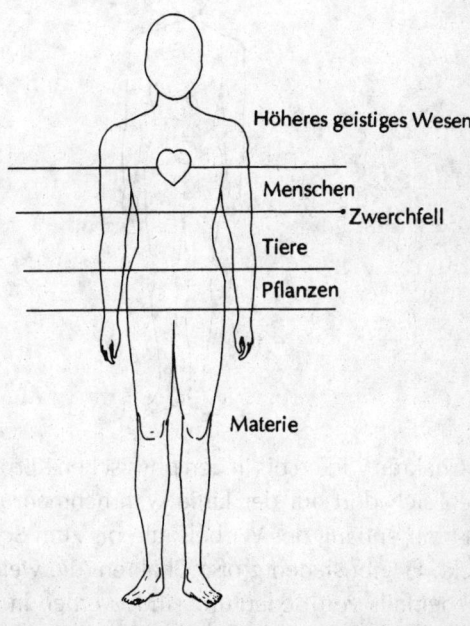

Auf dem Weg der Evolution gibt es verschiedene Stationen. An diesen Punkten ist eine wichtige Phase abgeschlossen, und ein neuer Sprung wird vorbereitet. Dies sind die Stufen auf der großen Lebensleiter. Jede dieser Stufen zeigt eine neue Möglichkeit auf der Leiter zwischen Himmel und Erde. Diese Stufen werden *Chakren* genannt.

Die Chakren sind keine Symbole, und sie sind auch nicht rein psychischer Natur. Sie sind real vorhanden – eigentlich ebenso real wie die Leber, der Magen und die Nieren des physischen Körpers. Nur bestehen sie aus einem feineren Stoff. Deshalb erfordert es meist eine gewisse Übung, bis man in der Lage ist, sie wahrzunehmen.

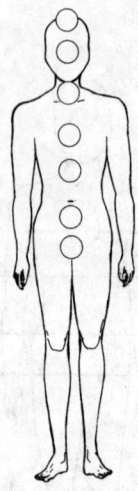

Die Chakren wirken bis in den physischen Körper hinein und lassen sich dort auf der Linie wahrnehmen, die sich vom Steißbein entlang der Wirbelsäule bis zum Scheitel hin erstreckt. Es gibt sieben große Chakren (die vielen kleineren, die ebenfalls von Bedeutung sind, werden in diesem Buch nicht behandelt), und zwar von unten nach oben: das Wurzel-Chakra, das Sexual-Chakra, das Solarplexus-Chakra, das Herz-Chakra, das Kehl-Chakra, das Stirn-Chakra und das Kronen-Chakra.

Diese sieben Zentren unterscheiden sich voneinander, ähnlich wie in der Musik die sieben Töne einer Tonleiter. Jedes Chakra unterscheidet sich wesentlich von dem über ihm sowie auch von dem unter ihm liegenden, paßt andererseits jedoch genau an die Stelle der Reihe, an der es sich befindet.

Die »Nahrung« der Chakren

Die sieben Zentren werden durch die Lebenserfahrung des Individuums genährt. Jedem Zentrum entspricht eine ganz bestimmte Schwingungsfrequenz. Auch jedes Ereignis im menschlichen Leben hat eine bestimmte Schwingungsfrequenz. Ein Chakra kann mit einem Ereignis resonieren oder nicht. Aufgrund dieser Resonanz kann ein Chakra das Ereignis als Erfahrung in sich aufnehmen. Wenn dies geschieht, nährt sich das Chakra sozusagen von dem betreffenden Ereignis; dadurch wird es stimuliert, sich weiter zu offenbaren. Erweist sich ein Ereignis für ein bestimmtes Chakra als nährend, so greift diese Wirkung auf die ganze Person über, da diese bis in ihre Tiefe davon berührt wird.

In den sieben Zentren findet also ein sehr direkter Lernprozeß statt. Der Umweg des Beurteilens, Vergleichens und Abwägens existiert hier einfach nicht. Die Chakren können nicht lügen, verfälschen oder beschönigen; sie können nicht anders, als den richtigen Rhythmus anzugeben, den wahren Entwicklungsstand der Individualität der betreffenden Person. Die Summe der Vibrationen der sieben Chakren ist die Melodie, die den betreffenden Menschen in umfassendster Weise charakterisiert.

Eine Persönlichkeit kann sich jedoch auch verschließen, nicht vibrieren wollen, und sich, aus welchen Gründen auch immer, eine Zeitlang weigern, sich weiterzuentwickeln. Dabei geht jedoch nichts von der essentiellen Erfahrung verloren, von dem, was im betreffenden Chakra aufgenommen ist. Wenn beispielsweise ein Mensch aus nächster Nähe einen Todesfall miterlebt und dabei nichts zu fühlen scheint, obgleich er weiß, daß dieses Ereignis ihn tief innen stark getroffen hat, dann ist diese Erfahrung zwar zeitweilig unzugänglich, sie bleibt jedoch prinzipiell verfügbar. Ist der betreffende Mensch Jahrzehnte später von seiner Entwicklung her in der Lage, die Erfahrung völlig zuzulassen, dann wird sich das Chakra offenbaren und die abgekapselte Erfahrung sozusagen wieder freigeben, so daß der/die Betreffende sie nachträglich vollständig durchleben kann. Die ganze Zeit über war die Erfahrung in jenem Chakra verborgen – der Kummer, die Trauer, die befreienden Tränen, alles war dort, konzentriert wie in einer Nußschale.

In jedem Augenblick kann ein Mensch die Vibration seiner innersten Erfahrung in sich zulassen und in sein Bewußtsein aufnehmen. Doch erhält das Chakra die reichste Nahrung, wenn der Mensch in seinem Herzen erkennt, daß er das Leben in aller Tiefe erleben will und daß er die feinste Vibration seiner Chakren kennenlernen will. Dann kommt es zu einer dauerhaften Beschleunigung im Enthüllungsprozeß der Chakren. Der Betreffende unterstützt mit seiner ganzen Lebenseinstellung das Wachstum der Zentren und nährt sie bewußt. Er öffnet, wie man sagt, seine Chakren.

Landkarte und Land

Die Chakren sind die Stationen des Weges, den wir gehen. Sie gleichen der Landkarte eines Landes, das wir noch nie zuvor betreten haben. Es sind Möglichkeiten, die erst realisiert werden, wenn wir sie in unserem Leben in die Tat umsetzen. Dann betreten wir das Land, das wir bis zu diesem Zeitpunkt nur vom Hörensagen kennen, und es wird unser Land: Das betreffende Chakra öffnet sich.

Die sieben großen Chakren sind bei jedem Menschen latent vorhanden. Meist sind einige von ihnen offen, und von anderen sind einige Aspekte erschlossen. Wenn alle sieben geöffnet sind, ist die Verwirklichung dessen, was ein Mensch potentiell ist, eingetreten. Die Dualitäten sind aufgehoben – Himmel und Erde, Mann und Frau, Schöpfer und Geschöpf sind vereinigt.

Der Mensch, der auf der großen Lebensleiter emporsteigt, orientiert sich an dem Licht, das von oben kommt, und gibt diesem Licht dort, wo er im Hier und Jetzt steht, Form. Er kann erst weiter aufsteigen, wenn er das Höchste, das er in diesem Augenblick kennt, konkret bis in die Tiefe seiner Existenz umgesetzt hat. Die Chakren wirken dabei als Transformatoren, die auf den unterschiedlichen Ebenen des Seins das Irdische in das Himmlische umwandeln und umgekehrt. In jedem Chakra begegnen sich also Himmel und Erde im Menschen. In den drei untersten der insgesamt sieben findet diese Begegnung sozusagen im Bereich der Erde statt. In den obersten drei Chakren begegnen sie einander im Bereich des Himmels. Nur im vierten und mittleren Chakra begegnen die beiden Ströme einander, ohne daß einer von beiden »im Vorteil« ist. Dort, im Herz-Chakra, findet die große Transformation statt, über die wir in diesem Buch so oft sprechen. Diese Transformation kann heute von vielen Menschen vollzogen werden.

Auf welcher Stufe?

Im nächsten Kapitel werden wir ausführlich auf die Bedeutung der einzelnen Chakren eingehen. Doch wie kann ein Mensch nun erkennen, wie es um seine Schritte auf der Leiter bestellt ist? Woran kannst du erkennen, ob deine Chakren geöffnet oder geschlossen sind oder ob sie kurz davor stehen, sich zu öffnen?

Du kannst dir deiner Chakren auf sehr einfache Weise gewahr werden, nämlich als eines Körpergefühls, eines Drucks oder einer Spannung in einer bestimmten Zone deines Körpers oder als eines entspannten Gefühls oder auch eines Prickelns. Wenn du stärker darauf achtest, wirst du merken, daß ein großer Teil dieser meist als selbstverständlich hingenommenen körperlichen Empfindungen (sowie auch die weniger selbstverständlichen Schmerzen und Beschwerden) auf Prozesse der Chakren hindeuten. Mit Hilfe deines Körperbewußtseins hast du die Möglichkeit, jederzeit festzustellen, auf welcher Ebene du dich befindest und vor welcher Transformation du stehst. So wirst du durch das Erfahren deiner Chakren herausfinden, welche Transformationsmöglichkeiten dir in einer konkreten Lebenssituation gegeben sind. Bei der Beschreibung der einzelnen Chakren werden wir darauf ausführlicher eingehen.

Du kannst die Sache natürlich auch von der Lebenssituation angehen, in der du dich momentan befindest. Alles, was du erlebst, steht direkt mit der Tätigkeit der Chakren in Zusammenhang. Jede Frage, jeder Konflikt ist mit einem bestimmten Chakra verbunden. Probleme, die ständig wiederkehren, zeigen an, daß auf einer bestimmten Chakra-Ebene noch viel Arbeit zu tun bleibt.

In anderen Fällen kann man den Grad der Öffnung und die Intensität der Chakren ohne große Übung mit Hilfe eines Pendels bestimmen. Man muß sich jedoch mit der eigenen Chakren-Konstellation vertraut gemacht haben, bevor man sich an das Auspendeln der Chakren anderer Menschen wagen kann.

Das Pendel ist von vielen abergläubischen Vorstellungen umgeben. Viele glauben zum Beispiel, daß dem Pendel selbst eine mysteriöse Kraft innewohnt und daß es deshalb aus einem bestimmten Material bestehen müsse (Silber, Gold, Elfenbein oder Kristall) und/oder daß man es auf eine bestimmte Art weihen muß (Zaubersprüche, Weihrauch, Mondstände). Die Erfahrung lehrt, daß all diese komplizierten Voraussetzungen völlig überflüssig sind.

Ein Pendel ist ein Instrument, das bei richtiger Anwendung das offenbart, was der *Pendelnde* weiß, ohne daß dieser sich allerdings seines Wissens bewußt ist.

Jeder weiß auf der Ebene der Seele unendlich viel mehr als auf der Ebene der beschränkten Persönlichkeit. Die Seele kann Antwort auf viele Lebensfragen geben, die die Persönlichkeit absolut nicht zu beantworten vermag. Dieses Wissen der Seele drückt sich direkt durch die unwillkürlichen Muskelbewegungen des physischen Körpers aus. Diese unwillkürlichen Muskelbewegungen (des Arms, der Hand und der Fingerspitzen) sind es, die das Pendel in Bewegung versetzen. Das Pendel selbst trägt nichts dazu bei, genauso wenig wie ein Bleistift aus eigenem Antrieb zeichnet. Die Seele gibt sich mittels der unwillkürlichen Muskelbewegungen des physischen Körpers und folglich mittels der Pendelbewegungen der Persönlichkeit zu erkennen.

Pendeln kann nur gelingen, wenn sich die Persönlichkeit so zu entspannen vermag, daß sie sich nicht in die Antwort auf die Frage einmischt. Wenn man diese Entspannung – die eine Form der Loslösung ist – nicht erreichen kann – beispielsweise weil man sich vor einer möglichen Antwort fürchtet –, besteht die große Gefahr, daß die Persönlichkeit sich der Muskelbewegungen bemächtigt und so das Resultat verfälscht.

Das Pendel

Ein Pendel ist ein regelmäßig geformtes (kugel-, birnen- oder kegelförmiges) kleines Gewicht, das an einem ca. 10 cm langen Faden hängt. Unwillkürliche Muskelbewegungen versetzen die Schnur in Bewegung. Dadurch schlägt das Gewicht nach einer Seite aus. Diesem Ausschlag wird eine bestimmte Bedeutung beigemessen.

Ein gutes Pendel darf nicht zu schwer sein (weil es dann nur schwer in Bewegung zu versetzen ist) und nicht zu leicht (weil die Pendelbewegungen dann zu leicht gestört werden können). Ungefähr 5 Gramm sind ein geeignetes Gewicht. Für unsere Zwecke ist ein nach unten spitz zulaufendes Pendel am besten geeignet.

Das Instrument sollte angenehm in deiner Hand liegen, und du solltest eine Affinität zu dem Material empfinden, aus dem es besteht. Es soll dir helfen, dir dessen bewußt zu werden, was du eigentlich sowieso schon weißt. Deshalb solltest du das Gefühl haben, daß das Pendel zu dir paßt. Wenn diese Voraussetzungen erfüllt sind, ist die Art des Materials unwesentlich.

Vereinbarungen

Wenn du das Pendel benützt, triffst du eine Anzahl von Vereinbarungen mit dir selbst. Du vereinbarst beispielsweise, daß ein gerader Ausschlag des Pendels »nein« und ein kreisförmiger Ausschlag »ja« bedeutet.

Nun mußt du dein Instrument eichen. Du hältst den Faden des Pendels locker zwischen Daumen und Zeigefinger vor dich, wobei dein Ellbogen leicht gebeugt ist. Der Abstand des Fadens zwischen Daumen und Zeigefinger und der Oberseite des Pendels beträgt ungefähr 8 cm.

Du stellst dir eine Frage, die eindeutig mit »nein« beantwortet werden muß, beispielsweise: »Heiße ich ... (falscher Name)?« Du atmest entspannt und beobachtest das Pendel, ohne es aktiv in Bewegung zu versetzen. Nach einiger Zeit wirst du sehen, daß das Pendel in einer geraden Linie ausschlägt. Das Wunder ist geschehen. Das Pendel sagt »nein«.

Jetzt versuchst du es mit dem Ja. Du stellst eine Frage, die nur mit »ja« beantwortet werden kann. Wenn das Pendel daraufhin kreisförmig ausschlägt, bist du wieder einen Schritt weiter.

Wenn du dies einige Zeit geübt hast und nach Belieben »ja« und »nein« als Antwort erhalten kannst, ohne daß du dich bewußt darum zu bemühen brauchst, kannst du anfangen zu experimentieren. Nun kannst du Fragen stellen, die dein Oberflächen-Verstand nicht ohne weiteres beantworten könnte.

Wenn du genügend Übung hast, beginnst du, dein Repertoire zu erweitern. Beispielsweise triffst du mit dir selbst die Vereinbarung, ein unbewegtes Pendel bedeute, daß keine Energie vorhanden ist; eine Linie bedeute, daß sich etwas zu öffnen beginnt; eine Elipse bedeute, daß die Öffnung zunimmt; ein Kreis, daß die Öffnung sich vollzogen hat. Außerdem vereinbarst du, daß die Öffnung an einer Skala von 1–10 gemessen werden kann, wobei 1 ein minimaler und 10 der weitestmögliche Kreisausschlag ist.

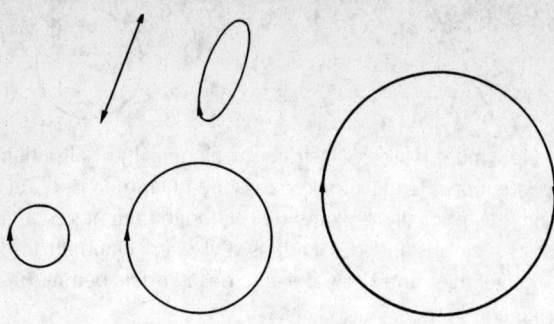

Schließlich berücksichtigst du noch die Tatsache, daß ein Kreis auf zwei Arten zustande kommen kann: durch kreisförmige Bewegung im Uhrzeigersinn und gegen den Uhrzeigensinn. Den Uhrzeigersinn definierst du als grundsätzlich positiv. Den Gegenuhrzeigersinn definierst du als grundsätzlich negativ.

Nun steht dir ein ganzes Spektrum von Begriffen zur Verfügung, mit welchem du dir viele Informationen über die Chakren verschaffen kannst.

Es wird dir möglich, das Ausmaß der Öffnung eines Chakras zu bestimmen. Du kannst erkennen, welches Chakra sich in einem Übergangszustand befindet, welches im Dienste eines größeren Ganzen steht und welches dem eigenen Interesse dient. Wenn du dir unsicher bist, was ein bestimmter Pendelausschlag bedeutet, kannst du eine Ja/Nein-Überprüfungsfrage stellen.

Das Auspendeln der Chakren

Die Person, deren Chakren du auspendeln willst, liegt auf dem Bauch. Halte das Pendel nacheinander über die Punkte, die bei der Beschreibung der verschiedenen Chakren (siehe folgendes Kapitel) angegeben sind. Zur Messung des Kronen-Chakras sollte die Person, bei der gemessen werden soll, ihren Kopf so weit anheben, daß sie gerade nach vorne schaut. Notiere den Ausschlag des Pendels bei den jeweiligen Chakren, so daß du schließlich eine Aufzeichnung hast, die beispielsweise folgendermaßen aussieht:

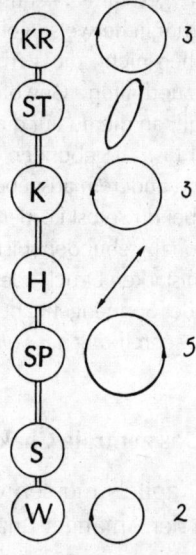

Wahrnehmen und Projizieren

Beim Pendeln ist es von allergrößter Wichtigkeit, daß du dich dabei in einer meditativen Verfassung befindest, mit anderen Worten, daß du auf deine Seele eingestimmt bist.

Du darfst dich also nicht von deinen Vorstellungen über jemanden oder von deinen Sympathien und Antipathien dieser Person gegenüber leiten lassen. Wenn du dies tust, pendelst du nicht die Chakren des anderen aus, sondern lediglich deine Projektionen auf den Betreffenden, was über den anderen selbst nicht das geringste aussagt.

Sobald du merkst, daß deine stille Verbindung zu deiner Essenz durch Bilder, Gedanken und Emotionen unterbrochen wird, mußt du dich durch Meditation und Disziplin von dem reinigen, was zwischen dich als Instrument und deine Seele getreten ist. Wenn die Verbindung wiederhergestellt ist, kannst du mit dem Pendeln fortfahren. Möglicherweise gelingt es dir bei bestimmten Menschen nicht, die Verbindung ohne Störungen aufrechtzuerhalten. Gewöhnlich ist das bei Menschen der Fall, an die du auf die eine oder andere Weise emotional (astral) gebunden bist. Diese sollten besser von jemand anderem ausgependelt werden.

Meist kannst du bei dir selbst körperlich wahrnehmen, wenn du emotional gebunden bist: du verspürst in diesem Fall einen starken Druck oder eine starke Spannung im Bereich des Sonnengeflechts. (Siehe im folgenden Kapitel die Beschreibung des *Solarplexus*-Chakras.)

Das zentrale Chakra

Zum Schluß dieses Kapitels müssen wir noch ein Problem behandeln, mit dem der Anfänger unausweichlich konfrontiert wird und welches zu einer ziemlichen Verwirrung führen kann: das Problem der Ebenen. Jedes Chakra ist nämlich auf einer anderen Ebene wirksam.

Weiter oben in diesem Kapitel wurde bereits beschrieben, wie der Mensch Schritt für Schritt die große Lebensleiter hinaufsteigt. Wenn man eine Stufe betritt, macht man sich die spezielle Eigenschaft der betreffenden Ebene des Lebens zu eigen und lernt, wie man diese Eigenschaft in allen Aspekten des Daseins verwirklichen kann. So steigt man von der Wurzel zur Krone auf.

Immer ist auf diesem Weg ein Chakra das zentrale – die zentrale Stufe –, von wo aus man Erfahrungen sammelt und zu einer Integration gelangt. Dieses zentrale Chakra gibt die

Ebene an, auf der man sich befindet, und zu diesem Chakra stehen die anderen sechs Zentren in einer Beziehung.

Nehmen wir an, jemand hat das Wurzel- und das Sexual-Chakra bereits vollständig entwickelt und ist nun damit beschäftigt, die dritte Stufe – die des *Solarplexus* – zu verwirklichen.

Dieser Mensch wird folglich vom *Solarplexus* aus eine neue Beziehung zu den übrigen sechs Chakren aufnehmen, einschließlich der beiden bereits zuvor verwirklichten. Höchstwahrscheinlich kommt es sodann zu einer Krise und zu einer Phase der Unruhe, bis das *Solarplexus*-Chakra so weit entwickelt ist, daß von dort aus alle anderen Chakren wieder miteinander in Einklang gebracht werden können. Die sechs übrigen Chakren werden sozusagen auf den Grundton des einen Chakras abgestimmt, das in dieser Lebensphase verwirklicht wird.

Wenn die sieben Zentren schließlich vom *Solarplexus*-Chakra aus aufeinander abgestimmt sind und Ruhe eingetreten ist, strebt die Energie nach einer gewissen Zeit erneut weiter nach oben. Die Entdeckungen von gestern, die Antworten auf der *Solarplexus*-Ebene erweisen sich als nicht mehr befriedigend. Die Spannung nimmt zu, Unruhe stellt sich wieder ein, neue Fragen tauchen auf, Zweifel, Wünsche, Gefühle der Einsamkeit. Die Reise geht weiter. Das Streben richtet sich auf die Ebene über der eigenen, auf die des Herz-Chakras. Sie wird kurzzeitig erreicht, doch dieser Zustand kann nicht aufrechterhalten werden, und der Betreffende fällt wieder auf die Ebene des *Solarplexus* zurück. Chaos, Trauer und Schuldgefühle sind die Folgen, manchmal auch Angst. Im alltäglichen Leben treten Probleme im Bereich der Beziehungen, der Zusammenarbeit mit anderen und der Identität auf. Die Chakren – alle Chakren, auch das *Solarplexus*-Chakra – befinden sich in einem Zustand der Disharmonie – manche sind völlig geschlossen, andere unverhältnismäßig weit geöffnet. Dies kann viele Jahre dauern, so lange, bis man inmitten des Wirrwarrs der Umstände, Emotionen und Vorstellungen den zentralen Punkt findet – in diesem Fall das Herz – und lernt, mit großer Geduld und Hingabe alles andere damit in Einklang zu bringen. Schritt für Schritt, Sprung um Sprung. So verläuft die Reise des Lebens.

Will man mit den Chakren arbeiten, muß man zuerst herausfinden, welches Chakra im konkreten Fall das zentrale ist. Die erste Frage bei der Chakra-Untersuchung (ganz gleich, ob sie mittels des Pendelns oder mit anderweitigen Mitteln durchgeführt wird) sollte daher lauten: Was ist die fundamentale Bewußtseinsebene? Erst wenn man diese Ebene kennt und weiß, welches das zentrale Chakra ist, kann man den Zustand der übrigen Chakren bestimmen. Das Kronen-Chakra ist vom Wurzel-Chakra aus betrachtet etwas völlig anderes als das Kronen-Chakra vom Herz-Chakra aus gesehen.

Ein Begleitumstand, der nicht außer acht gelassen werden darf und der die Sachlage noch zusätzlich kompliziert, ist, daß die Chakren so schnell auf die positiven und negativen Ereignisse des Alltags reagieren (und zwar mindestens so lange, bis die vierte Stufe verwirklicht ist). Wenn jemand sehr froh ist, weil er den Hauptgewinn in einer Lotterie gewonnen hat oder weil seine Liebe erwidert wird, sind höchstwahrscheinlich alle Chakren dieses Menschen weit und strahlend geöffnet. Wenn jemand hingegen sehr erschüttert ist, eine starke Grippe hat oder gerade einen Unfall hinter sich hat, so ist die Wahrscheinlichkeit groß, daß alle Chakren dieses Menschen völlig geschlossen sind. Ähnlich den Blumen (mit denen die Chakren übrigens oft verglichen werden) verändern sich auch die Chakren, je nachdem, ob sie Licht oder Dunkelheit erfahren.

Drei Ebenen

Die Chakren wirken also auf insgesamt drei Ebenen: auf der fundamentalen Ebene der Stufe, die der betreffende Mensch auf der großen Lebensleiter erreicht hat; auf der sekundären Ebene der Entwicklung, die die Chakren infolge der Verlagerung der fundamentalen Ebene auf die nächsthöhere Stufe durchlaufen; sowie schließlich auf der tertiären Ebene der kurzzeitigen Beeinflussung. Je höher man auf der großen Lebensleiter aufsteigt, um so geringer wird der Einfluß dieser tertiären Ebene.

Es ist wichtig, daß du als Helfer weißt, welche Ebene du ansprechen willst. Brauchst du Informationen über die momentane Situation des Betreffenden, weil du jemandem gerade in dieser Situation helfen willst, dann mußt du dich auf diese Oberflächenschicht einstimmen. Wenn du hingegen Informationen über die wesentliche Entwicklung benötigst, mußt du dich durch die augenblicklichen Gegebenheiten hindurch auf das tiefste Muster der Individualität des anderen abstimmen. Das erfordert von dir, daß auch du dich auf das tiefste Muster deiner Individualität abstimmst. Jede Einstimmung auf der physischen, astralen und mentalen Ebene ist somit ein Hindernis. Mit anderen Worten: Du kannst erst dann die tiefsten Muster eines anderen Menschen erforschen, wenn du in ungehindertem Kontakt zu deinen eigenen Mustern stehst.

Natürlich ist auch das, was auf der tertiären Ebene geschieht, ein Derivat des Essentiellen. Der Übergang eines Menschen von einer Stufe der großen Lebensleiter zur folgenden bringt stets Spannungen und Krisen mit sich, und diese lassen sich fast immer auch in den flüchtigen Chakra-Mustern erkennen. Jede Grippe und jede erwiderte Liebe steht zweifellos in Zusammenhang mit der großen Entwicklung, die wir durchleben, doch solche Zusammenhänge sind viel weniger logisch, als wir es vielleicht gerne hätten. Deshalb sollte man einer ersten Chakra-Untersuchung nicht allzuviel Wert beimessen. Erst wenn bei wiederholter Untersuchung bestimmte Konstellationen stets wiederkehren, können wir annehmen, daß es sich um ein fundamentales Muster handelt.

Kapitel 4

Chakren – die sieben Stufen

Jedes dieser Zentren liegt auf einem Rad. Um die Achse eines solchen Rades gruppieren sich konzentrisch viele Kreise, wie die Kreise im Wasser, wenn ein Stein hineinfällt. Der Mittelpunkt ist der Weltenlehrer; der äußerste Kreis, die Felge des Rades also, ist das Bild der Materie. Unser Bestreben ist es, von der Peripherie ins Zentrum vorzudringen, von der Bewegung zur Ruhe, von der Vielfalt zur Einheit, vom Wissen zur Weisheit. So muß der Mensch sieben Stufen zurücklegen, um die sieben Weisheiten des Weltenlehrers zu erfahren. Das ist die Aufgabe, die ihm von der Natur auferlegt wurde und der er sich nicht entziehen kann.

Hans-Ulrich Rieker, *Als bedelmonnik door India*

*M*an kann so viel über die sieben Zentren schreiben, daß der Leser schließlich den Wald vor lauter Bäumen nicht mehr sieht. Man kann jedem Chakra eine Farbe zuordnen, einen Klang, ein Mantra, eine geometrische Form, eine Zahl, ein Tier, einen Edelstein, einen Ton usw. usw. Wir beschäftigen uns in diesem Buch nicht so sehr mit der Symbolik der Chakren als vielmehr mit ihren psycho-physischen Eigenschaften. In *Anhang III* haben wir eine Anzahl dieser Eigenschaften in einer Tabelle erfaßt, im vorliegenden Kapitel jedoch beschränken wir uns hauptsächlich auf die folgenden Gesichtspunkte:

Die Bereiche, in denen die einzelnen Chakren ihre Wirkung entfalten

Man kann den Menschen in sieben Zonen unterteilen. Jedes Chakra bildet den Kernpunkt einer solchen Zone. Bei der

Beschreibung eines jeden Chakras geben wir an, welcher physische und psychische Bereich unter seinem Einfluß steht.

Die Ringe des Trichters

Ein Chakra läßt sich mit einem Trichter vergleichen. Je tiefer man in den Trichter hinabsteigt, um so mehr kommt man mit der tieferen Bedeutung, der Essenz, dem Willen und dem Schöpfungsgedanken des betreffenden Zentrums in Kontakt. Der gleiche Prozeß spielt sich ab, wenn man, ausgehend von der eigenen Reaktion auf ein Ereignis, sich »zentriert«, unter den ersten oberflächlichen Emotionen den eigenen wahren Gefühlen begegnet und schließlich, während man noch tiefer nach innen geht, den ursprünglichen kreativen Impuls erreicht, den Keimgedanken des Ereignisses.

Man könnte sagen, daß der äußerste Ring eines Chakras dem dazugehörigen physischen Bereich entspricht und daß die weiter innen liegenden Ringe dem jeweiligen astralen, mentalen und kausalen Bereich entsprechen. Bei der Darstellung der einzelnen Chakren haben wir versucht, diese verschiedenen Ringe und die Übergänge zwischen ihnen zu beschreiben.

Offenheit und Geschlossenheit

Jedes dieser sieben Zentren kann in unterschiedlichem Maße geöffnet oder geschlossen sein. Nicht umsonst werden die Chakren oft mit Rosen oder Lotusblüten verglichen; sie können knospen, gerade dabei sein, sich zu öffnen, oder völlig geöffnet sein.

Es wird einleuchten, daß ein Chakra im Laufe seiner Entwicklung verschiedene Phasen der Offenheit durchläuft. Ein völlig geöffnetes Zentrum hat eine gewaltige Transformationskraft. Dabei ist es bedeutsam, inwieweit die verschiedenen Chakren miteinander harmonieren, mit anderen Worten, ob sie alle gleich weit geöffnet sind. Wenn ein weit geöffnetes Chakra von Chakren umgeben ist, die gerade aufbrechen, so kann sich dies negativ auswirken, so wie alles, was sich nicht im ausgewogenen Verhältnis entwickelt, negative Folgeerscheinungen nach sich zieht. Die möglichen Verformungen einer solchen unausgewogenen Entwicklung beschreiben wir im sechsten Kapitel, in dem die Charakterstrukturen dargestellt werden.

Im weiteren Verlauf dieses Kapitels wird die Wirkung aller Chakren in verschiedenen Zuständen beschrieben: im Zustand harmonischer Öffnung, unverhältnismäßig starker Öffnung und unverhältnismäßig starker Geschlossenheit. Wir haben uns dazu entschlossen, der Deutlichkeit halber jeweils den Extremzustand zu beschreiben. Es bleibt dem Leser überlassen, die notwendigen Nuancierungen für die vielen Zwischenformen abzuleiten (dies gilt auch für Anhang III).

Vom Herzen aus

Einen absoluten Standpunkt, von dem aus man die Dinge betrachten und für alle Zeiten endgültig beschreiben kann, gibt es nicht. Der eigene Standpunkt bestimmt in starkem Maße, wie man etwas wahrnimmt. Wer am Fuße eines Berges steht, hat eine andere Aussicht als derjenige, der auf dem Gipfel angelangt ist, und der Alpinist sieht einen anderen Berg als der Geologe. So ist jeder Mensch stets Teil dessen, was er wahrnimmt.

Dies gilt zweifellos auch für eine Beschreibung der Chakraleiter. Auch in diesem Fall ist die Position, die man innehat, von ausschlaggebender Bedeutung. Es ist, wie wir im vorangegangenen Kapitel erläutert haben, unmöglich, ein Chakra unabhängig von allen anderen zu beschreiben. Die Zentren sind Teil eines Ganzen; zusammen bilden sie auf einer bestimmten Ebene einen einzigen Organismus.

Den Mittelpunkt eines solchen Chakra-Organismus bildet dasjenige Chakra auf der großen Lebensleiter, das man gerade im Begriff ist, vollständig zu verwirklichen. Dieses ist das für den betreffenden Menschen zentrale Chakra, zu welchem die sechs übrigen Zentren in einer Beziehung stehen.

Wenn wir daher ein bestimmtes Zentrum beschreiben, so tun wir dies nicht in einer abstrakten Weise, sondern wir orientieren uns dabei konkret an demjenigen, der sich bemüht, alle seine verschiedenen Lebensbereiche vom Herzen aus miteinander in Einklang zu bringen und zu integrieren.

Außerdem tritt bei der Beschreibung der einzelnen Chakren noch die Schwierigkeit auf, daß das oberste und das unterste Zentrum, also das Kronen-Chakra und das Wurzel-Chakra, sich jeder verbalen Eingrenzung entziehen – ersteres, weil es jenseits von Zeit und Sprache liegt, letzteres, weil es vor aller Zeit und Sprache liegt.

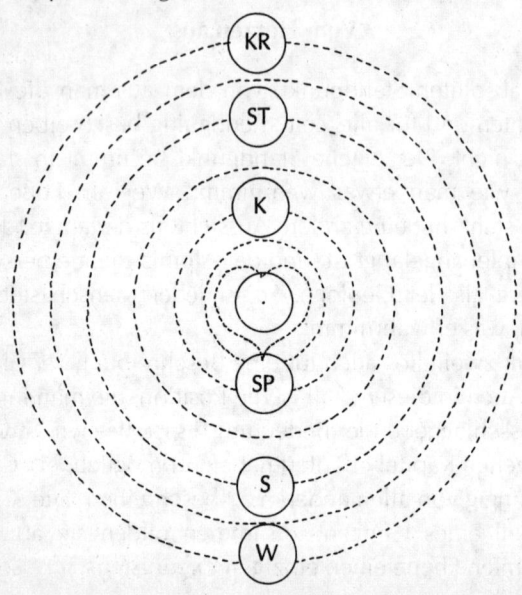

DAS WURZEL-CHAKRA
Die Erde ist mein Himmel

Die Erweckung des Schlangenfeuers geschieht meist unerwartet, unvorbereitet, durch heftige Emotion. In völliger Überrumpelung durch heftige Gefühle der Liebe, des Mitleids gerät ein Mensch, wenn dies seine Bestimmung ist, in einen Zustand des Vibrierens, der ihn eine Mischung aus Glückseligkeit und Untergang, freudiger Erwartung und Entsetzen erleben läßt.

J. W. Kaiser, *Die Rosen des Gärtners*

Wir wollen dem Lebensstrom folgen, wie er von der Erde aus durch die Füße und Beine nach oben steigt. Der erste Punkt, an dem der Lebensstrom in den Rumpf eintritt, ist das untere Ende der Wirbelsäule. Von dort aufsteigend ist die Wirbelsäule die Linie, die die Chakren miteinander verbindet.

Dieses erste Chakra ist mit dem Wurzelsystem einer Pflanze vergleichbar, die die Nahrung, die sie aus der Erde empfängt, durch den Stengel zu der zum Licht gerichteten Blüte emporpumpt, welche die Krönung des gesamten Organismus darstellt. Deshalb wird dieses unterste Zentrum auch *Wurzel-Chakra* genannt – die Inder bezeichnen es als *Muladhara*, die Wurzel (*mula*) und die Basis (*dhara*).

Charakteristisch für dieses Chakra ist die Erfahrung der reinen Energie, des pulsierenden Lebens – die körperliche Empfindung des Lebens, das in seiner primitivsten Form in dich eintritt. Dies ist die Ebene, auf der die Pflanze die Tiefe ihrer Existenz erfährt.

Im Wurzel-Chakra hat der Lebenswille seinen Sitz. Wenn man diesem Chakra einen Gedanken zuordnet, so lautet dieser: »Die Erde ist mein Wohnort; ich will hier ganz und gar sein.« In diesem Zentrum verbindet der Mensch sich in all seinen Fasern mit dem Grund, aus dem er hervorgegangen ist. Die Erde als Mutter. Hier zeigt sich, wie verwurzelt ein Mensch in seinem Körper und in seinem täglichen Dasein ist.

Die Energie, die in diesem Zentrum umgesetzt und bereitgestellt wird, enthält die potentielle Kraft aller Gedanken und Gefühle, über die der Mensch verfügt. Ist das Wurzel-Chakra unverhältnismäßig stark geöffnet, so ist der Betreffende möglicherweise ausschließlich auf das Materielle ausgerichtet; er kann dann sehr stark und außergewöhnlich grob sein. Bei denjenigen, die einen mehr psychologisch orientierten Weg einschlagen, ist oft das Umgekehrte der Fall. Sie tendieren dazu, der elementaren Kraft des Wurzel-Chakras zu wenig Wert beizumessen. Bei ihnen ist dieses Zentrum im Verhältnis zu den anderen Chakren zu stark geschlossen, was bedeutet, daß es dem Betreffenden an Lebenskraft mangelt und es ihm schwerfällt, der Realität des Lebens ins Auge zu sehen. Ein geschlossenes Wurzel-Chakra äußert sich oft in jener bleichgesichtigen Spiritualität, die wunderschöne Ideen liefert, im alltäglichen Leben jedoch nur Chaos erzeugt.

Das Wurzel-Chakra, das im Dienste des größeren Ganzen steht, ermöglicht es, alles Irdische und Körperliche zu *genießen*. Menschen, deren erstes Chakra sich in einem harmonischen Zustand befindet, lieben die Bewegung und den Rhythmus in der Bewegung. Bei den meisten kleinen Kindern ist das Wurzel-Chakra geöffnet.

Der Helfer, dessen Wurzel-Chakra geöffnet ist, sieht die Materie nicht als den Endpunkt, sondern als den Stoff, den er beseelen kann. Er läßt das Leben in der Basis zu, damit es seinen Weg nach oben finden kann, durch ihn hindurch. Er wird zum Mit-Schöpfer.

Das Gefühl, das zu diesem Chakra gehört, ist *tiefes Vertrauen*. Man vertraut sich völlig der Erde und dem, was von unten aufsteigt, an. Es ist das Wissen, das Fallen ein Bestandteil des Laufenlernens auf der Schnittfläche von Zeit und Ewigkeit ist und daß man selbst im Fallen noch getragen wird.

Wie fundamental dieses Zentrum ist, zeigt sich darin, daß es sich erst wirklich vollständig öffnet, wenn ein Mensch einen hohen Entwicklungsgrad erreicht hat. Bis zu diesem Zeitpunkt ist es der Träger und der Vermittler der Lebensenergie. Erst wenn der Mensch ein großes Stück Wegs auf der großen Lebensleiter zurückgelegt und so den Weg für die ungebundene elementare Energie gebahnt hat, kann sich das Zentrum in voller Kraft entwickeln, die Kundalini-Kraft – das Schlangenfeuer – kann emporsteigen und die bereits darauf vorbereiteten Zentren erfüllen. Vor diesem Zeitpunkt ist es äußerst gefährlich, beispielsweise durch bestimmte Yoga- und Meditationstechniken die Kundalini-Kraft zu erwecken. Dies zu versuchen bedeutet buchstäblich, mit dem Feuer zu spielen. Wenn der Weg nicht genügend geebnet ist, wenn der Betreffende nicht in ausreichendem Maße gelernt hat, den Strom der Energie auszuhalten und zu lenken, kann es zu einer Art »Durchbrennen« kommen, das meist sehr ernste physische und psychische Folgen mit sich bringt.

Im körperlichen Bereich beherrscht dieses Chakra die Beine und die Füße (den direkten Kontakt zur Erde) und das Darmsystem (durch welches das, was der Organismus nicht aufnimmt, der Erde zurückgegeben wird).

Die Musik, die diesem Chakra entspricht, ist die »Roots«-Musik (engl. *roots* = Wurzeln), vor allem afrikanische Musik. Diesem Zentrum entsprechen auch die elementaren Klänge der Schlaginstrumente; die Musik von Schlagzeugern wie Art Blakey und Ed Blackwell wirkt sich heilend auf dieses Zentrum aus.

DAS SEXUAL-CHAKRA
Ich erkenne die Schöpfung im Stofflichen

> Lust und Verlangen des Lebens zu sich selbst war die erste
> Regung des anfänglich Einen, das, dunkel in Dunkel gehüllt,
> bei sich selber glühte und über sich hinaus zur Weltgeburt
> drängte; Lust und Verlangen war der erste Samen, der ihm
> entfloß, um das Denken aufzubauen, mit dem das Ich sich
> selber in Bewußtsein faßt. Die Liebenden wiederholen das
> Weltschöpfungsgeschehen, aus ihrer Umarmung soll ja ein
> neuer Weltleib im kleinen entstehen, ein neuer Äon im Leben
> des Kindes anheben. So sinken sie auf Augenblicke vor die
> Grenze zurück, an der Ich und Zeit anhoben – aber nicht viele
> begreifen die Einweihung, die der Liebesgott ihnen dabei
> nahebringt, sie halten sich an die Lust, die er schenkt.

Heinrich Zimmer, *Maya, der indische Mythos*[8]

Die Energie, die beim Wurzel-Chakra in den menschlichen
Körper eingetreten ist, steigt ins Becken auf. Dort trifft sie auf
einen riesigen Raum, in dem sie sich frei entfalten kann. In
der Mitte des Beckens finden wir das zweite Zentrum, das
Sexual-Chakra. Der Sanskritname dieses Chakras ist *Sva-
dhisthana* oder *der eigene Platz*, der Wohnort der Gottheit.
Dies ist das Zentrum der Fortpflanzungsfähigkeit und ganz
allgemein das Zentrum der physischen Schöpfung. Schon
sehr früh im Leben lernen wir, daß dies die »Gefahrenzone«
unseres Körpers ist. Hier geschehen Dinge, über die man
nicht spricht und die man mit mehreren Schichten von
Kleidung zu bedecken hat. Abfallprodukte werden hier aus-
geschieden, und die Lust hat dort ihren Sitz.
Daß dieser Bereich von Gefühlen der Verlegenheit und von
Prüderie umgeben ist, ist jedoch nicht ausschließlich die
Folge dummer Sprüche der Erzieher. Dieses Chakra wird
auch von Menschen, die keineswegs von sexuellen Hem-
mungen geplagt sind, als außergewöhnlich gefährlich be-

[8]Heinrich Zimmer, *Maya, der indische Mythos,* Rascher Verlag Zürich 1936, S. 58.

zeichnet. Auf indischen Abbildungen zum Beispiel ist an dieser Stelle ein Urmonster dargestellt, *Makara*, welches sich mit dem Leviathan der alten jüdischen Schriften vergleichen läßt. Darin kommt unter anderem zum Ausdruck, daß durch dieses Chakra eine ungeheure Urkraft verfügbar wird, die sich kaum begreifen und beherrschen läßt. Die Gottheit, die hier wohnt, ist nicht die Göttin, wie sie auf süßlichen Andachtsbildchen des Westens dargestellt wird; es ist Shakti, die Gemahlin Shivas, der weibliche Aspekt der Schöpfung, eine geliebte und gleichzeitig auch gefürchtete Gottheit. Sie ist die ewige Geliebte wie auch die schwarze Göttin Kali, die, mit Totenköpfen gegürtet und von furchterregendem Aussehen, auf Shiva tanzt.

Die Einheit des Lebens manifestiert sich im Sexual-Chakra zunächst als Zweiheit. Hier liegt der Ursprung der Dualität der Geschlechter, der Anlaß für heftigste Kämpfe ist, aber auch zu einer Vereinigung führen kann, zu einer ungeahnten Zusammenballung von Kräften, einer Zwei-Einheit. Hier beginnt die große Spaltung und das Leiden an den Gegensätzen. Doch birgt dies auch die echte Möglichkeit zur Einswerdung mit dem anderen.

Zum Individuum kann man erst werden, wenn man sich als Mann oder Frau definiert und auf diese Weise lernt, das dem Eigenen Entgegengesetzte zu erkennen und zu lieben. Dieser Weg der Individuation beginnt im Sexual-Chakra.

Die biologische Funktion des Triebes, den wir Sexualität nennen, besteht darin, daß sie den Impuls zur Vereinigung mit einem Menschen des anderen Geschlechts gibt, aus welchem neues Leben entstehen kann. Diese Vereinigung ist mit Lust verbunden. Bei vielen Menschen kommt es im Verlauf der Pubertät oder auch etwas später zu einer Spaltung zwischen der Funktion und dem Genuß, welcher dem Erleben von Sexualität eigen ist. Manche schwören dem Genuß ab; sie unterdrücken die sexuellen Impulse, so daß diese völlig verschwunden zu sein scheinen. Andere konzentrieren sich ausschließlich auf den Genuß, sie leben ihre sexuellen Impulse aus. Bei denen, die zur ersten Kategorie gehören, können wir ein mehr oder weniger geschlossenes Sexual-Chakra feststellen, bei den Menschen der zweiten Kategorie ein unverhältnismäßig weit geöffnetes Sexual-Chakra.

Wenn der Lebensstrom aufsteigt, wächst die Sexualität über die rein biologische Funktion hinaus, und die Erkenntnis entsteht, daß das sexuelle Erleben selbst nicht unbedingt an einen anderen Menschen gebunden sein muß. Es wird dem Menschen dann möglich, sich selbst als Person zu erleben und dies zu genießen, *auch ohne einen Sexualpartner.* Ist jedoch die Fähigkeit, sich selbst erleben zu können, gestört, so spielt die Anziehungskraft des anderen Geschlechts für den betreffenden Menschen eine besonders wichtige Rolle. Er vermag dann nicht mehr frei auf einen von ihm selbst gewählten anderen zuzugehen, sondern es scheint, als ob das sexuelle Gefühl von dem anderen geweckt würde und als ob er in dieser Hinsicht vom anderen abhängig sei. Diese Abhängigkeit wird noch dadurch verschärft, daß das sexuelle Gefühl nach unmittelbarer Entladung drängt.

Menschen mit einem im Verhältnis überentwickelten Sexual-Chakra haben mit derartigen Problemen zu kämpfen. Sexualität ist für sie keine Möglichkeit zur Verbindung und Hingabe, sondern eine unabhängig davon existierende Spannung, die zur Abhängigkeit vom anderen und zur Anhänglichkeit führt. Statt eines eigenen Gefühls ist sie etwas, von dem man besessen ist, sobald es sich regt, und das dann so schnell wie möglich aufgelöst werden muß. So wird Sexualität zu einer Erfahrung, die man eigentlich nur vorübergehend hat.

Menschen mit einem im Verhältnis unterentwickelten Sexual-Chakra machen schon bald einen blutleeren, verwelk-

ten Eindruck. Ihre gesamte Persönlichkeit ist von einer Freud-
losigkeit gezeichnet, die sie für selbstverständlich, ja sogar
für eine besonders realistische Einstellung halten. Die gesamte Konstitution solcher Menschen ist durch »Verkniffenheit«
gekennzeichnet, die sich in der Motorik und in der Stimme
ausdrückt, aber auch in übermäßiger Vorsicht im Hinblick
auf Entscheidungen. Das unterentwickelte Sexual-Chakra
sucht Befriedigung in »Korinthenkackerei«.

In diesem Chakra ist die Möglichkeit zur Abspaltung des
Bewußtseins am stärksten. Wenn ein Mensch nicht in der
Lage ist, seine Sexualität zu integrieren, kann er nicht kreativ
sein – einfach deshalb, weil er dann nicht frei ist.
Einer der Gründe, weshalb es so schwierig ist, die Sexualität
in ihrer ganzen Kraft und unverformt zuzulassen, ist, daß man
damit alles, was zum Leben gehört, zuläßt. Das ist sowohl
äußerste Freude als auch äußerster Schmerz, Kreativität wie
auch Zerstörungsdrang.
Wenn ein Mensch sich mit seinen sexuellen Begierden identifiziert, strömt alle Energie in sein Sexual-Zentrum, und er
wird davon beherrscht.
Erst wenn er sich mit seinem Verlangen identifiziert, seinen
Lebensstrom positiv und kreativ zu nutzen, braucht er die
destruktive Tendenz nicht mehr zu fürchten. Erst dann kann
er es wagen, diesen Strom in seiner ganzen Kraft aufsteigen
zu lassen. Unterdrückung der Sexualität hatte in der Geschichte der Menschheit lange Zeit die Funktion, uns gegen
das Tier (*Makara*) in uns zu schützen. In unserer Zeit haben
viele Menschen ein so starkes Bewußtsein persönlicher Verantwortung entwickelt, daß sie ihre Triebe ohne Unterdrückung der Lust zulassen, anerkennen und integrieren
können, ohne daß sie befürchten müßten, Mißbrauch und
Zerstörung anheimzufallen. Dies ist eine noch sehr neue
Entwicklung.

Das Sexual-Chakra ist also eine Station auf dem Weg nach oben. Mit seiner Hilfe lernt man, alle Aspekte des Lebens zu genießen. Das ist das Natürlichste auf der Welt. Wer entspannt und natürlich ist, erfährt die sexuellen Gefühle als einen ununterbrochenen Strom des Lebens.

Die *Transformationsmöglichkeit* dieses Chakras liegt darin, daß die Sexualität in den Dienst des Verlangens der Seele nach kreativer Fortpflanzung gestellt wird. So wird Begierde zu Verlangen transformiert. Das bedeutet, daß du lernst, mit dem Handeln zu warten, bis der Lebensstrom sich liebevoll mit dem Bewußtsein vereinigt hat. Nur dann kannst du mit Herz, Seele und Kopf wählen, welche Richtung du deiner Energie geben willst, und nur dann wirst du nicht von ihr besessen.

Dies ist eine sehr schwere Aufgabe. Der potentielle Kraftstrom der Sexualität ist so stark, daß dir ungeheuer viel abverlangt wird, wenn du verhindern willst, daß du diesen Strom ausschließlich zu deinem eigenen Nutzen gebrauchst. Es lohnt jedoch die Mühe, denn wenn du dich mit allem, was du bist und hast, einschließlich deiner sexuellen Gefühle, mit einem anderen Menschen verbindest, ist die Freude um ein Vielfaches größer, als wenn du dich nur von der Anziehungskraft leiten läßt.

Dieses Chakra beherrscht im physischen Bereich die männlichen und weiblichen Geschlechtsorgane, die Nieren und die Blase.

Die Musik, die zu diesem Zentrum paßt, ist die »Soul«-Musik. James Brown, Wilson Pickett, der geniale Prince und nicht zuletzt Marvin Gaye, der, weit entfernt von einem verkümmerten Sexual-Chakra, auf seinem Album *Midnight Love* singt:

Sexual Healing, baby, is good for me
Sexual Healing is something that's good for me
And it's good for me and it's good for me
My baby ohh
Come take control, just grab a hold
Of my body and mind soon we'll be making it
Honey, oh we're feeling fine
You're my medicine open up and let me in.

DAS *SOLARPLEXUS*-CHAKRA
Ich bin eins mit dem Leben

Dort existieren nicht nur alle Emotionen, sondern dort sind auch alle Faktoren aufgezeichnet und in aller Tiefe beschrieben, die sich auf den gesamten Lebenszyklus eines Individuums beziehen; die Bedeutung von früheren Leben, von Verdiensten und von sogenannten Sünden, ja, alles ist dort gespeichert – das ganze Buch des Lebens.

Eva Pierrakos-Broch, *Vrije wil (Freier Wille)*[9]

Eine Station weiter auf dem Weg nach oben, unmittelbar unterhalb des Zwerchfells und in der Mitte der Magengegend, liegt das Sonnengeflecht oder der *Solarplexus*. Diese Stelle kennt fast jeder, da sie sich recht häufig bemerkbar macht. Gefühle der Spannung und Beklemmung können dort auftreten. Der Sanskritname dieses Zentrums ist *Manipura – die Stadt* (Pura) *des prachtvollen Juwels.*
Dieses Zentrum ist ein Ort des Übergangs. Hier bündeln sich die triebhaften Impulse der beiden ersten Zentren zu einem prachtvollen »Ich«. Wurzel- und Sexual-Chakra kennen noch nicht das Bewußtsein, das sich dauerhaft vom Rest des Daseins unterscheidet, das zu sich selbst »Ich« sagt und zu allem anderen »Nicht-Ich« oder »Du«. Die untersten beiden

[9] Eva Pierrakos-Broch, *Lesingen (Lesungen)*, St. Het Pad, Amsterdam 1978.

Chakren stehen noch in direkter Verbindung zum Bereich des Kollektiven.

Das Wurzel-Chakra ist eins mit der Kollektivität des ununterbrochen strömenden Lebens; im menschlich-sozialen Bereich ist dies das Niveau der Masse. Das Sexual-Chakra ist eins mit der Kollektivität der Art, der man angehört; im menschlich-sozialen Bereich ist dies das Niveau der Herde. Das Solarplexus-Chakra, die nächste Stufe, bietet die Möglichkeit zu weiterer Differenzierung – derjenigen von der Herde zur Persönlichkeit. Dies ist der Beginn der Entwicklung zum Individuum.

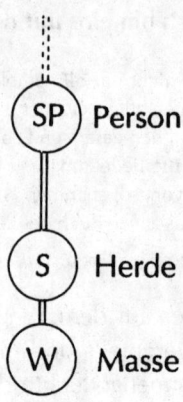

Das Wichtigste, was der Mensch auf dieser Stufe der Lebensleiter lernt, ist, Grenzen zu setzen und mit Grenzen umzugehen. Hier lernt das junge »Ich«, seine Triebe einzugrenzen und zu beherrschen, und ebenso lernt es, sich gegen die Kräfte seiner Umgebung abzugrenzen. Dabei läßt es sich von Antrieben leiten, die es in den vorangegangenen Phasen erworben hat, nämlich von der *Begierde nach Macht und Selbstbehauptung* und – als Gegenstück dazu – von *der Angst vor Verlust und Untergang.*

Begierde und Angst sind nicht weise. Sie sehen niemals über die eigene Nasenspitze hinaus und sie bleiben blinde Triebe.

Wer sich von Angst und Begierde leiten läßt, wird zweifellos viele wichtige Erfahrungen machen und einiges aufbauen können, doch wenn er die nächste Ebene erreichen möchte – eine höhere Ebene, die größere Weisheit erfordert und auf welcher Angst und Begierde nicht mehr die bestimmenden Faktoren sind –, so werden die Antriebe der darunterliegenden Ebenen, von denen er immer noch beherrscht wird, ihm dies erheblich erschweren. Sie stehen seiner Weiterentwicklung regelrecht im Wege. Ihm geht es wie dem Mann, der seinen Garten aufräumte und dabei den gesamten Abfall über die Mauer warf. Als er schließlich die Arbeit beendet hatte und ausgehen wollte, war dies nicht möglich, weil der Abfall nun sein Gartentor blockierte.

Das »Ich«, das seine Existenz hauptsächlich der Abgetrenntheit von anderen Lebensformen verdankt, muß einen bestimmten Preis dafür zahlen. Dieser Preis ist das *Karma.*

Karma (wörtlich übersetzt: *Aktion, Handlung)* ist dasjenige, was man zwangsläufig durchlebt, weil man die eigene Energie auf den verschiedenen Ebenen des Seins in eine bestimmte Richtung lenkt. Dies bezieht sich ebenso sehr auf Handlungen im Bereich des Physischen wie auch auf die Art zu denken; es ist die ich-bezogene Handlung als Ausgangspunkt eines negativen Schöpfungsaktes. Man identifiziert sich mit einem minimalen Teil des Kosmos und »ummauert« diesen; dies führt zu Bewußtseinsverlust – man verliert den Überblick über die Gesamtsituation. Dieses behinderte Bewußtsein, von dem der Mensch im Laufe seiner Entwicklungsgeschichte umwölkt wird, haben wir in den vorangegangenen Kapiteln als die Emotionen des astralen Bereichs und als die Vorstellungen des niederen Denkens bezeichnet. Jedes System von Vorstellungen und Emotionen hat eine bestimmte Auswirkung auf die physische Realität, auf das irdische Dasein. Bestimme Gedankenmuster führen zu bestimmten physischen Ereignissen, die sich so lange wiederholen, bis sich die Gedankenmuster auflösen. Wenn jemand den Ofen nicht anzündet, weil er Angst hat, daß dieser explodieren könnte, wird er im Winter sehr frieren müssen. Seine Angst, daß der Ofen explodieren könnte, ist eine Vorstellung; den Ofen tatsächlich nicht anzuzünden, ist Karma, und daß er sehr frieren muß, ist eine direkte Folge des Karmas. Er wird noch so lange unter großer Kälte leiden müssen, bis er seine Vorstellung korrigiert.

Dies ist ein einfaches Beispiel. Wahrscheinlich werden sich nur wenige Leser in diesem Beispiel wiedererkennen, da wohl nur wenige Menschen Angst davor haben, daß der Ofen explodieren könnte, wenn sie ihn anzünden. Die meisten Vorstellungen sind subtilerer Art, aber Karma heißt immer – in einer unendlichen Vielzahl von Variationen –, daß das Ich in der Kälte sitzen bleibt; genauso lange, bis es seine isolierende Vorstellung aufgibt und lernt, sein Verhältnis zu seinen Lebenstrieben umzugestalten.

Der Solarplexus ist der *Sitz des Karmas*. Hier wird das blinde Karma sich zum erstenmal seiner selbst bewußt, hier stellt es sich als »Ich« gegen den Rest der Schöpfung. Auf dieser Entwicklungsstufe fühlt es sich abwechselnd als Gott und als Verstoßener, als Meister und als Sklave, als Riese und als Zwerg. Gleichzeitig besteht in diesem Chakra jedoch auch zum erstenmal die Möglichkeit zur Auflösung des Karmas. Die Persönlichkeit, die gewachsen und gereift und im wahrsten Sinne des Wortes erwachsen geworden ist, lernt hier, daß sie alles, was sie geworden ist, einer höheren Leitung anvertrauen kann: jener inneren Stimme, die durch das folgende Zentrum, das Herz-Chakra, spricht. So findet die Energie, die aufsteigt, im Solarplexus eine Identität. Sie reinigt sich von den Wahnvorstellungen, die Begleiterscheinungen des Entwicklungsweges sind, und überantwortet sich dem Höheren, das sie auf diese Weise kennenlernt.

Ist bei einem Menschen das Solarplexus-Chakra unverhältnismäßig stark entwickelt, so ist der Betreffende zu sehr auf den Kampf mit der Umgebung fixiert, darauf, sich als Persönlichkeit auszudrücken. Er läßt sich zu stark von seiner Angst leiten, obgleich er von außen gesehen sehr kämpferisch wirkt. Ein überbetontes Solarplexus-Zentrum macht ausgesprochen reaktiv. Man ist fortwährend auf die Umgebung gerichtet und wird von den eigenen Lust- und Unlustgefühlen beherrscht. Ein anderes Kennzeichen eines im Verhältnis zu weit geöffneten Solarplexus ist, daß sich die Aufmerksamkeit des betreffenden Menschen zu weit in die Vergangenheit oder in die Zukunft begibt. Er grübelt über frühere Geschehnisse nach, fühlt sich schuldig, benachteiligt, sentimental, erniedrigt, rachsüchtig und bleibt auf etwas fixiert, das irgendwann einmal geschehen ist. Oder er sorgt sich darum, was wohl morgen sein wird, liegt nächtelang wach und grübelt, was wohl die Folge sein wird, wenn dieses oder jenes eintreten sollte, und wie katastrophal alles enden könnte. In beiden Fällen kann man spüren, daß man auf dem falschen Weg ist, weil die Magengegend angespannt und zusammengezogen reagiert und sich manchmal anfühlt, als trommele eine Faust von innen gegen die Bauchdecke.

Ist das Solarplexus-Chakra hingegen verhältnismäßig unterentwickelt, so werden wir fortwährend von Gefühlen der Unsicherheit bedrängt. Es ist, als hätten wir kein Daseinsrecht und als dürfe die ganze Welt in unsere Privatsphäre eindringen und alles von uns verlangen. Viele Menschen, die sich selbst stets hintanstellen, haben ein im Verhältnis zu schwach entwickeltes Solarplexus-Chakra. Sie sind nicht liebenswürdig, sondern liebedienerisch, ihnen fehlt der sprichwörtliche »Mumm«, der für ein harmonisch geöffnetes drittes Chakra so charakteristisch ist.

Ist das Solarplexus-Zentrum bei einem Menschen auf harmonische Weise geöffnet, so weiß der Betreffende instinktiv, was zu tun ist und was er unterlassen sollte. Der harmonische Zustand des Zentrums läßt ihn dann auf natürliche Weise erkennen, wem und welcher Sache er Vertrauen schenken kann, und er ist auch wach genug, um eine solche Erkenntnis sogleich in die Tat umsetzen zu können. Klar, wach, energisch, tatkräftig – dies sind die Eigenschaften, die zum harmonisch geöffneten Solarplexus-Chakra passen.

Die *Transformationsmöglichkeit*, die dieses Chakra bietet, besteht darin, daß die vom Karma befreite Information nach oben weitergegeben wird, zur nächsten Station, dem Herz-Chakra. Dort kann sie in das Bewußtsein – das echte Selbst-Bewußtsein, das frei von Ich-Sucht ist – aufgenommen werden. Du kannst diesen Weg nach oben nur antreten, wenn du dich dazu entschlossen hast, nicht reaktiv, sondern aktiv zu leben. Das bedeutet, daß du aus dir selbst heraus handelst und dich nicht auf die Autorität anderer stützt. Gleichzeitig bedeutet es auch, daß du erkennst, daß dir als Mensch viel weitreichendere Möglichkeiten zur Verfügung stehen, als deine Emotionen dich glauben machen.

Dann wird zum zentralen Leitsatz dieses Chakras, daß du als Individuum Teil eines größeren, organisch geordneten Ganzen bist. Die Empfindung, die damit einhergeht, läßt sich am besten als entspannte Spannung umschreiben, als Sein »ohne Ruhe und ohne Hast«, wie das *I Ching*, ein chinesisches Weisheitsbuch, es nennt.

Der Solarplexus, der nicht mehr sagt »Ich, ich und alles andere nach mir«, gleicht einem fein abgestimmten Barometer, das fehlerlos jede Spannung, Unlust und Bedrohung registriert. Je mehr man mit dem inneren Wissen in Kontakt ist, je »reiner« man wird, um so mehr kann man der Wirkungsweise dieses Chakras vertrauen. Es wird dann zu einem Instrument, mit dem man die eigenen Spannungen und die der Menschen um sich herum wahrzunehmen vermag.

Wer die Stufe zum Herz-Chakra hinaufsteigen möchte, darf auch nicht das geringste Gefühl des Unbehagens im Solarplexus ignorieren. Wenn dort ein Gefühl des Drucks auftritt, so bedeutet das *immer*, daß man Anstrengungen unternehmen muß, um das Echte vom Unechten zu trennen.

Viele Menschen haben sich in unserer Zeit bis zu diesem Zentrum entwickelt und sind so sehr zu einem Jemand geworden, daß sie nun durch Versuch und Irrtum lernen müssen, ihr Solarplexus-Bewußtsein mit dem umfassenderen Bewußtsein zu verbinden. Sie sind die Vorläufer auf jenem Weg, den die Menschheit als Ganzes geht. Die Mehrheit folgt dem Pfad, den einige wenige ihr gebahnt haben; und jene wenigen sind die großen Geister, die Meister und die Eingeweihten.

Im Bereich des physischen Körpers beherrscht dieses Chakra das Verdauungssystem und das Muskelsystem.

Die Musik, die zu diesem Chakra paßt, ist zunächst einmal die heutige Popmusik. Alle Qualitäten und Verformungen dieses Zentrums können wir in dieser Art von Musik finden, gerade weil es das Zentrum der heutigen Menschheit ist. Populäre Musik kann niemals ein höheres Chakra zum Zentrum haben als dasjenige, welches die Mehrheit der Menschen oder zumindest eine große Gruppe von Vorreitern erreicht hat.

Die Musik von Charlie Parker, Billie Holliday, John Coltrane und in unserer heutigen Zeit von David Murray spiegelt die Prozesse wider, die sich in diesem Chakra abspielen, und sie drückt das Verlangen aus, zum Herz-Chakra aufzusteigen. Doch auch eine völlig andere Art von Musik, nämlich die Opernmusik, entspricht diesem Zentrum und dem Übergang zum Herz-Zentrum; Maria Callas sang mit ihrer nuancenreichen Emotionalität im Geiste dieses Zentrums.

DAS HERZ-CHAKRA
Ich liebe

Verständnis des Denkbewußtseins entsteht durch einspitzige
Meditation über das Herz-Zentrum.

Patanjali, *Yoga-Sutras;* 3:34

Wenn wir weiter aufsteigen, gelangen wir zu einem Zentrum, das in Höhe des Herzens, jedoch in der Mitte des Körpers liegt: zum *Herz-Chakra.* Die Sanskrit-Texte nennen dieses Chakra *Anahata,* da hier, wie man sagt, ein Klang vernommen werden kann, der *nicht infolge von zwei Dingen, die einander berühren,* entsteht (*Anahata*). Hier, im mittleren Chakra, öffnet sich das innere Ohr, das in den Dingen die Essenz hört, die jenseits jeder Dualität liegt.

Das Herz ist eine höhere Oktave des Solarplexus. Das Sonnengeflecht sagt »ich«; das Herz sagt »wir«. Steigt man weiter aufwärts auf der Leiter, so wird Selbstsucht zu Selbstlosigkeit, wobei jedoch die Identität erhalten bleibt.

An diesem Punkt sollten wir einen Augenblick verweilen. Das Herz-Chakra wird manchmal als ein Ort der Liebe in rosa und hellblauen Pastelltönen geschildert, doch das ist eine sentimentale Verfälschung. Alles, wozu ein Mensch auf der Ebene des Solarplexus geworden ist und was rein ist – es kann also hart wie ein Diamant sein –, nimmt er mit auf die Ebene des Herzens. Der erfrischende Eigen-Sinn, der Humor, die Abgegrenztheit und die »No-Nonsense«-Haltung, die im dritten Chakra zur Eigenart geworden sind, bleiben im vierten Chakra erhalten. Und das ist auch gut so, denn sonst käme es auf der Ebene des Herzens nur zu einer erhabenen Form des Rückfalls ins Herdenbewußtsein.

Das harmonisch geöffnete Herz-Chakra bietet an, was es zu bieten hat, und überläßt es oder den anderen, davon Gebrauch zu machen oder nicht. Es gibt den Impuls, sich zu einer Gemeinschaft von Menschen zusammenzuschließen, die hinsichtlich ihrer Natur und ihrer Qualitäten verschieden sind, jedoch alle von dem Wunsch beseelt sind, sich weiterzuentwickeln. Das Herz-Chakra gleicht einem Gärtner, der weiß, daß er das Wachstum des sich entwickelnden Lebens nicht erzwingen kann. Es weiß, daß ein Mensch nichts an einem anderen *verändern*, sondern höchstens etwas in einem anderen *erwecken* kann. Da dieses Wissen im Herz-Zentrum so stark ist, wird dieses auch als »Zentrum der heiligen Gleichgültigkeit« bezeichnet.

Ein Therapeut, der auf der Kante seines Stuhls sitzt, pausenlos Verständnis zeigt und emphatische Ratschläge gibt, hat mit Sicherheit kein harmonisch geöffnetes Herz-Chakra. Viel wahrscheinlicher ist, daß sein Herz-Chakra leicht geschlossen ist und daß der Solarplexus dies durch übermäßige Aktivität kompensiert.

Das besondere Merkmal dieses Zentrums ist nicht, herzlich und einfühlsam zu sein, sondern die Fähigkeit, sich von der Essenz eines anderen Menschen berühren zu lassen und mit ihr in Verbindung zu treten. Jedesmal, wenn sich jemand auf diese Weise in seinem Herzen berühren läßt und diese Berührung in seinem Tun zum Ausdruck bringt, löst er sich ein wenig von seiner »Ich«-Bezogenheit. So entsteht eine unzerstörbare Verbindung zu seinem geistigen Bewußtsein (siehe das Zitat aus den Yoga-Sutras von Patanjali) und zu den lebenden Wesen seiner Umgebung. Auf diese Weise lernt er allmählich, was echte Intimität ist und gleichzeitig auch, sich endgültig von den eigenen persönlichen Sympathien und Antipathien freizumachen. Er wird in zunehmendem Maße pragmatisch und objektiv. So erreicht er eine neue Stufe des Bewußtseins: *das Gruppenbewußtsein*.

Das Gruppenbewußtsein ermöglicht es, Teil einer Gemeinschaft (einer Gruppe, eines Arbeitszusammenhangs, im weitesten Sinne der Totalität des Lebens) zu sein und dieser Gruppe die eigenen Besonderheiten und persönlich entwickelten Qualitäten zur Verfügung zu stellen, ohne sich von einer moralisierenden und einschränkenden Kollektivität verschlucken zu lassen. Dieses Gruppenbewußtsein, auf das wir in einem früheren Buch (*Helen of delen – transformatie van mens en organisatie*) (»Heilen oder Teilen – die Transformation von Mensch und Organisation«) bereits ausführlich eingegangen sind, ist gesellschaftlich betrachtet die folgende Stufe auf der Leiter.

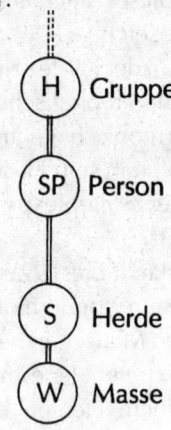

Ist das Herz-Chakra im Verhältnis zu den übrigen Chakren zu stark geöffnet, so stellt der oder die Betreffende den gesellschaftlichen Aspekt des Lebens zu sehr in den Vordergrund. Er/sie neigt dann dazu, Gruppenzwänge als ein Machtmittel zu benutzen. Dadurch wird die individuelle Entwicklung erstickt.

Ist das Herz-Chakra hingegen unterentwickelt, so sind die egoistischen Interessen zu stark betont. Das Individuum und die Bedeutung des Individuums werden dann überschätzt. Wir beobachten in solchen Fällen häufig eine weitgehende Spezialisierung ohne Integration – denn Integration ist das Kennzeichen eines im harmonischen Verhältnis geöffneten Herz-Chakras.

Das Symbol der Integration ist der Davidstern (der sechs-
zackige Stern), der auch auf indischen symbolischen Darstellungen des Herz-Chakras zu sehen ist. Im Davidstern begegnen und durchdringen die Gegensätze einander so, daß die
Dualität aufgehoben wird. Oben und unten, Himmel und
Erde, Individuum und Kollektiv vereinen sich in diesem
mittleren Chakra. Das holistische Denken entspringt diesem
Zentrum.

Von diesem Punkt der Integration geht ohne irgendwelche
äußere Einflußnahme eine heilende Wirkung aus – über das
Denken, über die Stimme und vor allem über die Hände, die

ein direkter Ausdruck dieses Zentrums sind. Jeder, der mit seinen Händen arbeitet – ob es nun ein Installateur, ein Arzt, ein Heiler oder ein Bildhauer ist –, tut gut daran, den Tag mit einer Meditation über die Chakren zu beginnen und alle seine Ängste und Verlangen der Einheit darzubieten, die sich dort manifestiert.

Bei diesem Zentrum kann man nicht von einer ihm eigenen Transformationsmöglichkeit sprechen. Das energetische Prinzip verbindet sich hier mit dem Bewußtseinsprinzip, und das Bewußtsein ist wach. Nichtsdestoweniger ist von diesem Zentrum Aufwärtsentwicklung des Bewußtseins möglich.
Das Bewußtsein des Herzens ist das des menschlichen Wesens, das mit allen anderen Lebensformen in Brüderlichkeit verbunden ist.
Wenn der Strom von der Wurzel über das Sexual-Zentrum und das Zentrum des Solarplexus unverformt und ohne Energieverlust ins Herz aufgestiegen ist, ist die Liebe des Menschen in der eigenen Erfahrung verwurzelt. Dort trägt die Reise durch die Dualität Früchte, nämlich, daß der Mensch sich in Liebe auf all die Extreme, die er in sich selbst kennengelernt hat, beziehen kann. Deshalb ist die Liebe eines Herzens, das aus sich selbst heraus erwacht, so über alle Maßen zuverlässig.

Im Bereich des physischen Körpers beherrscht dieses Chakra die Lungen, die Arme und die Hände und natürlich auch das Herz.

Es gibt viele Arten von Musik, die vom Geiste dieses Chakras getragen sind oder die zu diesem Chakra aufsteigen, denn dies ist das Chakra des Menschen. Wir wollen uns hier auf die Meisterwerke Beethovens beschränken: Die Neunte Symphonie mit ihrem »Alle Menschen werden Brüder« und die späten Streichquartette, vor allem Nummer 15 Opus 132.

DAS KEHL-CHAKRA
Ich erschaffe

Am Anfang war das Wort.
Übermächtig, bewegend und entgrenzend wird der erhabene
Schlußakkord Wort sein, indem der Mensch zum Instrument
wird für den erhabenen Willen des All-Einen. Glückselig, der
es versteht und es mit seinem ganzen Wesen erfährt.

R. Fentener van Vlissingen, *Obdachlos geborgen*

Wenn das Herz der Endpunkt der aufwärtsführenden Reise
wäre und wenn es das höchste Bestreben wäre, in Liebe mit
allem, was lebt, verbunden zu sein, dann wäre alles gut, so
wie es ist. Wir würden im Paradies leben. Es bestünde eine
dauerhafte Gemeinschaftlichkeit ohne jeden Kampf. Aber es
gäbe auch keine Kreativität, denn die schöpferische Kraft
kommt aus dem *Kehl-Chakra,* das in freier Verbindung zum
Sexual-Chakra steht. Wenn die Lebensleiter beim Herzen
enden würde, würde alles als eine sich selbst erhaltende
Harmonie auf ewig so bestehen bleiben, wie es ist.
Dies ist das Paradies, von dem die Mythen erzählen, und aus
dem wir vertrieben wurden. Wir sind aus dem Paradies in
das Wurzel-Chakra »gefallen«. Inkarnierend steigen wir auf,
zurück zum Paradies des Herzens, aus dem wir nun nicht
mehr fallen können, weil der Abstand zwischen Herz- und
Wurzel-Chakra mit Energie-Bewußtsein angefüllt ist, mit Lie-
be-Wissen. Auf diese Weise im Herzen angekommen, können wir weiter aufsteigen, ohne daß dies »Strafe« zur Folge
hätte. Wir bauen dann keinen Turm zu Babel, wir stehlen
nicht die Früchte des Baumes der Erkenntnis, wir brechen
nicht mit magischen Mitteln in den Himmel ein, und uns
straft keine Verbannung oder Sprachverwirrung. Im Gegenteil, das Sprachzentrum öffnet sich: Das Herz spricht die
Wahrheit, und wahre Worte kreieren neue Welten. Dort, wo
wir sind, ist unser Zuhause.

Die Sanskrit-Texte geben diesem Chakra den Namen *Visuddha – der vollkommen Gereinigte.* Wer alle Energie der unteren Chakren nach oben gelenkt und transformiert hat, kann sich mit völlig gereinigter Energie an die Arbeit machen. Die individualisierte Energie (Solarplexus), die sich selbst als Teil und Ausdruck des lebenden Gewebes (Herz) erkannt hat, entdeckt auf der nächsten Stufe der Lebensleiter ihre schöpferische Kraft. Auf dem Weg vom Solarplexus zum Herzen lernt das Ich den Wert von Empfänglichkeit, Dankbarkeit und Verbundenheit kennen. Auf der Reise vom Herzen zur Kehle offenbart sich, daß der Mensch nicht nur Geschöpf ist, sondern auch Schöpfer. Nun wird das frühere Gesetz des Karma, welches emotionsgeladene Vorstellungen Wirklichkeit werden ließ, zu einem kreativen Gesetz, das bewußt angewendet wird, um den Wunsch aus Liebe Wirklichkeit werden zu lassen.

Diese kreative Fortpflanzung ist mit der im Sexual-Chakra verankerten physischen Fortpflanzung verwandt. Es handelt sich hier nicht nur um eine Analogie, sondern zwischen diesen beiden Zentren besteht tatsächlich eine direkte Verbindung. Die Energie fängt bereits an, durch diese Verbindung zu strömen, wenn ein Mensch sich mehr oder weniger dauerhaft dazu entschließt, seine Sexualität in den Dienst des Bewußtseins zu stellen und ihr eine Richtung zu geben. Diese Entscheidung ist der erste Anstoß zur Öffnung des Kehl-Chakras.

Die Bündelung sexueller Energie – ein wichtiger Wendepunkt auf jedem Entwicklungsweg – ist der Schlüssel zur Kreativität und – in weiterem Sinne – der Schlüssel zur Beendigung jenes Zustandes negativer Abhängigkeit, der Opfer-Sein beinhaltet.

Der Lebensstrom kann nur dann unverzerrt und unvermindert von unten nach oben zugelassen werden, wenn die Sexualität liebevoll integriert ist. *Wenn Herz und Sexualität eine Einheit bilden, wird Schöpfung zum Liebesakt.* Dies gilt auf physischer und astraler wie auch auf mentaler Ebene.

Die Kehle ist der Sitz des schöpferischen Vermögens – der Fähigkeit, mit allen verfügbaren Qualitäten einen eigenen Platz in der Welt einzunehmen und eine eigene Welt zu schaffen. Es ist die Fähigkeit, lebendige Worte zu sprechen und die Stimme so zu benutzen, daß die Vibrationen aller unteren Chakren darin mitschwingen. Der Körper wird zum Resonanzkörper, das ganze Leben wird zum Resonanzkörper für das sich offenbarende Mysterium. In diesem Chakra wird das Pfingstfest gefeiert.

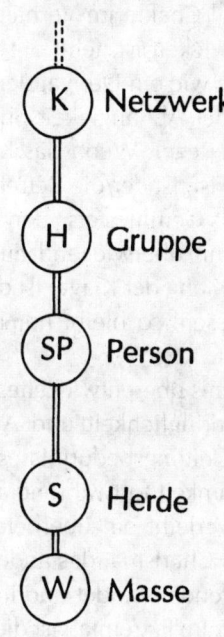

Für den Menschen als soziales Wesen bedeutet dies, daß die Kehle das Zentrum der lebendigen Gemeinschaft ist, des Großen Netzwerks. Das Massenbewußtsein des Wurzel-Chakras differenziert sich im Sexual-Chakra zum Herdenbewußtsein, aus welchem sich im *Solarplexus* eine Identität herausbildet. Diese Identität verbindet sich im Herzen mit anderen gereiften Persönlichkeiten zur Gruppe, und wenn ein Mensch von dort aus zum Kehlzentrum aufsteigt, entsteht die Erkenntnis, daß diese Gruppe Teil eines allumfassenden und alles durchdringenden Netzes von Gleichgesinnten ist. Dies ist die Erkenntnis, daß man einem Netzwerk freier Geister angehört, die sich eins wissen in ihrer Intention, ihre eigene Kreativität in den Dienst der Allgemeinheit zu stellen.

Wenn das Kehl-Chakra im Verhältnis zu den anderen Chakren unterentwickelt ist, fehlt die schöpferische Kraft. Man fühlt sich dann wie ein Derivat der Umgebung. Gefühle der Hilflosigkeit, der Abhängigkeit und des Zu-kurz-Kommens sind dann die Regel. Wenn das Kehlzentrum stark zusammengeschnürt ist, ist der/die Betreffende gewöhnlich verbittert und hat das Gefühl, stets »den kürzeren zu ziehen«. Der Klang, der dann überwiegend aus der Kehle nach außen dringt, ist der Klang der Klage. Ist das Kehlzentrum vollkommen verschlossen, so bleibt nur noch das Gefühl völliger Machtlosigkeit.

Ein im Verhältnis überentwickeltes Kehlzentrum äußert sich häufig in Aufdringlichkeit und Außer-sich-Sein. Aufgrund eines starken Geltungsbedürfnisses versucht der Betreffende, die Aufmerksamkeit fortwährend auf sich zu konzentrieren. Nicht selten verleiht ein überbetontes Kehl-Chakra einem Menschen ein Charisma, das andere Menschen anzieht, sie an den Betreffenden bindet und ihnen Erlösungmöglichkeiten vorgaukelt. Im Extremfall ist dies die Gestalt des falschen Propheten; in weniger extremen Fällen handelt es sich um einen Menschen, der Tatsachen redegewandt zu verdrehen versteht – der klassische Autoverkäufer.

Bei den Verformungen dieses Chakras – sowohl bei der Über- wie auch der Unterentwicklung – dreht sich alles um Aufmerksamkeit und um Habenwollen, ohne wirklich empfangen zu wollen.

Das harmonisch geöffnete fünfte Chakra verleiht der Liebe des vierten Chakras eine individuelle Form. Es existiert keine Spaltung zwischen Ausdruck und Erleben mehr, und ein außergewöhnlich subtil entwickeltes Unterscheidungsvermögen befähigt dazu, wie ein Meisterkoch den Dingen genau jene kleine Prise hinzuzufügen, die ihnen einen völlig neuen Charakter verleiht. Originalität, Kreativität, Wahrheitsliebe, Treffsicherheit und Unterscheidungsvermögen sind einige der Schlüsselworte.

Im Bereich des Physischen beherrscht dieses Zentrum den Mund, die Kehle, den Nacken und die Schulterpartie, und zusammen mit dem Herz-Chakra regiert es den Ausdruck von Armen und Händen.

Musikalisch ist dem Kehl-Chakra das AUM-Mantra zugeordnet, das in diesem Chakra seinen Ursprung hat und von dort aus die übrigen Zentren erreicht und sie miteinander in Einklang bringt – das Lied vom Anfang, vom Mittelpunkt und vom Ende der Schöpfung.
Auch bei bestimmten Interpreten indischer Musik (Ravi Shankar, Ali Akbar Khan, den Dagar-Brothers) und in den Stimmen einiger Gospel-Sängerinnen (Sister Rosetta Tharpe, Arizona Dranes) kommt der Reichtum dieses Chakras zum Ausdruck.

DAS STIRN-CHAKRA
Ich bin eins

*Deshalb öffnet sich das eine Auge wie ein Kelch der Totalität,
die keines Wortes bedarf und sich doch ganz mitteilt.*

Aldebaran, *Tot zover*

Je mehr ein Mensch sich in der Absicht äußert, seinen Beitrag
zu leisten, um so mehr schaut und handelt er aus der Perspektive der Einheit. Er nimmt bewußt Kontakt zum folgenden Zentrum auf, dem *Stirn-Chakra*, welches auch als *Drittes
Auge* bezeichnet wird. Der Sanskritname dieses Zentrums ist
Ajna, was *Befehl*, *Gebot*, *Auftrag* bedeutet.

Das Stirn-Chakra gilt als das Zentrum der integrierten Persönlichkeit. Eine Persönlichkeit ist dann integriert, wenn die
Gedanken und Gefühle sich im Einklang befinden und wenn
ein Mensch aus dieser Einheit heraus handelt. Er sieht sich
selbst völlig objektiv und bemüht sich in keinerlei Hinsicht
mehr, einen bestimmten Eindruck bei anderen zu hinterlassen. Er ist bereit, alle unwillkürlichen Prozesse ins eigene
Denken zu integrieren und dies dann zum Ausdruck zu
bringen. Die integrierte Persönlichkeit ist das Tor zu wahrem
Wissen über das Selbst, und dieses Tor steht offen, wenn das
Stirnzentrum geöffnet ist.

Das *Ajna*-Chakra wird auf diese Weise buchstäblich zu
einem *Dritten Auge*: Es ermöglicht eine völlig neue Art der
Wirklichkeitssicht, aus der sich eine neue Kraft entwickelt.
Dies geschieht im Prozeß des Aufeinander-Abstimmens der
Chakren, wobei man sich nicht mehr von bestimmten über-
oder unterentwickelten Chakren beherrschen läßt. Für die
Öffnung des Dritten Auges ist der Schritt von der Identifikation mit den Gefühlen zur Identifikation mit dem Wissen
fundamental. Dies führt zum un-mittel-baren Sehen.

Man erlangt die Fähigkeit, die Entwicklung dessen, was latent vorhanden ist, zeitlich vorherzusehen. Dieses Vorhersehen ist nicht einfach ein passives Wahrnehmen, es ist auch eine aktive Teilnahme am Schöpfungsprozeß. Das Sehen wird Wirklichkeit, ist Wirklichkeit. Das ist Visualisation. Die Kehle ist das Zentrum des schöpferischen Vermögens; im Ajna-Zentrum wird die Absicht zu kreieren gebündelt und gerichtet.

Dieses Dritte Auge, diese integrierte Persönlichkeit kennt keine Blindheit mehr. Es besteht ein uneingeschränkter Kontakt zum Großen Bewußtsein. Sri Ramakrishna sagte darüber zu seinen Schülern: »Dann kommt die sechste Stufe, die dem Zentrum, das als Ajna bekannt ist, entspricht. Dieses Zentrum liegt zwischen den Augenbrauen und hat einen Lotus mit zwei Blütenblättern. Wenn die Kundalini es erreicht, sieht der Aspirant die Form Gottes. Doch es bleibt immer noch eine kleine Barriere zwischen dem Suchenden und Gott bestehen. Es ist wie ein Licht in einer Laterne. Du glaubst vielleicht, daß du das Licht berührt hast, doch in Wirklichkeit kannst du dies wegen der Barriere aus Glas nicht.«[10]

Ein Stirn-Chakra, das über die Maßen entwickelt ist, will die Barriere nicht erkennen. Dies ist das Denken, das alles ergründen will und nicht anerkennt, daß etwas über ihm stehen könnte. Alles wird festgehalten, nichts wird vergessen, und ununterbrochen werden die zusammengetragenen Informationen mit alten Fakten gekoppelt. Eine fieberhafte mentale Aktivität, die sich bis zum Paranoiden hin mit dem »großen Schachspiel« beschäftigt. Stolz, Eigensinn und ein kaltes Gemüt sind Schlüsselwörter für das überentwickelte Ajna-Chakra.

Ist das Ajna-Chaka unterentwickelt, so weist das auf einen Mangel an selbständigem Denken hin. Man orientiert sich an Vorbildern, Autoritätsfiguren, an deren Hand man durch das

[10] Sri Ramakrishna, zitiert nach dem Niederländischen.

Leben geht. Eine mentale Zaghaftigkeit ist hier zu beobachten, die das Rampenlicht scheut und die es erschwert, die eigenen Qualitäten zu entdecken. Auch das Bedürfnis, sich um keinen Preis etwas zu Schulden kommen zu lassen, behindert die Entwicklung.

Ist das Stern-Chakra harmonisch entwickelt, so hat es buchstäblich hellseherische Fähigkeiten. Es läßt sich durch keinerlei Vorspiegelungen, Manipulationen, Drohungen oder Verlockungen täuschen. Es sieht, was es sieht, und orientiert sich daran. Ein Mensch, dessen Stirn-Chakra sich in diesem harmonischen Zustand befindet, ist eine Koryphäe in seinem Fachbereich, was immer dies sein mag. Sein Beruf ist seine Berufung.

Der körperliche Einflußbereich dieses Chakra sind die Augen – die Spiegel der Seele.

DAS KRONEN-CHAKRA
Ich bin

> Der SINN erzeugt die Eins.
> Die Eins erzeugt die Zwei.
> Die Zwei erzeugt die Drei.
> Die Drei erzeugt alle Dinge.
> Alle Dinge haben im Rücken das Dunkle
> und streben nach dem Licht,
> und die strömende Kraft gibt ihnen Harmonie.
>
> Laotse, *Tao te king*[11]

Dieses letzte Chakra ist das *Kronen-Chakra*, im Sanskrit *Sahasrara*, der Tausenblättrige. Dieses Zentrum am obersten Punkt des Kopfes ist als einziges dauerhaft nach oben gerichtet, um das Licht zu empfangen. Wenn du in deinem Trans-

[11] entnommen aus Laotse, *Tao te king,* Eugen Diederichs Verlag, Köln/Düsseldorf 1957, S. 85.

formationsprozeß so weit gekommen bist, daß du durch deine Visualisationsfähigkeit deine eigene Zukunft erschaffst, entsteht eine beständige Verbindung zwischen dem Stirn- und dem Kronen-Chakra. Dies muß nicht bedeuten, daß die Persönlichkeit dadurch einen fortwährenden Zufluß von Licht erfährt. Sie lebt, als wäre sie dauerhaft mit dem Großen Plan verbunden, mit dem leuchtenden Bewußtsein, das sich an keine Form, an kein Gefühl und an keinen Gedanken heftet. Auf diese Weise kreiert die Persönlichkeit aus sich selbst heraus eine dauerhafte Verbindung nach oben.

Viele spirituelle Menschen konzentrieren sich in unserer Zeit hauptsächlich auf ihr Kronen-Chakra. Es ist ein häufig vorkommender und verhängnisvoller Irrtum zu glauben, daß man das Licht in sich zulassen und an andere weitergeben könnte, bevor man in sich selbst bis auf den Grund hinuntergestiegen ist. Es ist »spiritueller« Hochmut zu glauben, daß man den Abstieg in das Stoffliche vermeiden sollte und daß man das Ringen um den Transformationsprozeß überspringen könnte, indem man sich auf das sogenannte Höhere ausrichtet. Eigentlich ist dies nicht einmal Hochmut, sondern im Gegenteil Selbstunterschätzung. Dieser Haltung liegt nämlich ein tiefer Unglaube zugrunde, daß der Geist gegenüber den »Verlockungen des Stofflichen« bestehen könnte.

Es ist wie ein Sprung ins Weiße, ohne das Schwarze durchlebt zu haben. Weiß ist in diesem Fall nicht weiß, sondern die Vermeidung von Schwarz! Man versucht, mit Hilfe des eigenen Ich-Willens durch die Dualität hindurchzuschauen.

Beispielsweise heißt es, wenn etwas Unangenehmes geschieht, dies »müsse so sein«, und alles habe, so wie es sei, schon »seine Richtigkeit«. Dies ist nichts weiter als ein Trick, mit dessen Hilfe das Ich zu vermeiden versucht, Unangenehmes zu erfahren und etwas zu verändern (Konfrontationen, unangenehme Telefongespräche und all die anderen Dinge, die das Leben manchmal wirklich unerträglich machen können). Ein anderer »heiliger Trick« besteht darin, daß man, wenn man etwas Unerfreuliches an sich selbst oder an anderen wahrnimmt, dies willentlich in den Hintergrund des Bewußtseins verdrängt, indem man es »mit dem Mantel der Liebe zudeckt«. Man benutzt dabei eine Fähigkeit des Stirn-Chakras – die Fähigkeit zu visualisieren – auf eine verzerrte Weise und verhindert gerade dadurch, daß man die Kunst echter Visualisation entwickelt. Dieser Mantel hat nichts mit Liebe zu tun, denn Liebe will alles sehen und braucht nichts zu bedecken; der Mantel ist eine selbstgeschaffene Gedankenform, mit der man das bedeckt, was man nicht anzuschauen wagt.

Das *Antakharana*, die Verbindung zwischen Stirn- und Kronen-Chakra, entsteht, wenn man den Mut aufbringt, die Persönlichkeit so zu sehen, wie sie ist, und wenn man darum ringt, trotz aller Schwierigkeiten weiterhin das Licht zu suchen. Das Licht ist nicht von vornherein da, es ist nichts, worauf du eine Garantie hast, nein, du findest das Licht, wenn du bereit bist, dich auf deiner Entdeckungsreise bis zum Äußersten vorzuwagen. Dann lernst du – weil du deine dunkelsten Antriebe in dir erkannt und akzeptiert und sie dem Licht unterstellt hast –, dich vom Dunklen sowohl in deinem Inneren wie auch in der Außenwelt loszulösen. Damit wird auch der Zwang zur Projektion aufgehoben. Du brauchst das Heil nicht mehr irgendwo außerhalb von dir selbst zu suchen. Du selbst bist zu einem Lichtpunkt geworden.

Ist das Kronen-Chakra unterentwickelt, so deutet dies auf die Tendenz hin, die Lichtwelt zu vermeiden. Der Intuition wird kein Vertrauen entgegengebracht; man baut die eigene Existenz auf dem statistisch Wahrscheinlichen auf. Ist das Kronen-Chakra eines Menschen abgeschnürt, so ist er blind für alles, was über das niedere Denken hinausführt. Die ganze

Persönlichkeit ist von einer Atmosphäre der Isolation umgeben. Kurzum: Dieser Mensch hat spirituelle Probleme.

Ist das Kronen-Chakra überentwickelt, so signalisiert dies eine gewisse »Abgehobenheit« des Betreffenden. Er hat einen Widerwillen dagegen, im Hier und Jetzt zu sein, und bedient sich regelmäßig der weiter oben beschriebenen »heiligen Tricks«. Oft hat er einen starken Kontakt zu anderen Wesen (Elfen, Engeln, Kobolden) und zu den unschuldigen Geschöpfen (Pflanzen, Tieren und Kindern), jedoch vermeidet er den Kontakt zu den Schattenseiten des Lebens. Kurzum: Dieser Mensch hat Inkarnationsprobleme.

Ein harmonisch entwickeltes Kronen-Chakra zeigt ein ruhiges Vertrauen in die Einheit allen Seins. Menschen, die sich in diesem Zustand befinden, leben in dem Wissen, daß »nicht ein einziger Spatz auf die Erde fallen wird, ohne daß der Vater das will«.

Im Bereich des physischen Körpers beherrscht dieses Chakra das Gehirn (wahrscheinlich hauptsächlich die rechte Gehirnhälfte – die linke Gehirnhälfte würde demnach zum Bereich des Stirn-Chakras gehören) und den Rest des zentralen Nervensystems.

DIE DREI TRANSMUTATIONSBÖGEN

Im Verlauf der Entwicklung der Chakren wird alles, was sich unterhalb der Bewußtseinsgrenze abspielt, nach und nach in das Bewußtsein aufgenommen und integriert, bis schließlich alles dazu beiträgt, daß die Seele die ihr vorbestimmte Entwicklung vollziehen kann.

Nach unserer bisherigen Beschreibung mag der Eindruck entstanden sein, daß dies ein stufenweiser Prozeß ist – ein Aufsteigen der Lebensenergie von unten nach oben, so, wie das Quecksilber im Thermometer bei Erwärmung aufsteigt.

Doch ist dieses Modell leider nicht ganz zutreffend. Zum Teil handelt es sich tatsächlich um eine stufenweise Entwicklung, doch verläuft der Prozeß sicherlich in gleichem Maße auch in Sprüngen.

Diese Entwicklungssprünge erfolgen jeweils von einem der unteren drei Chakren zu einem höher auf der Leiter liegenden polaren Chakra. Vom Wurzel- zum Kronen-Chakra, vom Sexual- zum Kehl-Chakra und vom Solarplexus- zum Herz-Chakra. Wenn die Energie eines der unteren Chakren vollständig mit dem Bewußtsein verbunden ist, kann das Bestreben auf das höher stehende Äquivalent, sozusagen auf die »bessere Hälfte« gerichtet werden. Negative Ladung strebt zu positiver Ladung hin, positive Ladung ergießt sich in negative Ladung.

Das Wurzel-Chakra und das Solarplexus-Chakra, die beide negativ (Yin) geladen sind, streben zum Kronen- und zum Herz-Chakra. Das Sexual-Chakra, das positiv (Yang) geladen ist, ergießt seine gesamte gebündelte Energie in das Kehl-Chakra. Die Verbindung, die auf diese Weise zustande kommt, ist von außergewöhnlicher Kraft. Sie gleicht einer Kernfusion. Die polaren Kräfte begegnen einander, durchdringen einander und durchlaufen gemeinsam einen Transmutationsprozeß. Yin und Yang, das Ur-Weibliche und das Ur-Männliche, verbinden sich zu einer neuen Einheit: eine heilige Hochzeit, in welcher der eine nicht mehr auf Kosten des anderen lebt.

Wenn ein Mensch in einer Phase seines Lebens einen solchen Sprung erlebt, so hat er das Gefühl, als würde etwas Unmögliches geschehen. Alle Spannung tritt an die Oberfläche; alles, was in den mit den betreffenden Chakren verbundenen Lebensbereichen unverarbeitet geblieben ist, fordert nun eine beschleunigte Verarbeitung. Körperlich, astral, mental und als Spiegelungen in der Umgebung manifestieren sich die Reste des Karmas, die die Einswerdung der betreffenden Chakren verhindern. Es ist eine Zeit, die reich an Konflikten ist, und es ist eine gesegnete Zeit, obgleich wohl kaum jemand, der davon betroffen ist, dies bestätigen würde. Es ist eine Zeit, in der Wunder Wirklichkeit werden können. Wenn die Verbindung zweier polarer Chakren stattfindet, erfährt der Betroffene eine Einweihung. Seine Persönlichkeit wird in bestimmten Aspekten den Absichten der Seele direkt verfügbar. Er wird ein anderer Mensch. Man könnte auch sagen: Er wird der, der er ist.

Jeder Transmutationsbogen hebt alle Chakren auf ein höheres energetisches Niveau, also nicht nur die beiden unmittelbar beteiligten Zentren. Die Erhöhung des allgemeinen Energieniveaus wiederum beschleunigt die Sprungbereitschaft der übrigen Chakren. Deshalb kann man oft beobachten, daß relativ bald nach einem ersten Sprung die übrigen Sprünge ebenfalls stattfinden.

Die drei Sprünge

Der größte Transmutationsbogen ist derjenige *vom Wurzel- zum Kronen-Chakra*. Er umspannt den gesamten Weg, den ein Mensch zurücklegen kann, den Weg vom Stofflichen zum Geist, der mitten durch das Stoffliche hindurchführt. Die gesamte Persönlichkeit hat sich von der Erde emporgerichtet zum Geist und den Weg aus sich selbst heraus zurückgelegt. Auf ihrer Reise hat sie eine Lichtspur hinterlassen – die Signatur ihrer Einzigartigkeit.
Der folgende Bogen ist der Bogen *vom Sexual- zum Kehl-Chakra*.
Hier lernt der Mensch, von den materiellen Erfahrungen ausgehend, unterscheidend zu denken. Die Materie ist sein Ausgangspunkt, denn im sexuellen Verlangen lernt er die Anziehungskraft des Körperlichen am besten kennen. Dieses

Wissen wird freigesetzt, wenn er sich entscheidet, von innen heraus seine Bestimmung zu finden, statt von einem anderen abhängig zu sein. Dann wird er stärker als die Begierde (die sich ja immer an das andere heften will) und lernt die Begierde von innen kennen. Dies ist die Wurzel des Unterscheidungsvermögens und folglich des Annehmens einer eigenen Form. Wenn der Bogen vollendet ist, ist die sexuelle Fortpflanzung zu einer Fortpflanzung der eigenen lebendigen Form und die Sexualität *sakral* geworden.

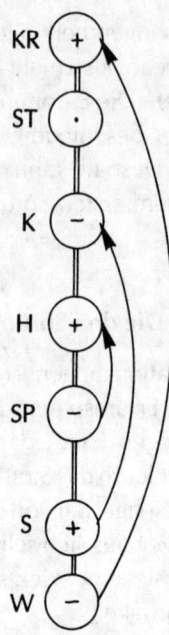

Der dritte Bogen ist derjenige *vom Solarplexus zum Herz-Chakra* – der Bogen vom Eigennutz zur Liebe, von der Ich-Bezogenheit zur Gemeinschaftlichkeit. Dieser Bogen ist der bekannteste, denn jeder Mensch weiß, daß sich alles um die Liebe dreht.

Nur das *Stirn-Chakra* ist nicht mit einem Bogen verbunden. Dieses Chakra erlebt, als Zentrum vor allem der Persönlichkeit, eine Transformation in sich selbst – eine Transformation vom Sehen aus der Gespaltenheit heraus (Dualität) zum Sehen aus der Einheit.

Der fundamentalste Bogen ist der zwischen Wurzel- und Kronen-Chakra. An diesem Bogen kann der Mensch nicht direkt arbeiten. Er ist der große Weg, den der Mensch beschreitet, wenn er sich dafür entscheidet, Instrument zu sein. Er ist auch die Evolution, die der Mensch als Teil des Lebens auf der Erde durchläuft. Meist entsteht dieser Transmutationsbogen als letzter. Wenn die große Lebensleiter bis zum Kehl-Chakra erstiegen ist und das *Ajna*-Chakra sich dem Kronen-Chakra dargeboten hat, besteht der nächste Schritt darin, daß alle Energie bzw. alles Bewußtsein sich in das Wurzel-Chakra zurückzieht und von dort bis zum höchsten Punkt aufsteigt. Dann ist, wie die alten Alchimisten sagen, der Stein der Weisen in der Retorte geboren. Die Retorte darf geöffnet werden, wenn das Große Werk vollendet ist.

Die beiden anderen Transmutationsbögen entwickeln sich bei Menschen, die den Transmutationsprozeß bewußt durchleben, oft gleichzeitig. Manchmal jedoch entwickeln sie sich auch nacheinander.

Der Bogen vom Solarplexus zum Herz-Chakra ist der Weg der astralen Reinigung und der Weg, bei dem der Gefühlskörper sich den Seelenimpulsen öffnet. Der Bogen vom Sexual- zum Kehl-Chakra ist, obwohl man es auf den ersten Blick nicht vermuten würde, der Weg, die mentalen Fähigkeiten in den Dienst des Höheren zu stellen und das tiefste Wissen aktiv umzusetzen. Wie bereits gesagt, werden die beiden letztgenannten Verbindungen oft gleichzeitig entwickelt. Liebe und Intelligenz, in der reinen Bedeutung des Wortes, entwickeln sich nebeneinander und werden allmählich zu einer Einheit. Jedoch ist bei manchen Menschen der astrale Reinigungsprozeß zuerst vollendet, bei anderen hingegen der mentale (wahrscheinlich ist dies eine Frage des Typs und der Charakterstruktur – siehe die folgenden Kapitel); doch diese Prozesse gehen immer Hand in Hand, und dem einen Bogen folgt schon bald der andere.

Kapitel 5

Drei Geschenke und vier Elemente

Vor Zeiten war ein Schneider, der drei Söhne hatte und nur
eine einzige Ziege. Aber die Ziege, weil sie alle zusammen mit
ihrer Milch ernährte, mußte ihr gutes Futter haben und täglich
hinaus auf die Weide geführt werden. Die Söhne taten das
auch nach der Reihe.

*S*o beginnt das bekannte Märchen der Brüder Grimm
»Tischlein deck dich, Esel streck dich, Knüppel aus dem
Sack«. Dieses Märchen gehört zwar nicht zu den bekannte-
sten wie Aschenputtel, Schneewittchen oder Däumling, aber
es ist doch ein Märchen, das sowohl Kinder wie auch Erwachsene immer wieder mit dem größten Vergnügen hören.
Es ist schon interessant, daß Menschen jeden Alters an dieser
im Grunde doch ziemlich primitiven Geschichte so großen
Spaß haben.
Es ist eine Geschichte vom betrogenen Betrüger mit Happy-
End und daher sehr befriedigend für jeden, der sich gelegent-
lich verkannt, falsch behandelt oder betrogen fühlt – also für
jeden Menschen.
Auf einer etwas tieferen Ebene ist dieses Märchen eine Geschichte über die drei Entwicklungsphasen, die wir Menschenkinder durchleben, über das, was wir dabei verlieren,
sowie darüber, wie wir es wiedergewinnen können. Vor
allem dieser letzte Punkt ist wiederum äußerst befriedigend
zu hören. Der Betrug taucht schon gleich zu Anfang der
Geschichte auf. Die Ziege, die »sie alle zusammen mit ihrer
Milch am Leben erhält« und die daher von größter Bedeutung
für das Fortbestehen der Familie ist, spielt Vater und Söhne
gegeneinander aus. Das gelingt ihr folgendermaßen:

Einmal brachte sie [die Ziege] der Älteste auf den Kirchhof, wo die schönsten Kräuter standen, ließ sie da fressen und herumspringen. Abends, als es Zeit war heimzukehren, fragte er: »Ziege, bist du satt?« Die Ziege antwortete:

»Ich bin so satt,
Ich mag kein Blatt, määh, määh!«

»So komm nach Haus«, sprach der Junge, faßte sie am Strickchen, führte sie in den Stall und band sie fest. »Nun«, sagte der alte Schneider, »hat die Ziege ihr gehöriges Futter?« – »Oh«, antwortete der Sohn, »die ist so satt, die mag kein Blatt.« Der Vater aber wollte sich selbst überzeugen, ging hinab in den Stall, streichelte das liebe Tier und fragte: »Ziege, bist du auch satt?« Die Ziege antwortete:

»Wovon soll ich satt sein?
Ich sprang nur über Gräbelein,
Und fand kein einzig Blättelein, määh, määh!«

»Was muß ich hören!« rief der Schneider, lief hinauf und sprach zu dem Jungen: »Ei du Lügner, sagst, die Ziege wäre satt, und hast sie hungern lassen?« Und in seinem Zorne nahm er die Elle von der Wand und jagte ihn mit Schlägen hinaus.

So verläßt der älteste Sohn das Vaterhaus. Am nächsten Tag ist der mittlere Sohn an der Reihe, die Ziege auf die Weide zu bringen. Ihm ergeht es wie dem ersten. Auch dem jüngsten Sohn ergeht es am folgenden Tag nicht besser.

Der alte Schneider war nun mit seiner Ziege allein. Am anderen Morgen ging er hinab in den Stall, liebkoste die Ziege und sprach: »Komm, mein liebes Tierlein, ich will dich selbst zur Weide führen.« Er nahm sie am Strick und brachte sie zu grünen Hecken und unter Schafrippe und was sonst die Ziegen gerne fressen. »Da kannst du dich einmal nach Herzenslust sättigen«, sprach er zu ihr und ließ sie weiden bis zum Abend.

Die Geschichte wiederholt sich: Zuerst sagt die Ziege, sie sei satt, und als sie dann wieder zu Hause ist, beklagt sie sich. Da fällt es dem Schneider wie Schuppen von den Augen, und er jagt das undankbare Tier aus dem Haus.

Und weil die Elle zu ehrenvoll gewesen wäre, holte er die Peitsche und versetzte ihr solche Hiebe, daß sie in gewaltigen Sprüngen davonlief.
Der Schneider, als er so ganz einsam in seinem Hause saß, verfiel in große Traurigkeit und hätte seine Söhne gerne wieder gehabt, aber niemand wußte, wo sie hingeraten waren.

Eigene Schuld! Der Schneider hätte ja nicht alles zu glauben brauchen, was seine Frau ihm erzählte. Ja, seine *Frau*! Denn man braucht nicht einmal ein ausgefuchster Psychoanalytiker zu sein, um zu erkennen, daß die Ziege, die die ganze Familie mit ihrer Milch am Leben erhält, die Mutter symbolisiert. Und in diesem Fall eine Mutter, die, wenn der Vater abends von seiner Arbeit nach Hause kommt, seufzend durch das Haus läuft, bis der Vater dies bemerkt und sagt: »Was ist denn nur, Mutter? Ist irgend etwas nicht in Ordnung?« – »Ach, laß nur«, sagt sie dann zunächst und fährt erst auf hartnäckiges Nachfragen fort: »Die Kinder waren heute so ungezogen, vor allem der Älteste.« Dies ist für den Vater das Signal, die Kinder zu bestrafen und sie auf diese Weise wieder für einige Zeit durch seine Handgreiflichkeit von sich zu entfremden. Um solch eine Mutter und um solch einen Vater geht es in diesem Märchen.

Verkappte Gnade

Für die Söhne entwickelt sich die Situation unterdessen weniger katastrophal, als es zunächst schien. Wie so oft in Märchen – und in der Wirklichkeit – entpuppt sich auch hier dasjenige, was auf den ersten Blick besonders unangenehm zu werden scheint, im nachhinein geradezu als eine Hilfe: als verkleidete Gnade.

Da die Söhne nicht mehr den Schutz des Elternhauses genießen, müssen sie für sich selbst sorgen. Alle drei gehen in eine Lehre und erlernen ein Handwerk – der eine bei einem Tischler, der zweite bei einem Müller und der dritte bei einem Drechsler. Sie lernen fleißig und unverdrossen, und als ihre Lehrzeit um ist und sie weiterziehen wollen, machen ihre Meister ihnen ein Geschenk.

Als der Älteste wandern sollte, schenkte ihm der Meister ein Tischlein, das gar kein besonderes Ansehen hatte und von gewöhnlichem Holz war: Aber es hatte eine gute Eigenschaft. Wenn man es hinstellte und sprach: »Tischlein, deck dich«, so war das gute Tischlein auf einmal mit einem sauberen Tüchlein bedeckt, und stand da ein Teller, und Messer und Gabel daneben, und Schüsseln mit Gesottenem und Gebratenem, so viele Platz hatten, und ein großes Glas mit rotem Wein leuchtete, daß einem das Herz lachte. Der junge Gesell dachte: »Damit hast du genug für dein Lebtag«, zog guter Dinge in der Welt umher und bekümmerte sich gar nicht darum, ob ein Wirtshaus gut oder schlecht und ob etwas darin zu finden war oder nicht. Wenn es ihm gefiel, so kehrte er gar nicht ein, sondern im Felde, im Walde, auf einer Wiese, wo er Lust hatte, nahm er sein Tischlein vom Rücken, stellte es vor sich und sprach »deck dich«, so war alles da, was sein Herz begehrte.

Als der zweite Sohn seine Lehrjahre herum hatte, sprach

der Meister: »Weil du dich so wohl gehalten hast, so schenke ich dir einen Esel von einer besonderen Art, er zieht nicht am Wagen und trägt auch keine Säcke.« – »Wozu ist er denn nütze?« fragte der junge Geselle. »Er speit Gold«, antwortete der Müller, »wenn du ihn auf ein Tuch stellst und sprichst ›Bricklebrit‹, so speit dir das gute Tier Goldstücke aus, hinten und vorn.« – »Das ist eine schöne Sache«, sprach der Geselle, dankte dem Meister und zog in die Welt. Wenn er Gold nötig hatte, brauchte er nur zu seinem Esel »Bricklebrit« zu sagen, so regnete es Goldstücke, und er hatte weiter keine Mühe, als sie von der Erde aufzuheben. Wo er hinkam, war ihm das Beste gut genug, und je teurer, je lieber, denn er hatte immer einen vollen Beutel.

Der dritte Sohn war zu einem Drechsler in die Lehre gegangen, und weil es ein kunstreiches Handwerk ist, mußte er am längsten lernen. ... Als der Drechsler nun ausgelernt hatte, so schenkte ihm sein Meister, weil er sich so wohlgehalten, einen Sack, und sagte: »Es liegt ein Knüppel darin.« – »Den Sack kann ich umhängen, und er kann mir gute Dienste leisten, aber was soll der Knüppel darin? Der macht ihn nur schwer.« – »Das will ich dir sagen«, antwortete der Meister. »Hat dir jemand etwas zu leid getan, so sprich nur ›Knüppel, aus dem Sack!‹, so springt dir der Knüppel heraus unter die Leute und tanzt ihnen so lustig auf dem Rücken herum, daß sie sich acht Tage nicht regen und bewegen können; und eher läßt er nicht ab, als bis du sagst: ›Knüppel, in den Sack!‹« Der Gesell dankte ihm, hing den Sack um, und wenn ihm jemand zu nahe kam und auf den Leib wollte, so sprach er: »Knüppel, aus dem Sack«, und alsbald sprang der Knüppel heraus und klopfte einem nach dem anderen den Rock oder Wams gleich auf dem Rücken aus und wartete nicht erst, bis er ihn ausgezogen hatte. Und das ging so geschwind, daß, ehe sich's einer versah, die Reihe schon an ihm war.

Drei Reaktionen

Diese außergewöhnlich attraktiven Geschenke machen den Verlust des Elternhauses reichlich wieder gut. Wie wunderbar wäre es, diese drei Geschenke zu besitzen! Und wenn du nur eines davon bekommen könntest, welches würdest du dann wählen?

Eine schwierige Wahl, doch fast jeder Mensch würde eines der drei Geschenke bevorzugen. Wenn wir Kindern oder Erwachsenen dieses Märchen erzählen, beobachten wir immer wieder, daß die Zuhörer sehr unterschiedlich auf die drei Geschenke reagieren, vor allem dann, wenn wir die Genüsse, die sie zu bieten haben, recht plastisch beschreiben. Einer über den ganzen Saal verstreuten Gruppe läuft bei »Tischlein, deck dich«, das Wasser im Munde zusammen – zwar sehr kultiviert, aber deutlich sichtbar. Ein Vergnügen, bei dem man sich vor Freude die Hände reibt. Eine andere Gruppe hält sich bei der Beschreibung des Gold spuckenden und Dukaten scheißenden Goldesels zunächst etwas zurück, manche in dieser Gruppe runzeln sogar die Stirn – offenbar handelt es sich hier um eine der heimlicheren Freuden. Doch wenn dann der Erzähler in Wort und Geste etwas plastischer wird, schlägt diese Förmlichkeit plötzlich in derbes Vergnügen um. Das dritte Geschenk wird offener und manchmal auch mit einem härteren Begleitton aufgenommen. Die Faszination, die der »Knüppel, aus dem Sack« hervorruft, weckt Erinnerungen an jenen alten Seemann, der, wenn er »gut geladen« hatte, Leuten, die ihm nicht paßten, mitteilte, er werde sie in sein »Prügelbuch« eintragen. Auf näheres Nachfragen erklärte er, dies sei ein Buch, in welches er von Kindsbeinen an jeden eingetragen habe, der ihm etwas angetan habe, damit er zur Zeit der großen Abrechnung nie-

manden vergessen würde. Der »Knüppel, aus dem Sack«
vergilt Böses mit Bösem, doch tut er mehr als nur das. Er ist
ein äußerst viriler Knüppel, der mit Vergnügen aus dem Sack
springt, ein unverkennbares Symbol männlicher Sexualkraft.
Jeder, der dieses Märchen hört, bevorzugt wohl instinktiv
eines der drei Geschenke. Diese Bevorzugung sagt etwas
über die »Bevorzugung« einer früheren Entwicklungsphase
aus, und umgekehrt gibt auch die Abneigung, die man gegenüber einem der drei Geschenke hat, entsprechende Hinweise. Denn unter der Oberfläche der simplen Intrige (des
betrogenen Betrügers – Ende gut, alles gut) ist dies eine
Geschichte über das Wachsen des Menschen, wie er das
Paradies der anfänglichen Einheit verläßt und bei den Trieben und den Bedürfnissen, die sich dann regen, in die Lehre
geht.

Vertreibung aus dem Paradies

Ein Märchen ist unter anderem eine symbolische Geschichte,
die beschreibt, was dem Menschen widerfahren kann. In
Märchen werden Themen von allgemein menschlicher Bedeutung behandelt. Alle darin vorkommenden Personen, mit
denen die Hauptperson zusammentrifft, sind Aspekte ihrer
selbst oder Einflüsse, auf die die Hauptperson eine eigene
Antwort finden muß. So sind die drei Söhne nicht drei
getrennte Personen, sondern drei Aspekte eines einzigen
Menschen.
Man findet diese Drei-Einheit oft in Märchen und Mythen
(die drei Königssöhne, die ausziehen, um die Wundernachtigall zu finden; Aschenputtel und ihre beiden Stiefschwe-
stern; die drei Gekreuzigten auf Golgatha). Zwei von den
dreien sind meist schlecht, dumm, habsüchtig; sie repräsentieren die Dualität im Menschen. Einer der drei, der Jüngste,
erreicht das Ziel; er symbolisiert den einen, der sich nicht von
der Dualität beherrschen läßt. Zusammen sind die drei der

Mensch. Der Mensch ist sozusagen ein gemischtwirtschaftlicher Betrieb.

Jeder ist dieser Mensch, der aus drei Faktoren besteht. Wir verlangen nach der Einheit und sind gleichzeitig der Dualität verhaftet; so gehen wir in einem einzigen Leben drei Wege, bis sich diese Wege zu einem einzigen vereinen. Dann löst sich die Dualität in einer neuen Einheit auf. Bei Aschenputtel treffen die Wege nicht zusammen, dort wird Abschied genommen von der Dualität. Auf Golgatha bekehrt sich einer der Mörder, die neben Jesus gekreuzigt sind, zu ihm, der andere jedoch lästert ihn. In unserem Märchen kommen die drei am Ende zusammen; die drei Söhne kehren gemeinsam mit den drei Geschenken nach Hause zurück.

Die Mythen erzählen uns fortwährend, so sei der Weg des Menschen beschaffen: Der Einheit des Ursprungs entstammend gerät er in die Gebrochenheit der Dualität und sucht dort nach einer neuen Einheit, die er manchmal auch tatsächlich findet. Es gibt kein Zurück!

Einer unserer modernen Mythen – die Psychologie – erzählt die gleiche Geschichte: »Einst, vor sehr, sehr langer Zeit«, im Bauch unserer Mutter, hatten wir Teil an einer Einheit, in welcher es keinen Unterschied zwischen unseren Bedürfnissen und den Erfordernissen der Umgebung gab. Dies ist der paradiesische Urzustand, aus dem wir alle hervorgegangen sind.

Ein großer Mythenerzähler unserer Zeit, Sigmund Freud, sagte hierüber, das Ichgefühl, dessen wir uns jetzt bewußt seien, sei lediglich ein klägliches Überbleibsel eines viel umfassenderen Gefühls – eines Gefühls, welches das Universum umfaßte und das Ausdruck einer unverbrüchlichen Verbindung des Ich mit der Außenwelt war.

In diesem Paradies haben wir noch keine Unterscheidung zwischen uns selbst und unserer Umgebung getroffen und ebensowenig zwischen uns selbst und unseren Bedürfnissen.

Wir hatten keinen Hunger, wir *waren* Hunger. Wir kannten uns selbst noch nicht als »ich«. Wir unterschieden auch noch nicht zwischen innen und außen, denn alles, was geschah, geschah gleichsam in uns.

Dieses Paradies haben wir verlassen. Wir wurden daraus vertrieben durch das, was manchmal »der Verrat des Geburtsgrundes« (der Verrat der Mutter, der Ziege) genannt wird. Alles war gut, und dann sind wir betrogen worden. Plötzlich kamen wir in eine Welt, in der man sich an scharfen Rändern stoßen konnte, eine Welt, deren Geräusche hart in uns eindrangen und in der es Schmerzen gab und »nein« und »ja«. Wir wurden geboren, ohne daß irgend jemand uns danach fragte, ob wir wollten oder nicht – aus der Einheit in die Welt der Dualität.

Die Lehrzeiten

Wenn wir »das Haus unseres Vaters« verlassen, ziehen wir in die dreidimensionale Welt und gehen dort in die Lehre. Drei Lehrzeiten durchlaufen wir in unserer frühen Kindheit. Die erste ist diejenige bei dem Meister des »Tischlein, deck dich«, die zweite bei dem des Goldesels und die dritte bei dem des »Knüppel, aus dem Sack«.

Wenn wir unser Erdenleben beginnen, ist das Allerwichtigste, daß wir genährt werden – mit Milch, Wärme und Zuneigung. Alles ist gut, solange wir nur diese Nahrung empfangen. Wenn wir Durst haben, schreien wir und werden dann aus der Wiege geholt und an die Brust gelegt, bis wir wieder satt sind. Dann schlafen wir ein. Durch dieses »Tischlein, deck dich«, das die Umgebung uns bietet, kehren wir in das Paradies der Einheit zurück. Wenn wir Durst haben oder angefaßt werden wollen, sperren wir unseren Mund auf und heulen – nicht aus Kummer, sondern aus Verlangen. Und wenn dann die Mutter kommt, sind wir ganz Mund, und unser Verlangen wird gestillt. Wir sind glücklich, wenn wir das, was wir uns wünschen, auch bekommen.

Die Psychologie nennt diese Lehrzeit die *orale Phase*. Die ersten anderthalb bis zwei Jahre unseres Erdendaseins sind wir auf Empfangen ausgerichtet. Alles an uns ist Mund, nicht nur unser physischer Mund irgendwo zwischen Nase und Kinn. Von Kopf bis Fuß sind wir Mund, verlangender Mund, schmeckender Mund, hungernder Mund, genießender Mund. Wir wollen, das die anderen immer für uns da sind, ständig um uns herum sind. Sie bringen uns Frieden, und wir sind entweder froh und zufrieden oder weinerlich und unzufrieden. Wenn wir unzufrieden sind, sind wir in ruheloser Bewegung. Unser Mund zittert, unser Körper bewegt sich, unsere Stimme schreit – wir greifen nach unserer Umgebung mit allem, was wir haben, bis wir bekommen, wonach wir verlangen, und dann sind wir wieder zufrieden. Wir glucksen noch eine Weile, dann schlafen wir ein, oder wir beschäftigen uns mit irgendwas, jedoch ohne die Unruhe, die unser Tun kennzeichnete, als wir noch unzufrieden waren.

In dieser Zeit haben viele Eltern Angst, ihr Kind könnte Mangel leiden, und füttern es deshalb nach einem strengen Zeitplan. Das Kind bekommt auf diese Weise zwar genug Nahrung, doch fehlt ihm die intime körperlicher Zuwendung, die eine Mutter dem Kind nur dann geben kann, wenn sie sich entspannt und sich alle notwendige Zeit für den Kontakt zum Kind nimmt.

Der oralen Phase folgt die *anale Phase*. In unseren ersten Lebensjahren sind wir (und meist auch unsere Umgebung) auf das ausgerichtet, was in uns hineinkommt. Danach fangen wir an, unsere Aufmerksamkeit dem zuzuwenden, was aus uns herauskommt.

Eigentlich ist es sehr angenehm, was da aus uns herauskommt. Es ist warm und fühlt sich schön an. Doch die

Umgebung sagt, es sei eklig, es sei »Bäh!« und müsse aus uns heraus. Deshalb müssen wir als Kinder auf einem Topf sitzen und dann unser Bestes tun, und wenn wir unser Bestes getan haben, ist die Umgebung froh darüber. Froh über »Bäh!«.

Dies ist eine Zeit großer Verwirrung. Ein Kind nimmt natürlich an, daß alles, was aus ihm herauskommt, es selbst ist. Auch seine Bäuerchen, sein Stuhl und sein Pipi. Das ist es selbst. Das ist angenehm. Wie kann es nur eklig sein?! Sehr viele Eltern mischen sich in einem zu frühen Stadium in dieses Innere ihrer Kinder ein, das sie zu einem festen Zeitpunkt und auf geregelte Weise herauskommen sehen wollen. Tagsüber geraten sie regelmäßig in Panik, weil sie bei ihrem Kleinen Anzeichen für außerplanmäßig herauskommende »Bähs!« zu erkennen meinen. Sie laufen herbei, schauen dem Kind hinten in die Hose und rufen: »Nein, bitte, nur das jetzt nicht!« In der Nacht nehmen sie das Kind auf den Arm, fühlen zwischen den Beinen, ob es schon naß ist, setzen es auf einen kalten Topf und zwingen ihm ihren eigenen Zeitrhythmus auf. So muß das Kind immer wieder eine Invasion von großen Menschen, die sich in alles einmischen, über sich ergehen lassen.

Viele Kinder passen sich schnell an. Sie selbst finden bald auch dasjenige schmutzig, was in ihren Augen eigentlich gar nicht schmutzig ist. Sie drücken und halten zurück und machen so ihrer Umgebung »viel Freude«. Sie werden sehr sauber und gewissenhaft und tun nichts, was schmutzig ist. Auch ihre Worte und Gesten beherrschen sie ausgezeichnet. Sie entladen sich nur in größtmöglicher Abgeschlossenheit. Alle Spannungen behalten sie in sich. Dadurch werden sie ziemlich langweilig und bedauernswert. Wenn sie schließlich selbst zu großen Menschen geworden sind, kann die beschriebene Entwicklung merkwürdige Probleme zur Folge haben, doch darüber später mehr.

Man kann sich gut vorstellen, weshalb Kinder (und viele

Erwachsene) ein so großes Vergnügen an der Episode des Goldesels haben. Man stelle sich vor: Dieser Esel steht einfach mitten im Zimmer und spuckt und kackt, und alle großen Menschen stehen um ihn herum und jauchzen und rufen, daß das herrlich sei – ein Wunder! Niemand hält sich die Nase zu. Und wenn der Esel fertig ist, rennen alle großen Menschen herbei und wühlen in dem Haufen. Alle wollen sie etwas davon haben. Wirklich unglaublich! Was für ein Paradies! Ja, in der analen Phase ist dies das Paradies.

Die dritte Lehrzeit ist die bei dem Drechsler, der seinem Lehrling als Abschiedsgeschenk den »Knüppel, aus dem Sack« mitgibt. Dies ist die *genitale Phase* im Alter von 4–5 Jahren, die in der Pubertät in ihrer vollen Kraft – und zwar auf einer bewußteren Ebene – erneut einsetzt.

Ist in der ersten Phase der Mund das vorwiegende Genußzentrum und in der zweiten Phase der Anus und das Anale die Quelle allen Vergnügens, so werden in dieser dritten Phase die Geschlechtsorgane zum erstenmal mit Energie aufgeladen und als lustvoll erlebt. Hier tritt auch zum erstenmal ein Unterschied zwischen dem Männlichen und dem Weiblichen zutage. In der oralen und in der analen Phase war der Unterschied zwischen den beiden Geschlechtern unbedeutend; nun jedoch tritt er klar hervor, obwohl dies vielleicht nur daran liegt, daß bei kleinen Jungen viel offensichtlicher ist, wenn der Knüppel aus dem Sack springt, weil er sich dann ja gerade aufrichtet.

Es kann sein, daß ein Kind die beiden ersten Entwicklungsphasen einigermaßen harmonisch durchläuft. In der Abgeschlossenheit der Familie kann das Kind so viel umsorgt werden und Freiheit erfahren, daß es in diesen beiden Phasen keine ernsthaften Fixierungen entwickelt. In der dritten Phase jedoch kommt das Kind mit der Gesellschaft und mit den gesellschaftlichen Normen in Kontakt. Es geht nun in den

Kindergarten und betritt als Junge oder Mädchen einen Bereich, über den fast jeder bewußt oder unbewußt ein eigenes Urteil hat. Wie wir bereits bei der Beschreibung des Sexual-Chakras dargelegt haben, weiß fast niemand in unserer modernen Gesellschaft mit der Sexualkraft umzugehen. Die meisten unterdrücken diese Energie oder lassen sich von ihr beherrschen; nur die wenigsten haben einen liebevollen Umgang damit entwickelt. Das kleine Kind, bei dem sich die sexuelle Energie entwickelt, ist von Menschen umgeben, die in dieser Hinsicht unnatürlich sind, und die ihm deshalb auch nicht dabei helfen können, eine eigene ausgewogene Beziehung dazu zu finden. Fast jedes Menschenkind erlebt in dieser Periode Erschütterungen und Verletzungen, auch wenn seine unmittelbare Umgebung in dieser Hinsicht frei und liebevoll ist.

Es ist auch gar nicht so einfach für einen Erwachsenen nachzuempfinden, wie stark die rein erotische Energie bei einem kleinen Kind ist und wie intensiv und total sein Genuß ist! Das hat wenig mit Blumen, Schmetterlingen und kleinen Elfen zu tun, sondern ist ein sehr sinnlicher und sehr körperlicher Prozeß. Man muß selbst sehr vertraut mit seinem eigenen Körper sein und sein eigenes Maß körperlichen Genusses gefunden haben, will man nicht abgetrennt oder unverhältnismäßig auf ein Kind reagieren, das in nächster Nähe mit großer Hingabe und äußerst lustvoll mit seinen Geschlechtsorganen spielt.

Mit der Freisetzung der sexuellen Kraft geht die Freisetzung der aggressiven Kraft einher. In dieser Phase lernt ein Kind, sich in der Welt zu behaupten und seine Grenzen – die es in der vorangegangenen Phase zu setzen begonnen hat – zu verteidigen. Erst jetzt wird es zu einer Persönlichkeit. Die erste »Ich«-Entwicklung ist vollendet.

Die gefälschten Geschenke

Doch kehren wir nun zu unserem Märchen zurück. Jeder der Söhne hat das Beste aus seiner ursprünglichen Situation als Verstoßener gemacht. Sie haben in ihrer Lehrzeit das Paradies wiedergewonnen und eilen mit ihren Geschenken zurück zum Haus ihres Vaters.

Unterwegs kommen sie in eine Herberge, wo der Wirt versucht, ihnen die Geschenke zu stehlen und sie durch Gegenstände zu ersetzen, die den Geschenken zwar auf ein Haar ähneln, jedoch nicht ihre magische Kraft besitzen. Bei den ersten beiden Söhnen gelingt dem Wirt dieser Betrug. Sie werden also erneut betrogen. Beim dritten Sohn jedoch hat der Wirt keinen Erfolg. Dieser ruft den Knüppel aus dem Sack, läßt den Wirt verprügeln und verlangt von ihm die Geschenke seiner Brüder zurück. Er kehrt mit den wiedergewonnenen Schätzen zum Haus des Vaters zurück, wo seine Brüder niedergeschlagen versuchen, das Beste aus ihrer Situation zu machen. Natürlich herrscht nach der Rückkehr des dritten Sohnes eitel Freude.

> Da ward eine Mahlzeit gehalten, wie der gute Schneider noch keine in seinem Haus erlebt hatte, und die ganze Verwandtschaft blieb zusammen bis in die Nacht, und alle waren lustig und vergnügt.
> Der Schneider verschloß Nadel und Zwirn, Elle und Bügeleisen in einen Schrank und lebte mit seinen drei Söhnen in Freude und Herrlichkeit.

Damit nimmt die Geschichte vom betrogenen Betrüger schließlich doch noch ein gutes Ende.

Offenbar verhält es sich so – wir haben es in der Beschreibung der drei Lehrzeiten schon angedeutet –, daß die Geschenke gestohlen werden können. Nachdem wir den Zustand himmlischer Einheit verlassen haben, können wir hier auf Erden des wiedergewonnenen Paradieses beraubt werden, so daß wir das Schlaraffenland mit einer Imitation des »Tischlein, deck dich« verlassen müssen. Das Gold des Esels hat sich in stinkenden Unrat verwandelt, und der Knüppel hat seine magische Kraft verloren.

Die Freude, die den Abschluß der verschiedenen Lehrzeiten kennzeichnet, verwandelt sich dann in Trübsal und Schicksalsergebenheit. An die Stelle der Primärbedürfnisse treten dann Ersatzbedürfnisse, die mit Ersatzbefriedigungen abgespeist werden (mit den Duplikaten, die »der Wirt« uns mitgibt). Die Sekundärbedürfnisse erinnern zwar noch an die ursprünglichen Bedürfnisse, doch fehlt ihnen die starke Energie, die Kraft und die heilende Freude der Erfüllung. Sie bleiben Surrogat.

Der erste Diebstahl

Wenn der Wirt das »Tischlein, deck dich« stiehlt – das heißt, wenn ein Kind in der oralen Phase immer wieder enttäuscht wird –, können wir oft beobachten, daß es schon früh große Intelligenz entwickelt (es wird »altklug«), um die Welt um sich herum wenigstens mental verstehen zu können.

»Wenn ich es nicht bekomme, werde ich versuchen, es zu begreifen.« Es ist, als ob das Kind aus der schmerzhaften und frustierenden Erfahrung heraustritt, um aus einem gewissen Abstand darüber nachzudenken; es wird zum Betrachter seines eigenen Lebens.

Mit diesem zu früh entwickelten Denken versucht das Kind, das sich aus dem körperlichen Sein befreit hat, seine oralen Bedürfnisse mittels erreichbarer Formen der Befriedigung zu erfüllen. Es ißt Süßigkeiten (dazu braucht man keinen anderen, denn Süßigkeiten kann man sich selbst geben), ißt und trinkt viel und fängt etwas später an zu rauchen. Kurzum: der Betreffende befriedigt seinen Mund. Er schafft sich alles mögliche an, um immer wieder zumindest für kurze Zeit

Befriedigung *schmecken* zu können. Später zeigt sich dies deutlich am Konsumverhalten solcher Menschen.

Wenn Nahrung, Wärme und Liebe nicht ein selbstverständlicher Bestandteil des Lebens eines kleinen Kindes sind, verfestigt sich in ihm die Auffassung, daß *Leben immer Mangel beinhaltet*. Der betreffende Mensch geht dann, oft ohne sich dessen bewußt zu sein, auch später davon aus, daß man nicht bekommt, was man begehrt und worum man bittet, und daß man deshalb besser nichts begehren sollte, auf gar keinen Fall aber sich etwas davon anmerken lassen sollte. Leider nagen jedoch die Wünsche weiter im Inneren und drängen auf Erfüllung. Deshalb muß man versuchen, die Bedürfnisse auf indirekte Weise zu befriedigen: durch Manipulation, indem man sich andere Menschen verpflichtet und indem man sich die Befriedigung eines Bedürfnisses verdient. So kann man auf ungefährliche Weise bekommen, was man will.

Wir beobachten deshalb oft, daß ein Mensch, bei dem die erste Lebensphase nicht glücklich und erfüllt verlaufen ist, (Psychologen würden sagen: jemand, der eine orale Fixierung hat), sich mit Menschen umgibt, die ihm das Leben möglichst angenehm machen sollen. Er ist abhängig von diesen Menschen, läßt sich dies jedoch um keinen Preis anmerken. In Wirklichkeit ähnelt er einer Kletterpflanze, die sich um einen Baum schlingt und als Parasit von ihm lebt. Dennoch tut »die Kletterpflanze« so, als wäre sie ein robuster Baum, der niemanden braucht.

Die Grundstimmung eines solchen Charakters ist Bitterkeit – der Geschmack, den man im Mund hat, wenn man nicht genug zu essen bekommt. Es besteht eine starke Tendenz, zu fordern und zu erzwingen, die sich fast nie direkt artikuliert, sondern die beim anderen ein Schuldgefühl auslöst, das ihn dazu bringt, mehr zu tun, als er ursprünglich vorhatte. Dies ist ungefähr die Situation, die entsteht, wenn der Wirt das

»Tischlein, deck dich« stiehlt und durch eine Imitation ersetzt.

Der zweite Diebstahl

Wenn der Wirt den Goldesel stiehlt – wenn ein Kind also in der analen Phase zu früh lernt, sich zu beherrschen und die Welt in »schmutzig« und »sauber« einzuteilen –, wird das Kind oft schon früh auffällig »artig«. Es verhält sich in bezug auf Ordnung, Sauberkeit und Fleiß völlig den Wünschen seiner Eltern entsprechend.

Solche Kinder haben (auch später noch als Erwachsene) einen starken Hang zu Disziplin und Pünktlichkeit. Sie können das Leben nicht leichtnehmen. Bei ihnen hat sich die Vorstellung verfestigt, daß man den natürlichen Prozessen nicht vertrauen kann. Sie müssen fortwährend die Kraft ihres Willens und ihres Körpers dazu einsetzen, um ihr Muskelsystem zu beherrschen, obwohl sie sich doch so gerne einmal völlig gehenlassen würden. Doch das ist in der Welt dieser Kinder völlig tabu. Diese Einstellung gibt dem Charakter einen Unterton von Melancholie und Schwermütigkeit.

Man kann spüren, daß unter der Oberfläche des Gleichmaßes und der Beherrschung, die bis ins echt Zwanghafte entarten kann, eine starke Emotionalität lebt. Diese Emotionalität bahnt sich manchmal abrupt einen Weg nach außen, was einerseits als Erleichterung erfahren wird, andererseits aber auch zu starken Schuldgefühlen führen kann. Im allgemeinen spielen Schuldgefühle eine große Rolle bei Menschen, bei denen der Goldesel tabuisiert worden ist. Sie können sich innerlich völlig niedergeschmettert fühlen von all der Schlechtigkeit und Schmutzigkeit (so erleben sie ihre nicht zu unterdrückenden Gedanken, Wünsche und Gefühle), die sie in sich entdecken und mit der sie nicht fertig werden.

Das Tragischste an dieser Fixierung (unter der übrigens in

unserer Kultur des Reinlichkeitsfetischismus fast jeder in gewissem Maße leidet) ist wahrscheinlich, daß sie die Kreativität blockiert. Man kann nur kreativ sein, wenn man nicht schon von vornherein dem, was aus einem herauskommen will, urteilend und moralisierend gegenübersteht. Wenn das sogenannte Schmutzige nicht sein darf, ja wenn man es nicht einmal denken darf, wird das Leben steril. Die ungezügelte Freude, die der Kreativität eigen ist, verschwindet dann. Das einzige, was bleibt, ist ein Leben mit säuberlichem Nachzeichnen auf kariertem Papier.

Die Goldstücke, die aus dem Esel strömen, symbolisieren die freie kreative Kraft, doch andererseits handelt es sich natürlich auch ganz einfach um Goldstücke, Geldmünzen. Wer die anale Phase ohne Störungen durchlebt hat, wird später auch mit Geld, dem »schnöden Mammon«, umgehen können; er ist in der Lage, mit dem Geld zu spielen. Wer hingegen gelernt hat, daß man dem Fluß nicht vertrauen kann und daß Schleusen und Kanäle wichtiger sind als der Fluß selbst, wird seine Hand immer zu sehr auf seinem Geldbeutel haben. Er wird sparsam bis zum Geiz sein. Doch weil er kein natürliches Maß kennt, wird er zu anderen Zeiten sein ganzes Geld verschwenden (eine Art finanzieller Durchfall), um anschließend wieder jammernd und stöhnend auf seinem Geldbeutel zu sitzen.

Der dritte Diebstahl

In unserem Märchen gelingt es dem Wirt nicht, den »Knüppel, aus dem Sack« zu stehlen. Symbolisch wird hier beschrieben, daß es möglich ist, in der dritten Phase die Geschenke der beiden vorangegangenen Phasen zurückzugewinnen. Dies zeigt, wie groß die Kraft des dritten Geschenks ist.

Leider gelingt es dem Wirt in der Realität meist, den Knüppel zu stehlen und ihn gegen eine Imitation auszutauschen. Der betrogene Sohn merkt dann nicht, daß er sein Geschenk verloren hat, so geschickt ist der ursprüngliche Knüppel nachgeahmt. Er spürt möglicherweise, daß irgend etwas nicht stimmt, aber er kann es sich nicht erklären – denn schließlich ist doch alles da, oder etwa nicht?

Nein, es ist eben doch nicht alles da. Die Form ist geblieben, die perfekte Imitation, doch die Liebe fehlt. Dies ist das Leid der Kinder und der Erwachsenen, denen dieses Geschenk gestohlen worden ist. Alles scheint zu stimmen, alles funktioniert, aber weil das Herz nicht dabei ist, fehlt letztlich doch das Wesentliche.

Die Entwicklung der Sexualität in der dritten Phase ist eine Erfahrung des gesamten Organismus. Die Lust ist nicht rein genital – die Genitalien sind nur der Ausgangspunkt eines totalen Genießens. Alles ist daran beteiligt, auch das Herz. Die Erwachsenenwelt hingegen unterscheidet zwischen Herzensliebe und sexueller Lust und stellt den Genuß auf die eine oder auf die andere Seite. Die Erwachsenenwelt schreckt vor dem totalen Genießen des Kindes zurück und verurteilt es. Die Erwachsenen spielen also die Rolle des Wirtes, der den »Knüppel, aus dem Sack« stiehlt.

Die Lösung des Kindes besteht darin, sich genau wie die Erwachsenen für die eine oder andere Seite zu entscheiden. Sexualität oder Liebe. Als ob eines ohne das andere auskommen könnte! So entsteht einerseits die Entartung der blutleeren, sogenannten romantischen Liebe und andererseits die der herzlosen Sexualität. Man unterscheidet zwischen Menschen, mit denen man Herzenskontakt hat, und solchen, mit denen man sexuellen Kontakt pflegt.

Und bei beiden Gruppen bekommt man zu wenig.

Doch läßt man sich das nicht anmerken, denn schließlich ist man ja Realist. All dieses Gerede über Einheit usw. hält man für reine Illusionen. Man hat sein Leben gut organisiert, läßt sich von niemanden für dumm verkaufen und bleibt sein eigener Herr, koste es, was es wolle. Man bleibt Beobachter und ist immer auf der Hut. Der Grundton des Charakters ist Vorsicht und Härte.

Wenn ein Kind die paradiesische Erfahrung des dritten Geschenks frühzeitig verliert, wird es hart und aktiv. Es benutzt die vom Eros »abgespaltene« Kraft dazu, sich eine Position zu erobern, und zwar eine möglichst hohe Position. Es lernt, daß das Leben ein Spiel ist, bei dem sich alles um die Murmeln dreht, und daß Gefühle ein Zeichen der Schwäche sind, aufgrund dessen man manipuliert werden kann. Dann hat man verspielt. Und das Spiel darf nie zu Ende gehen, denn wenn diese Dynamik nicht mehr da ist, fällt man in eine Leere, in der man zu fühlen beginnt, was man nie wissen wollte, jedoch immer vermißt hat: Liebe.

Fixierung auf den Ursprung

Der Diebstahl der drei Geschenke symbolisiert drei Arten von menschlichen Problemen: das orale Problem, das anale Problem und das genitale Problem. Die Lebensprobleme vieler Menschen betreffen hauptsächlich eine oder zwei dieser drei Ebenen. Deshalb kann man auch sagen, daß die Persönlichkeiten dieser Menschen den entsprechenden Typen zugeordnet werden können.

Das Märchen weist darauf hin, daß es außer diesen drei Problembereichen auch noch ein Urproblem gibt, nämlich das des Verstoßenwerdens aus dem Zustand der ursprünglichen Einheit. Wir haben über orale, anale und genitale Fixierung gesprochen, und dieser Dreiergruppe müssen wir nun noch die *Fixierung auf den Ursprung* hinzufügen.

Menschen, die an dieser vierten Fixierung leiden (die eigentlich die erste Fixierung ist), zeichnen sich dadurch aus, daß sie sich selbst als Fremdlinge erfahren. Wo sie auch sind, haben sie das Gefühl, daß sie dort eigentlich nicht zu Hause sind. Ihr wirkliches Zuhause ist nicht dort, sondern anderswo. Viele Geschichten für Kinder sind eine Variation dieses Urthemas: Märchen über Wechselbälge, Prinzessinnen, die von Zigeunern geraubt wurden, »Das häßliche kleine Entlein« von Hans-Christian Andersen und viele andere mehr; sehr rührende Erzählungen über Menschenkinder, die durch ein böses Schicksal aus ihrer ursprünglichen paradiesischen Umgebung herausgerissen werden und in Armut und Elend dunkle Zeiten durchmachen müssen, bis die Erlösung kommt – sie werden von Gleichgesinnten erkannt, ihre bis dahin verborgene innere Schönheit entfaltet sich, oder das ungeheure Talent wird entdeckt.

Die Menschen, die an dieser Fixierung leiden, sind Meister in der Kunst des (Tag-)Träumens. Doch ist dies, so wie sie es tun, kein kreatives Talent, denn sie benutzen ihre Fähigkeit zu träumen dazu, die reale Situation zu vermeiden. Ihr Träumen und Phantasieren ist ein Surrogat für das verlorene Paradies, so wie dies beispielsweise für stärker oral orientierte die Süßigkeiten sind. In ihren Phantasien sind sie schöner und besser und zartbesaiteter als andere Menschen. (Wahrscheinlich kennt jeder diese Fixierung auf die eine oder andere Weise!) Sie haben die größten Schwierigkeiten, sich an die Gesetze, die hier auf der Erde gelten, anzupassen – und zwar sowohl an die juristischen Gesetze wie auch an die Gesetze von Raum und Zeit. Zeit halten sie für eine krankhafte Erfindung der beschränkten dreidimensionalen Menschenwelt. Sie brauchen nicht pünktlich zu sein, denn sie stammen aus dem Reich der Intuition und der Ewigkeit.

So wie sich die genital Fixierten vor dem sogenannten Höheren verschließen, verschließen sich die auf den Ursprung Fixierten vor dem sogenannten Niederen. Weil sie einen Teil ihres Daseins nicht sehen wollen (die irdisch-konkrete Seite und ihre persönlichen Schattenseiten), machen sie einen leicht »abgehobenen« Eindruck. Während sie äußerlich arrogant und erhaben wirken, leiden sie innerlich unter großer Unsicherheit und unter Zweifeln an der eigenen Identität.

Wer Spannung aushalten will, muß gut geerdet sein. Daran fehlt es diesem Typus grundlegend, und deshalb vermag er auch nur in geringem Maße Spannung auszuhalten. Außerdem fällt es ihm außergewöhnlich schwer, Grenzen zu setzen. Wenn die Spannung wächst, neigen diese Menschen in starkem Maße dazu, in Träumereien und in die oben skizzierte Phantasiewelt zu entschwinden. So bleiben sie ausgeschlossen vom zwischenmenschlichen Kontakt, der gerade in spannungsreichen Situationen so echt und lebensnah ist, und so bleiben sie unberührt und einsam.

Jeder Mensch kennt im hier Beschriebenen wahrscheinlich irgend etwas von sich wieder. Es ist das menschliche Urproblem, gleichzeitig dem Himmel und der Erde anzugehören; es ist *die* Inkarnationsproblematik schlechthin, aus der die anderen Typen in gewissem Sinne abgeleitet sind. Die Weigerung zu leben, die auch in den anderen Typen zu erkennen ist, ist in diesem Fall am ausgeprägtesten.

Vier Arten des Karmas

Die vier Typen repräsentieren vier Formen von Inkarnationsproblemen, und deshalb könnte man sie auch als *vier Arten des Karma* bezeichnen. Jede dieser Arten entspricht einem der vier Körper.

Den ersten Typus, die Fixierung auf den Ursprung, erkennen wir als ein Seelenproblem: Die Persönlichkeit, die nicht inkarnieren will, sondern in den höheren Sphären der Zeitlosigkeit und Intuition verweilen möchte.

Die orale Fixierung und das Anhaften am Mentalen erkennen wir nun als eine Fixierung des mentalen Körpers, der in der Haltung des Denkens und Abwägens verharren möchte.

Die anale Fixierung mit ihrer unter der Oberfläche schwelenden Emotionalität erzeugt auf der astralen Ebene große Probleme.

Die genitale Fixierung schließlich führt zu einer Überbewertung des physischen, materiellen Lebens und zu einer Anhaftung am sinnlich Wahrnehmbaren.

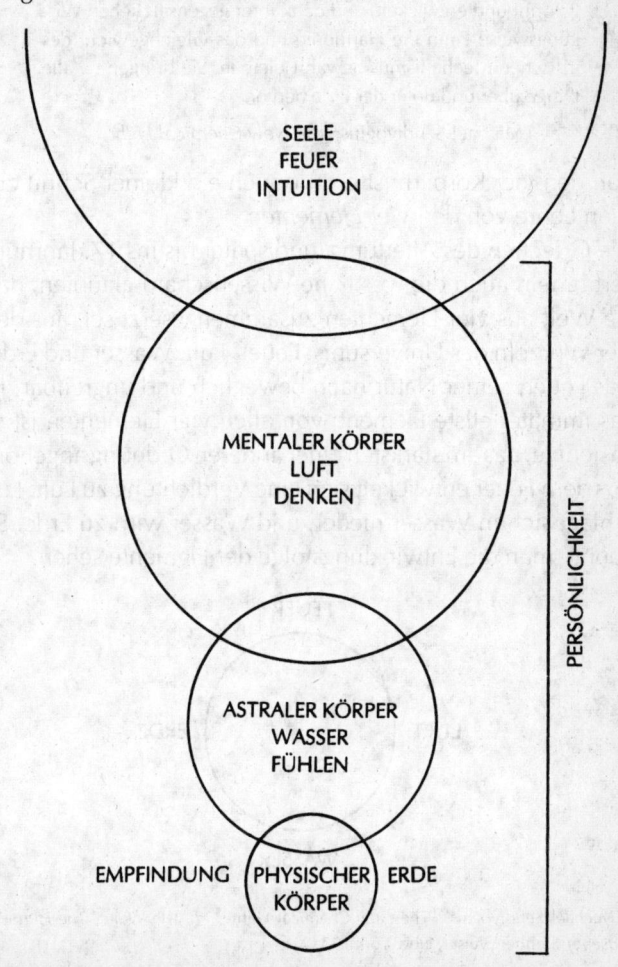

SEELE
FEUER
INTUITION

MENTALER KÖRPER
LUFT
DENKEN

ASTRALER KÖRPER
WASSER
FÜHLEN

EMPFINDUNG   PHYSISCHER   ERDE
KÖRPER

PERSÖNLICHKEIT

Die vier Elemente

Diejenigen, die diese Kunst studieren, müssen wissen, daß es vier Elemente gibt und daß im Zentrum eines jeden dieser Elemente ein anderes Element enthalten ist, das es zu dem macht, was es ist. Das sind die vier Pfeiler der Welt. Sie wurden zu Anbeginn von der Hand des Schöpfers aus dem Chaos geformt und entwickelt; und dank ihrer gegensätzlichen Wirkungsweise kann die Harmonie und das Gleichgewicht des irdischen Mechanismus bewahrt bleiben. Sie bringen ... alle Dinge über und unter der Erde hervor.

Michael Sendivogius, *The New Chemical Light*[12]

Von den vier Körpern ist es nur noch ein kleiner Schritt zur alten Lehre von den *vier Elementen*.

Die Griechen des Altertums (und später bis ins 17. Jahrhundert hinein auch die westliche Wissenschaft) glaubten, daß die Welt aus vier Elementen zusammengesetzt sei, aus den vier Wurzeln des Universums: Feuer, Luft, Wasser und Erde. Das Feuer, seiner Natur nach beweglich und ungreifbar, ist das immateriellste Element; von allen vier Elementen ist es dasjenige, das am stärksten einer anderen Ordnung angehört. Aus dem Feuer entwickelt sich eine Verdichtung zu Luft. Luft schlägt sich in Wasser nieder, und Wasser wird zu Erde. So könnte man die Entwicklungsfolge der Elemente sehen.

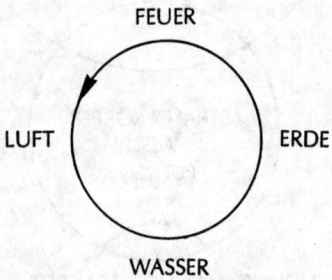

---

[12] Michael Sendivogius, »The New Chemical Light«, in A. E. Waite, *The Hermetic Museum*, Samuel Weiser, New York 1973.

Diese Entwicklungssequenz hat ihre direkten Entsprechungen in den vier Körpern. Erde entspricht dem physischen Körper, Wasser mit seinen Wellen und den Gezeiten dem astralen Körper, die dünne Luft korrespondiert mit dem mentalen Körper und das Feuer mit dem zentralen Feuer, dem Licht der Seele.

Die vier Elemente gehen jedoch nicht nur auseinander hervor, sie existieren auch unabhängig voneinander. Es sind die vier Ausdrucksweisen des einen Mysteriums, das *Quinta essentia* genannt wird – das fünfte Element, die Quintessenz, die im Herzen aller Dinge zu finden ist, sich jeglicher Erkenntnis entzieht und doch Anfangspunkt der vier Wurzeln ist: das Lebensprinzip, das man auch den Willen nennen kann. Die vier Elemente als Manifestation der *Quinta essentia* werden folgendermaßen dargestellt:

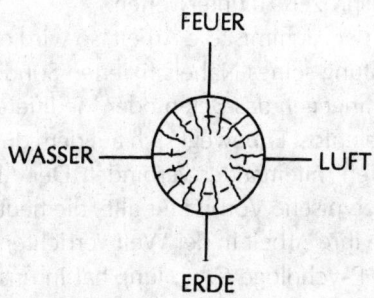

Diese vier Elemente sind die Bausteine des gesamten Universums, der Außenwelt wie der Innenwelt, der physischen wie auch der psychischen Wirklichkeit.

Diejenigen, die die königlichen Künste ausübten – die eingeweihten Alchimisten und Astrologen, die innen und außen, oben und unten zu verbinden versuchten –, arbeiteten mit dieser Wissenschaft. Der wahre Alchimist wußte, daß er, wenn er in seinem Laboratorium das äußere Feuer unter der Retorte brennen ließ, gleichzeitig auch das Feuer in seinem

Inneren unterhalten mußte. Er bemühte sich fortwährend darum, die innere Ansicht der Elemente mit der äußeren in Einklang zu bringen. Wie innen, so außen!

Der wahre Alchimist »martert nicht die Materie« (wie sie zu sagen pflegten), sondern er transformiert die stoffliche Welt und ist Mittler zwischen Innen- und Außenwelt. Indem er, während er mit dem äußeren Stoff arbeitet, gleichzeitig über den inneren Grundstoff meditiert, vollbringt er eine große Transmutation: Die materielle Welt wird geheilt. So arbeitet er gemäß dem Gesetz *Ora et labora* (bete und arbeite). Beten oder Meditieren ist die Orientierung auf die Elemente der Innenwelt, sowie darauf, sie zu reinigen, miteinander zu verbinden und zu transformieren. Arbeiten ist die Ausrichtung auf die Elemente der Außenwelt und darauf, diese zu säubern, sie miteinander in Kontakt zu bringen und sie einem Transformationsprozeß zu unterwerfen.

Vernachlässigt der Alchimist die Arbeit, so wird er zu einem auf die Betrachtung seines Nabels fixierten Sonderling; vernachlässigt er hingegen das Beten oder Meditieren, so wird seine Arbeit seelenlos. Er bewegt sich auf dem dünnen Grat, der beide Welten miteinander verbindet. Der Alchimist ist das große archetypische Vorbild für alle, die heutzutage mit Herz und Seele ihre Arbeit in der Welt verrichten wollen.

Der Schweizer Psychologe C. G. Jung hat in unserem Jahrhundert einige hervorragende Untersuchungen über die Beziehung zwischen Psychologie und Alchimie verfaßt. Zweifellos inspiriert von der Lehre der vier Elemente, entwirft er in seinem Buch *Psychologische Typen* eine tiefgehende Beschreibung der *vier elementaren psychologischen Funktionen*.

Die vier Typen

Jung unterscheidet vier Funktionen: das *Denken* und das *Fühlen,* die *Empfindung* und die *Intuition,* die den Elementen Luft, Wasser, Erde und Feuer entsprechen. Diese vier Funktionen sind sozusagen die psychischen Sinne des Menschen, mit denen er dasjenige, was von innen und von außen auf ihn zukommt, erfährt und verarbeitet. Und ebenso, wie der eine Mensch stärker visuell und der andere stärker auditiv orientiert ist, so ist auch der eine Mensch stärker auf das Denken hin orientiert und der andere stärker auf die Empfindung oder auf das Fühlen.

Im Prinzip stehen jedem Menschen alle vier Funktionen zur Verfügung, doch die Erfahrung lehrt, daß viele Menschen überwiegend von einer oder von zwei Funktionen Gebrauch machen. Sie betrachten das ganze Leben beispielsweise von der Warte des Denkens aus und versuchen, auf alle auftauchenden Fragen und Probleme eine Denk-Antwort zu finden. Menschen, die sich auf eine einzige Funktion beschränken (und zusätzlich vielleicht noch auf eine Hilfsfunktion, die hin und wieder zu Rate gezogen wird), können wir einem der vier Typen zuordnen. Wir bezeichnen sie als einen Denktypus, einen Gefühlstypus, einen Empfindungstypus oder einen intuitiven Typus.

Die vier Funktionen (und folglich auch die damit verbundenen Typen) bilden zwei Gegensatzpaare: Denken und Fühlen (Luft und Wasser) einerseits und Empfindung und Intuition (Erde und Feuer) andererseits.

Denken und Fühlen gelten als rationale Funktionen, da sie beide mit Bewertungen arbeiten. Das Denken versucht, mittels der verfügbaren Kenntnis und auf logische Weise zu bestimmen, ob etwas wahr oder unwahr ist. Das Fühlen bewertet auch, jedoch nach einem völlig anderen Kriterium, nämlich nach angenehm oder unangenehm, nach Lust oder

Unlust. Das Fühlen sagt: »Das mußt du tun, denn das ist angenehm!« Das Denken sagt: »Das mußt du tun, denn das ist wahr!« Dies sind völlig verschiedene Ausgangspunkte, die sich nicht so leicht miteinander aussöhnen lassen. Was soll man zum Beispiel tun, wenn etwas logisch betrachtet wahr ist, sich jedoch unangenehm anfühlt? Es erfordert Weisheit, beiden entgegengesetzten Funktionen Gehör zu schenken und sie in einer einzigen Handlung zu vereinen.

Empfindung und Intuition arbeiten beide nicht mit Bewertungen. Deshalb werden sie auch als irrationale Funktionen bezeichnet. Sie urteilen nicht, sondern nehmen wahr. Die Intuition nimmt innerlich wahr, was möglich ist, was noch kommen kann; es ist das Schauen von Dingen, die erst in Keimform existieren. Die Empfindung nimmt wahr, was äußerlich ist; sie sieht die konkrete Tatsächlichkeit. Die Empfindung ist pragmatisch und beschreibend; die Intuition ist auf den Sinn der Dinge und auf ihren inneren Zusammenhang gerichtet. Es erfordert große Kraft und Lebenserfahrung, diese beiden unterschiedlichen Betrachtungsweisen zu einem Ganzen zusammenfließen zu lassen.

Man könnte die beiden Gegensatzpaare als rechtwinklig aufeinanderstehend darstellen; die vier Typen bilden dann ein Kreuz. Die Linie von der Intuition zur Empfindung wäre dabei die Vertikale, die vom Himmel zur Erde verläuft, und die Linie vom Fühlen zum Denken wäre die Horizontale.

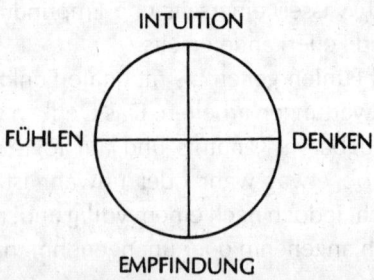

Dieses Bild des Kreuzes ist archetypisch. Jeder Mensch hat alle diese vier Funktionen in dieser Anordnung in sich, und im Prinzip ist natürlich keine Funktion »höherstehend« als eine andere. Deshalb kann man die vier Funktionen auch wie folgt anordnen:

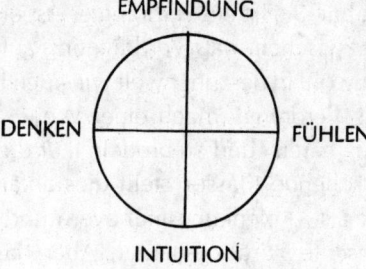

EMPFINDUNG

DENKEN

FÜHLEN

INTUITION

Superior und inferior

Es gibt nur vier Qualitäten. Diese sind in allen Dingen enthalten und befinden sich doch nicht im Frieden miteinander, denn jede von ihnen kämpft fortwährend um die Oberhand über die anderen.

Michael Sendivogius, *The New Chemical Light*

Keine dieser Funktionen ist im Prinzip wertvoller oder höherstehend als eine der anderen, und jedem Menschen stehen grundsätzlich alle vier Funktionen zur Verfügung. Allerdings bewerten manche Menschen und manche Kulturen bestimmte Funktionen höher und andere Aspekte (meist die jeweils gegenüberliegenden) niedriger. So war es in der patriarchalischen westlichen Kultur lange Zeit üblich, die Denkfunktion überzubewerten und die Gefühlsfunktion – und in etwas geringerem Maße auch die Intuition – unterzubewerten. Die Empfindung wurde eindeutig als Hilfsfunktion angesehen, die der Unterstützung des Denkens diente.

Eine überbewertete Funktion bezeichnen wir als *superiore Funktion*, eine unterbewertete Funktion nennen wir *inferiore*

Funktion. Für das soeben angeführte Beispiel gilt demnach, daß das Denken superior und das Fühlen inferior ist.

Anders ausgedrückt ist eine superiore Funktion eine Funktion, die dem Bewußtsein direkt zur Verfügung steht, während das Bewußtsein zu einer inferioren Funktion keinen freien Zugang hat. Sie ist ein verdrängter Aspekt.

Wir wissen inzwischen, daß Verdrängung auf Dauer nicht möglich ist. Sowohl in der Innenwelt wie auch in der Außenwelt fängt das Verdrängte nach einer Weile an, unter der Oberfläche zu »gären« und zu brodeln. Für die (innere oder äußere) »herrschende Klasse« stellt dies anfangs kein Problem dar. Mit List, Ablenkungsmanövern und Gewalt wird das Unerwünschte zurückgedrängt. Aber das kann nicht ewig so weitergehen; schließlich kommt das Verdrängte in einer nicht einzudämmenden Flut an die Oberfläche und zeigt sich dann meist von einer unangenehmen Seite. Die Qualität, die so lange Zeit unterdrückt war, ist weitgehend verformt und nimmt dämonische Züge an. Da es ihr an einer harmonischen Beziehung zu ihrem Gegenpol fehlt, äußert sie sich in extremer Form.

Dies ist ein physisches Naturgesetz, dessen Folgen wir überall um uns herum und wahrscheinlich auch in uns selbst beobachten können.

Solche Zeiten der Revolte – Zeiten, in denen die unterdrückte Funktion an die Oberfläche kommen will – kennen wir sowohl im großen (in der Menschheitsgeschichte) wie auch im kleinen (der Geschichte eines Individuums). Die Pubertät und die »Midlife-crisis« sind solche revolutionären Phasen, die bis zu jenem Zeitpunkt herrschende Ordnung bis in ihre Grundfesten erschüttert, und zwar so stark, daß der Betreffende nach einiger Zeit nicht mehr weiß, wer und was er nun eigentlich ist. Alles ist in Aufruhr, im einen Augenblick denkt er dies, im nächsten Augenblick fühlt er wieder etwas völlig anderes, er wird überschwemmt von Einfällen, die dann doch wieder nicht realisiert werden können – alles in allem eine sehr erschreckende Erfahrung. Meist stellt sich nach einiger Zeit wieder ein gewisses Gleichgewicht ein, und oft ist dann eine andere Funktion zur superioren geworden. Beispielsweise läßt sich der Betreffende, der vorher stets gefühlsbetont reagierte, nun überwiegend von seiner Intuition leiten. Merkwürdige und für die Umgebung unverständliche Veränderungen finden statt. Er oder sie ist, wie man dann sagt, ein anderer Mensch geworden. Genaugenommen müßte man jedoch feststellen, daß er/sie die Welt nun durch eine andere Brille sieht und sich mit dieser neuen Brille identifiziert.

Eine solche Funktionsverschiebung kann eine Zeitlang erfrischend wirken, auf die Dauer jedoch ist dies keine Lösung. Der von seinen anderen Funktionen isolierte Denker, bei dem das Fühlen plötzlich die Oberhand gewinnt, wird anfänglich die Befreiung aus der mentalen Zwangsjacke und das Auf- und Abwogen der Stimmungen, das so charakteristisch für das Leben des Gefühlsmenschen ist, ungeheuer genießen, doch wenn keine Verbindung zwischen der nun zur superioren Funktion erhobenen Gefühlsfunktion und den übrigen Funktionen hergestellt wird, muß sich die Gefühlsfunktion nach einer Weile als ebenso unverbunden und unterdrückerisch erweisen, wie es zuvor das Denken war.

Integration

Wenn die reinen und essentiellen Elemente in einem liebevollen Gleichgewicht verbunden werden – wie in unserem Stein –, sind sie untrennbar und unsterblich, ebenso wie der menschliche Körper im Paradies.

Michael Sendivogius, *The New Chemical Light*

Ein wichtiger Bestandteil der Arbeit des Alchimisten ist das *Reinigen der Elemente*. Die einzelnen Elemente werden in der Retorte den verschiedensten Behandlungen unterzogen, wodurch sie gereinigt werden. Je reiner sie werden, um so weniger versuchen sie, einander zu dominieren und, um noch einmal den meisterhaften Michael Sendivogius zu zitieren: »Wenn dann die reinen Elemente von neuem mit Hilfe der Wirkung natürlicher Hitze zusammengefügt werden, entsteht eine viel höhere und edlere Form des Lebens.«

Ebenso reinigt der fortgeschrittene Mensch die verschiedenen Elemente seiner Persönlichkeit in der Retorte des täglichen Lebens. Er befreit sich von seinen Vorurteilen und Vorstellungen und schafft sich so allmählich einen Zugang zu seinen verschiedenen psychischen Sinnen, den Funktionen. Er lernt, seine dominierende Funktion nicht als das höchste Gut anzusehen und auch auf die anderen Funktionen zurückzugreifen. Ist er ein Denker, so lernt er, das Fühlen nicht mehr als minderwertig, maßlos und emotional zu verurteilen. Der Fühltypus erkennt, daß das Denken mehr ist als nur kalt und vertrocknet. Der Empfindungstypus sieht den intuitiven Menschen nicht mehr nur als abgehoben und chaotisch, und der intuitive Typus seinerseits befreit sich von seinem Urteil, daß der Empfindungstypus nur beschränkt und platt ist. Wenn die Person ihre negativen Urteile über die anderen Funktionen aufgibt (sowohl in bezug auf sich selbst wie auch auf andere), so reinigt sie auf der psychischen Ebene die Elemente.

Ein solcher Reinigungsprozeß wird oft in Kontakt mit anderen vollzogen, die freien Zugang zu denjenigen Funktionen haben, die bei uns selbst unterentwickelt sind. Wir suchen unsere »andere Seite«, in Freunden, Partnern und Kollegen, weil wir einen Geschmack von dem bekommen wollen, was wir selbst zwar auch sind, aber uns nicht zu eigen gemacht haben. Indem wir nach »diesem anderen« suchen, entstehen die Haß/Liebe-Beziehungen – jene wunderlichen Kombinationen von entgegengesetzten Typen, die im Auf und Ab ihrer Beziehung lernen, Kontakt zu ihrer unterentwickelten Funktion aufzunehmen. Die Intuitiven suchen einen Empfindenden und treiben, sobald sie ihn einmal gefunden haben, ihren Spott mit seinem Pragmatismus und mit seiner Nüchternheit, doch können sie ihn auch nicht entbehren, denn dies ist buchstäblich ihre andere Hälfte.

Oft kann man auch beobachten, daß jemand ein Hobby sucht, das seiner unterentwickelten Funktion entspricht. So könnte beispielsweise ein intuitiver Typus Steine und Mineralien sammeln, oder ein Denker könnte mit einer solchen Begeisterung romantische Musik hören, als ob sein Leben davon abhinge. Und tatsächlich ist das auch so: Das Leben hängt von der unterentwickelten Funktion ab, ohne diese ist das Leben steril und leer.

Lebend, erfahrend, wählend, liebend, leidend verläßt man die Bastion der einen überlegenen Funktion und nimmt Kontakt zu einer Funktion auf, die lotrecht zur ersteren steht. Der Empfindungsmensch findet Zugang zum Gefühl oder zum Denken. Er entwickelt eine Hilfsfunktion. Oft wird dann nach einiger Zeit eine zweite Hilfsfunktion befreit. Die Gegensätzlichkeit der beiden Hilfsfunktionen kann durch die superiore Funktion überbrückt werden. Dies ist eine ungeheure Erweiterung.

Nur selten jedoch gelingt es einem Menschen, auch die vierte Funktion völlig ins Licht des Bewußtseins zu rücken. Ist ihm dies gelungen – oder anders ausgedrückt, sind die Funktionen wieder zu Funktionen des Selbst geworden –, so hat er, in der Sprache der Alchimisten ausgedrückt, den Stein der Weisen gefunden. Er ist dann erleuchtet, denn alle vier Funktionen sind vollständig ins Licht gehoben. Er ist im wahrsten Sinne des Wortes ganz geworden.

Die Elemente und die vier Fixierungen

Bis die vier Fixierungen gereinigt und geheilt sind, kann man einen Menschen einem bestimmten Typus zuordnen. Dies ist am ausgeprägtesten, wenn er sich völlig mit seiner überlegenen Funktion identifiziert, und am schwächsten, wenn er zwei Hilfsfunktionen entwickelt hat. Doch auch in diesem letzten Fall ist die unterentwickelte Funktion noch wie ein Fremder, der in ihm wohnt und den er nicht kennt. Es kann sein, daß er plötzlich aus der Tiefe von ihr ergriffen wird und sich – wie innen, so außen – auch in seiner Umgebung mit ihr konfrontiert sieht.

Jeder Typus verfügt über bestimmte Qualitäten, die besser zum Ausdruck kommen können, wenn er die ihm fremden Funktionen weniger stark zu unterdrücken versucht. Solange er jedoch – koste es, was es wolle – die Innen- und Außenwelt immer stärker von seiner überlegenen Funktion aus zu beherrschen versucht, verformen sich diese Qualitäten und werden zu negativen Eigenschaften.

Das Feuer des intuitiven Typus, das im positiven Fall inspiriert und beseelt und dem Menschen die Weisheit schenkt, ein sinnvolles Muster in allem zu erkennen, schlägt um in Chaos und Wirrköpfigkeit, in falsches Propheten- und Querulantentum, wenn es nicht bereit ist, mit den übrigen Funktionen zusammenzuarbeiten. Das Feurige wirkt dann entfremdend.

Die Luft des Denktypus, die im positiven Fall zu einem ausgewogenen und objektiven Denken führt und die es dem Menschen ermöglicht, logische Zusammenhänge zu erkennen, schlägt, wenn die anderen Funktionen ferngehalten werden, in kalte Distanziertheit und in blutleeres Geschnüffel um, in eine ständige Flucht in die Sicherheit des im voraus Feststehenden. Das Luftige wird dann zu kühlem Unbeteiligtsein. Das Wasser des Gefühlstypus, das im positiven Falle mitfühlend, mitvibrierend und einfühlsam macht und die Fähigkeit verleiht, alle Begrenzungen in Liebe aufzulösen, entartet zu Schwammigkeit und emotionaler Reaktivität, zu einem fruchtlosen Mitströmen in immer wieder neuen Erfahrungen, wenn die anderen Funktionen dominiert werden. Die Liebe verwässert zu Sentimentalität, ihr fehlt die gerichtete Kraft.

Die Erde des Empfindungstypus, die im positiven Fall nüchtern und praktisch macht und den Menschen in die Lage versetzt, für alles eine Form zu finden, entartet zu rohem Materialismus und zu knallharter Profitgier, wenn der Wert der anderen Funktionen nicht erkannt wird. Die Erdverbundenheit wird dann zu Plattheit.

Es ist offensichtlich, daß diese vier Typen in vielerlei Hinsicht mit den vier Fixierungstypen übereinstimmen, die wir bereits in dem Märchen »Tischlein, deck dich« kennengelernt haben. Feuer/Intuition entspricht dem Typus, der auf den Ursprung orientiert ist, Luft/Denken dem oral fixierten Typus, Wasser/Fühlen dem anal fixierten und Erde/Empfindung dem genital fixierten Typus. Wenn wir auch noch die Korrespondenz zu den vier Körpern mit einbeziehen, erhalten wir das Schema, das auf der nächsten Seite abgebildet ist.

Die Quinta essentia

Die *Quinta essentia* ist das Uranfängliche – der Anfang noch vor dem Anfang des Feuers. Die *Quinta essentia* ist das Geheimnis, das allen Dingen zugrunde liegt, es ist der Wille, aus dem alles hervorgeht. Alles geht daraus hervor, und alles kehrt schließlich dorthin zurück.

Zur *Quinta essentia* kann man zurückfinden, wenn man die Gegensatzpaare in sich selbst zu vereinigen weiß. Wenn diese Integration stattfindet, kommt es auch zur Erfahrung einer Einheit, die über das sichtbare Dasein hinausführt, und zur Erfahrung des Aufgenommen-Seins in einem Sinne, der das persönliche Bewußtsein übersteigt. Man könnte sagen, daß die *Quinta essentia* unterentwickelt ist, solange noch keine Anstrengungen zur Integration der Polaritäten unternommen worden sind.

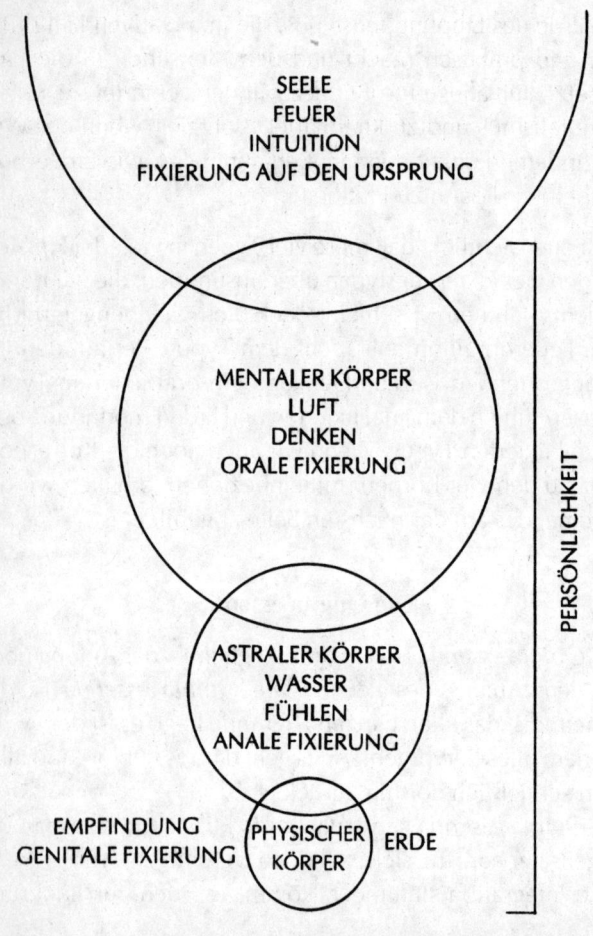

SEELE
FEUER
INTUITION
FIXIERUNG AUF DEN URSPRUNG

MENTALER KÖRPER
LUFT
DENKEN
ORALE FIXIERUNG

ASTRALER KÖRPER
WASSER
FÜHLEN
ANALE FIXIERUNG

EMPFINDUNG
GENITALE FIXIERUNG

PHYSISCHER KÖRPER

ERDE

PERSÖNLICHKEIT

Natürlich ist die *Quinta essentia* keine Funktion im eigentlichen Sinne, und sie kann auch nie zur überlegenen Funktion werden und die vier Funktionen in den Hintergrund drängen. Doch die Erfahrung lehrt, daß von jeder beliebigen überlegenen Funktion aus eine Verbindung zur *Quinta essentia* hergestellt werden kann, wodurch ein neuer Typus entsteht: ein Typus, bei dem der Wille zentral steht.

Es ist, als ob die vier Typen sich in ihrem Kampf um die Vorherrschaft (oder anders ausgedrückt: in ihrer Fixierung auf eine bestimmte Entwicklungsphase) an die *Quinta essentia* wenden und mit ihr eine negative Verbindung eingehen. Der Wille wird eingesetzt, um das eigene Territorium zu verteidigen und um die vom Leben geforderte Entwicklung anzuhalten. Der Wille wird zum negativen Willen.

So entsteht ein fünfter Typus – ein Mischtypus, bei dem der eigensinnige Wille im Zentrum steht. Dieser Typus benutzt all seine Macht und sein gesamtes Manipulationsvermögen, um so bleiben zu können, wie er ist, ob es sich nun um einen intuitiven Typus, einen Empfindungsmenschen, einen Denker oder einen Gefühlsmenschen handelt.

Eigentlich gibt es also vier Mischtypen dieser Art, doch weil der Wille bei allen so übermäßig stark betont ist, ist es in der Praxis ziemlich belanglos, welche Funktion vom Willen unterstützt wird.

Damit sind wir am Ende dieses Kapitels angelangt. In den folgenden beiden Kapiteln werden wir die fünf Typen als die fünf Charakterstrukturen darstellen, die sich im psychischen wie auch im physischen Bereich manifestieren.

Kapitel 6

Die Charakterstrukturen –
fünf Typen des Karmas

> Denn Charakter ist nichts anderes, als die durch wiederholte
> Taten gebildete Tendenz unseres Wollens. Jedes Tun hinterläßt
> eine Spur, einen durch den Vorgang des Gehens entstandenen
> Pfad, und wo immer ein solcher einmal begangener Pfad
> besteht, dort finden wir, wenn eine ähnliche Situation eintritt,
> unseren natürlichen Ausweg, die Richtung, die wir spontan
> einschlagen. Dies ist das Gesetz der fortwirkenden Tat, das
> Karma, das nichts anderes ist als das Gesetz der Bewegung in
> der Richtung des geringsten Widerstandes, das heißt des be-
> reits ein- oder mehreremal eingeschlagenen und daher leich-
> teren Weges: das, was wir im menschlichen Leben die »Kraft
> der Gewohnheit« nennen.
>
> Lama Anagarika Govinda [13]

*I*m Jahre 1933 publizierte Wilhelm Reich sein Hauptwerk
Charakteranalyse. In diesem Buch entwickelte Reich Gedanken von Freud weiter, jedoch auf eine völlig eigene
Weise. Er entwickelte die Idee, daß der menschliche Charakter ein Panzer ist, der einen Schutzwall gegen den natürlichen Strom der Gefühle und körperlichen Erfahrungen bildet.
Er entwarf eine erste Beschreibung und Analyse häufig vorkommender Arten von Charakterpanzern, und er zeigte, daß
der Charakter ebenso sehr körperlicher wie auch psychischer
Natur ist.
Reich brachte viele Menschen gegen sich auf, und zwar nicht
nur mit seinen Publikationen, sondern ironischerweise auch
durch seinen Charakter. Obwohl man seinem brillanten

---

[13] Lama Anagarika Govinda, *Grundlagen tibetischer Mystik*, S. 292, O.W. Barth-Verlag,
München, 5. Auflage 1982

Geist und seinem scharfen Beobachtungsvermögen überall große Hochachtung entgegenbrachte, machte Reich sich im Laufe der Zeit viele Feinde, da er in entscheidenden Augenblicken weder Takt noch Diplomatie zu kennen schien. Er war ein Mann, der nicht »vielleicht« sagen konnte, wenn er »nein« dachte, und wenn er »nein« sagte, so sollte dies die ganze Welt hören.

Berührung

> Ein Organismus, dem die Fähigkeit, sich natürlich fortzubewegen, von der Geburt an dauernd unmöglich gemacht wurde, entwickelt künstliche Formen der Fortbewegung. Er hinkt oder geht auf Krücken. Ebenso bewegt sich ein Mensch mit den Mitteln der emotionellen Pest im Leben fort, wenn ihm von Geburt an die natürlichen Lebensäußerungen der Selbstregelung unterbunden worden sind. Der emotionell Pestkranke hinkt charakterlich.
>
> Wilhelm Reich [14]

Reich war der »Bauarbeiter« unter den Psychoanalytikern – ein echter Empfindungsmensch, der mit der Analyse auf der Couch nichts zu schaffen haben wollte. Er erkannte durchaus den Wert der Analyse an, doch sah er auf der Couch mehr als nur einen Kopf voller Erinnerungen liegen, die analysiert werden mußten. Er sah dort auch einen Körper, der atmete bzw. in den meisten Fällen kaum atmete, einen Körper, der sich krümmte, wenn bestimmte Erinnerungen aufstiegen, und der das Muskelsystem dazu benutzte, um die Erinnerungen in die Tiefe des Unbewußten zurückzudrängen. Er war kein intellektueller Analytiker, der, am Kopfende der Couch sitzend, seinen Stift über das Papier kratzen ließ und hin und wieder bemerkte: »Erzählen Sie etwas mehr darüber«, und der ansonsten die meiste Zeit über bedeutungsvoll schwieg. Nein, Reich wollte im wahrsten Sinne des Wortes die Dinge

[14] Wilhelm Reich, *Charakteranalyse,* Kiepenheuer und Witsch, Köln/Berlin, 2. Auflage 1970. Kapitel VI, »Die emotionelle Pest«, S. 286.

in die Hand nehmen. Er mischte sich in das ein, was er beobachtete. Er berührte seine Patienten, schaute sie an, massierte sie, drückte seine kräftigen Hände tief in die Muskelblockaden, nahm die Patienten in seine Arme. Er wollte sie von der »emotionellen Pest« befreien, von der neurotischen Halbexistenz, welche nach seiner Theorie eine Folge des Abgeschnittenseins von der Quelle der Sexualität ist. Er wollte den Menschen helfen, wieder ungehemmt und genußvoll mit ihrer Sexualität in Kontakt zu treten, auf daß sie die pulsierende Bewegung des »Orgasmusreflexes« wieder frei durch sich hindurchfließen lassen könnten.

Er war ein echter autoritärer Pionier. Wer nicht auf seiner Seite war, war sein Gegner. Er war auch ein genialer Pionier, der von den Tugendaposteln seiner Zeit viel zu erleiden hatte. Als typischer prominenter Empfindungsmensch war er oft von seinen Intuitionen besessen; er hatte Visionen von größeren Zusammenhängen, vom Kampf zwischen Gut und Böse, und er sah, wie die Kräfte des Bösen sich gegen ihn verschworen. Seine Intuitionen waren wild und mitreißend (und oft sehr »auf dem Punkt«), aber es gelang ihm nicht, sie zu integrieren. Er blieb ein Prophet – jemand, der außerhalb der Welt stand und mit einer großen Mappe voller Beweise gegen die Welt anredete.

Reichs Schüler

Erst seine Schüler und Nachfolger konnten ernten, was Reich gesät hatte. Zwei dieser Schüler, John Pierrakos und Alexander Lowen, entwickelten die Ideen weiter, die Reich schon in der *Charakteranalyse* vorgetragen hatte, und machten sie einem großen Publikum zugänglich. Sie hoben die ihrer Meinung nach wesentlichen Elemente hervor, fügten ihnen eine Reihe von Ergänzungen hinzu und bündelten das Ganze zu einem praktischen Denk- und Arbeitssystem, der *Bio-*

Energetik. Sie unterschieden fünf Charakterpanzer – die sie Charakterstrukturen nannten – und erforschten diese weiter. Diese fünf Charakterstrukturen nannten sie die schizoide, die orale, die masochistische, die rigide und die psychopathische Struktur.

Lowen und Pierrakos hatten ihrerseits Schüler, die wiederum der von Reich entwickelten und von Lowen und Pierrakos weiterentwickelten Theorie Korrekturen und Ergänzungen hinzufügten. Gewisse Aspekte aus anderen therapeutischen Richtungen und aus den östlichen Yoga- und Meditationssystemen wurden in das System der Charaktertypen integriert. So entstanden unter den Therapeuten in der Nachfolge Reichs separate Splittergruppen und viele verschiedene Denk- und Arbeitsweisen. Deshalb gibt es heute sehr viele Richtungen bioenergetischer Therapie und Theorie, die jedoch alle immer noch auf dem Werk von Wilhelm Reich basieren (oder zumindest teilweise darauf gründen).

So unterschiedlich alle diese Richtungen auch sein mögen, ihnen allen ist gemeinsam, daß sie *energetisch denken.* Dieser etwas merkwürdige Begriff beinhaltet, daß man von dem Grundgedanken ausgeht, daß alles Energie ist, der physische wie der psychische Bereich, und daß eine Störung im Energiehaushalt sich sowohl auf den Körper als auch auf die Psyche auswirkt. All die unterschiedlichen Strömungen energetischer Therapie stimmen darin überein, daß sich beim Menschen schon in früher Kindheit durch das Festhalten von Gefühlen und Emotionen Energieblockaden aufbauen, die sich in Form von Muskelverspannungen im Körper festsetzen. Aufgrund dieser chronischen Muskelverspannungen nimmt der Körper eine bestimmte Struktur an. Eine solche physische Struktur geht mit einer psychischen Struktur einher, einer bestimmten verfestigten Form von psychischem Leiden.

Noch einmal Karma

Wir haben in einem der vorangegangenen Kapitel Karma definiert als *dasjenige, was ein Mensch zwangsläufig durchlebt, weil er die eigene Energie auf den verschiedenen Ebenen des Seins in eine bestimmte Richtung lenkt*. Wir gehen nun einen Schritt weiter und sagen, daß Karma die Identifikation mit einer bestimmten psychophysischen Struktur ist. Außerdem sagen wir, daß Karma sich in energetischer Hinsicht als dauerhafte Störung des Energiehaushalts bemerkbar macht, wobei sich die Persönlichkeit mit der chronischen Spannung identifiziert, die infolge der Unterdrückung bestimmter Gefühle und Emotionen entsteht. Kurzum: Karma ist die Identifikation mit einer bestimmten Charakterstruktur.

Wie kommt Karma in diesem Sinne, wie kommt eine solche Charakterstruktur zustande? Eine mögliche Antwort lautet: durch den Einfluß der Umgebung. Eine andere Antwort ist: Es handelt sich um einen Ausdruck der inkarnierenden Seele. Beide Antworten sind unserer Meinung nach zutreffend.

Beginnen wir mit der zweiten: Wir gehen davon aus, daß die Umgebung, in die man geboren wird, genau die Lernsituation bietet, die man für die Entwicklung der Seele braucht. Wenn man auf die Erde kommt, trägt man den Keim der Bindung an eine bestimmte Situation in sich. Die Charakterstrukturen sind bereits latent im neugeborenen Kind vorhanden, und diese latenten Möglichkeiten werden von der Umgebung aktiviert. Die Umgebung trägt nicht die Schuld an den Charakterstrukturen, sondern sie ist nur der Anlaß, durch den sich die Strukturen manifestieren können.

Eine Charakterstruktur ist eine zu Form gewordene Unwissenheit. Sie entsteht, wenn sich jemand fortgesetzt von seinem eigenen Lebensstrom abschneidet. Ein solcher Mensch identifiziert sich mit einem Teilaspekt des großen Ganzen, verläßt das Paradies und kreiert eine Hölle in der physischen Wirklichkeit, aus der er, solange er es erträgt, sein Haus baut. Das Ende der Hölle kommt in Sicht, wenn der Schmerz der Abspaltung so groß wird, daß das Verlangen die Oberhand gewinnt, den Widerstand aufzugeben und zu tun, was noch nie zuvor getan worden ist.

Die Struktur, die jemand im Keime ist und zu der er schließlich ganz wird, drückt sich auf der Ebene der *Gedanken* in Form von Bildern bezüglich der Wirklichkeit aus, auf der Ebene der *Gefühle* in Form von fixierten Emotionen und auf der Ebene des *Körpers* in Form einer bestimmten chronischen Muskelspannung. Der Kern einer Charakterstruktur befindet sich in einem Chakra oder auch in mehreren Chakren und »überdeckt« dort den schöpferischen Ursprungsgedanken des Chakras mit einer Verzerrung der Wirklichkeit. Dadurch wird die Funktion des Chakras begrenzt und in enge Bahnen geleitet. So lautet die spirituelle Antwort.

Die psychologische Antwort fällt etwas länger aus. Wie entsteht nun solch eine Charakterstruktur unter Einfluß der Umgebung?

Dazu müssen wir zum Anfang unseres Daseins als Menschen zurückkehren: zu unseren ersten Lebensjahren. Solange wir als kleines Kind zufrieden waren, haben wir nicht zwischen innen und außen, zwischen uns selbst und unserer Umgebung unterschieden. Sobald wir jedoch dauerhaft frustriert wurden (nicht bekamen, was wir wünschten, oder zu wenig bekamen), baute sich allmählich eine große Spannung in uns auf. In dieser Spannung brach schließlich die Einheit auseinander in ein »Ich«, das verlangte und Mängel litt, und in eine Umgebung, die »nein« sagte.

In einer früheren Publikation (*Helen of delen, transformatie van mens en organisatie* – »Heilen oder Teilen, Transformation von Mensch und Organisation«) haben wir diesen Prozeß wie folgt beschrieben:

Die Einheit können wir graphisch durch eine Kreisfigur darstellen. Der Kreis ist von alters her das Symbol der ungebrochenen Ganzheit.

Dort, wo im ursprünglichen Kreis der Einheit die Spannung am größten ist, zerbricht der Kreis, und es entstehen zwei Enden als einander gegenüberliegende Pole: auf der einen Seite das Kind, das noch in Einklang mit seinen Trieben ist, auf der anderen Seite die Umgebung, die diese Triebe zurückweist oder nicht (bzw. ungenügend) befriedigt.

Anfänglich wird die Einheit durch diesen Konflikt noch nicht gefährdet. Die beiden einander gegenüberliegenden Pole sind »unten« noch miteinander verbunden. Doch die Spannung nimmt zu und damit auch die Fixierung auf den Konflikt. Das Bewußtsein der Einheit nimmt ab.

Schließlich gibt es für das kindliche Bewußtsein nur noch zwei einander gegenüberliegende Pole. Dann hat das Kind das Paradies verlassen.

Das Kind befindet sich nun in einem Konflikt, der für die Macht und das Bewußtsein, über die es verfügt, unlösbar ist. Es kann nicht gewinnen. Sich in dieser Position zu befinden, bedeutet für das Kind, daß es fortwährend unter Schmerzen leidet. Es kann sich nicht vor seinen Bedürfnissen verschließen. Seine Bedürfnisse sind sein Leben.

In diesem Dilemma, in dem wir alle uns als Kinder wiederholt befanden, bleibt dem Kind nichts anderes übrig, als sich auf die eine oder andere Weise von seinen Bedürfnissen zu trennen bzw. abzuspalten. Das Kind wird seine Bedürfnisse unterdrücken, verdrängen usw., um die Liebe und dasjenige, was es bisher noch von seiner Umgebung bekommt, nicht aufs Spiel zu setzen. Es distanziert sich von dem Schmerz und begnügt sich mit einem geringeren Maß an Freude und Lust. So entsteht eine zweite Spaltung, diesmal zwischen seiner »ersten Natur« und seiner »zweiten Natur« – seinem Triebleben und der Charakterkonstellation, die es mit Hilfe der Bausteine, die die Umgebung ihm anbietet, aufbaut. Diese sogenannte Charakterstruktur ist ein Puffer zwischen Innen- und Außenwelt. Durch die Charakterstruktur kann der Kontakt zur Außenwelt aufrechterhalten werden, und die Triebe, die Primärbedürfnisse, können sozusagen umgebogen und handhabbarer gemacht werden. So wird ein Versuch unternommen, die gewünschte Befriedigung doch noch in einer für die Umgebung akzeptablen Weise zu erhalten.

Schematisch dargestellt sieht diese Entwicklung folgendermaßen aus:

Dies ist ein natürlicher Prozeß. Es ist der Lösungsversuch des Organismus, so ganz und so gesund wie möglich zu bleiben. Es ist eine vorübergehende Notlösung.

Um jedoch eine solche Notmaßnahme wieder aufheben zu können, müssen wir einerseits erkennen, daß der Notzustand vorüber ist, und andererseits, daß es sich zuvor um eine Notlösung gehandelt hat. Da diese Erkenntnis fehlt, werden die Notlösungen nicht aufgehoben. Das Kind merkt nach einer Weile nicht mehr, daß die Charakterstruktur eigentlich nur als vorübergehender Ausweg gedacht war. Es verliert das Bewußtsein des Urkonflikts zwischen dem ursprünglichen Trieb und der Umgebung und dem Schmerz, der infolgedessen entstand. Es fängt an, sich mit seiner zweiten Natur zu identifizieren. Dazu sagt es »ich«. Das, was als zeitweiliger Ausweg gedacht war, wird zum Teufelskreis. Das Kind hat sich sowohl von seiner Umgebung wie auch von seinen primären Bedürfnissen entfremdet. Nun beginnt die Entwicklung der Persönlichkeit.

Das Selbst ist der ungebrochene Kreis der ersten Abbildung. Die Persönlichkeit ist der Teil über der Strichellinie, wie ihn die folgende Abbildung zeigt.

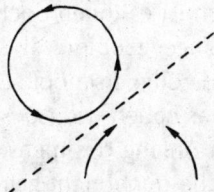

Solch eine Charakterstruktur ist, wie bereits gesagt, sowohl psychischer als auch physischer Natur. Sie drückt sich in der Art zu denken, zu fühlen und Kontakt aufzunehmen aus und zeigt sich in der äußeren Erscheinung. Eine Charakterstruktur manifestiert sich in der ganzen Persönlichkeit, vom mentalen bis zum physischen Körper.

Das Muskelsystem ist der Mittler, durch den sich die Charakterstruktur physisch manifestiert. Es kann unsere tiefsten Wünsche und Inspirationen im physischen Bereich ausdrücken, aber es kann sich ebensosehr an unsere Ängste und Begrenztheiten anpassen und diesen Gestalt verleihen. Es kann dazu dienen, dasjenige, was wir eigentlich wünschen, festzuhalten und einzugrenzen – und genau das ist es, was unser Muskelsystem tut, wenn eine Charakterstruktur entsteht.

Doch wie geht dies genau vor sich? Wir wollen es anhand eines Beispiels erklären, daß jeder in der einen oder anderen Weise kennt: anhand des Beispiels eines Babys, das nachts weinend daliegt.

Umgebung und Kind

Es ist eine »klassische« Situation. Das Kind will gefüttert werden und schreit deshalb. Die primären Bedürfnisse des Kindes sind in diesem Fall Wärme, Nahrung, Aufmerksamkeit; es befindet sich in der »Tischlein, deck dich«-Phase. Nehmen wir einmal an, daß die Eltern des Kindes schon fünf Kinder haben und in einem kleinen Haus wohnen, umringt von Nachbarn. Die Eltern haben sich das neue Baby zwar gewünscht, aber nun ist es ihnen doch zuviel. Sie sind mit diesem Kind viel weniger geduldig, als sie es mit ihrem ersten Kind waren. Sie sind völlig erschöpft.

Wenn das Kind etwas haben will, so ist das ein psychophysischer Prozeß. Am Anfang des menschlichen Lebens sind diese beiden Bereiche noch nicht getrennt. Das Verlangen äußert sich physisch beim Kind als eine pulsierende Bewegung, als ein Vibrieren des Körpers, das zunimmt, wenn das Bedürfnis größer wird, und das nur zur Ruhe kommen kann, wenn dieses Bedürfnis gestillt wird. Die Vibration, die zunehmende Bewegung ist das Merkmal für einen Organismus, der ein starkes Verlangen nach etwas verspürt und der danach strebt, dieses Verlangen zu stillen. Diese Bewegung, diese Energie pulsiert vom Kopf bis zu den Zehen. Es gibt nicht ein Fleckchen im Körper, das jenes Verlangen nicht zum Ausdruck bringt oder das mit etwas anderem beschäftigt ist. Alles bewegt sich, doch in den verschiedenen Teilen des Körpers äußert sich diese Bewegung unterschiedlich. Die Fingerchen bewegen sich, die Lippen spitzen sich zu, der Mund schmatzt, die Atmung wird heftiger, kleine hohe Laute werden ausgestoßen (auch das ist Bewegung), die Beinchen bewegen sich ruhelos. Der gesamte Organismus streckt sich in einem einzigen Verlangen nach Befriedigung nach der Umgebung aus. Wenn diese Forderung nicht sofort erfüllt wird, wird das Fordern stärker. Die zunächst leisen Geräusche werden lauter, werden zu Weinen, zu Schreien. Die Füßchen fangen an zu strampeln. Es kommt zu einer Explosion von Bewegung und Klang.

Der Konflikt, der mit der soeben beschriebenen Umgebung entsteht, ist offensichtlich. Das Kind will aufgenommen und gefüttert werden, die Umgebung will Ruhe. Manchmal, wenn Vater und Mutter die Energie dazu aufzubringen vermögen, geben sie dem Kind das, wonach es verlangt und was es braucht. Manchmal aber auch nicht. Es gibt keine kontinuierliche Geborgenheit für das Kind. Wenn die Umgebung nicht für das Kind da ist, fängt es an zu weinen. Doch gerade das können die Eltern nicht ertragen. Das Weinen geht ihnen auf die Nerven. Sie sind doch ohnehin schon so müde, und jetzt fühlen sie sich auch noch schuldig. Sie halten es nicht aus und explodieren schließlich. Sie schreien, das Kind solle mit dem Weinen aufhören. Sie könnten es erwürgen.

Es kommt regelmäßig zu derartigen Ausbrüchen. Wenn die Eltern so aufbrausen, bekommt das Kind große Angst. Seine Welt zerbricht in Stücke. Wenn es dann erneut zu schreien beginnt, werden die Eltern noch wütender – bis das Kind schließlich aufgibt. Dann hat das Kind »seine Lektion gelernt«, wie die Erwachsenen zu sagen pflegen. Es hört auf zu bitten, es hört auf zu schreien, zu drängen, Forderungen zu stellen. Es gibt den Kampf auf, und mit dem Kampf gibt es den Glauben daran auf, daß man etwas bekommt, wenn man darum bittet.

Auch dieses »Aufgeben des Kampfes« ist ein psychophysischer Prozeß. Psychisch gesehen bedeutet es, daß sich im Kind ein Bild formt, eine Vorstellung. In diesem Fall könnte das Bild beinhalten, daß das Bedürfnis nach Wärme und Aufmerksamkeit verwerflich ist, daß man sich unbeliebt macht, wenn man Aufmerksamkeit wünscht. Möglicherweise wird das Bild auch noch erweitert zu der allgemeinen Lebenslektion, daß es keine Liebe gibt und daß genug von dem da ist, was man sich wünscht.

Deshalb, so sagt das Bild, darfst du nie um etwas bitten, denn dann bekommst du es erst recht nicht. Menschen, die um etwas bitten, werden übergangen.

In physischer Hinsicht bedeutet das Aufgeben des Kampfes, daß das Kind seinen Körper zu beherrschen lernt, um die Erfahrung und die Äußerung der Bedürfnisse zu unterdrücken und zu regulieren. Dies geht folgendermaßen vor sich:

Wie bereits gesagt, ist jede Erfahrung für ein Kind eine totale körperliche Erfahrung. Wenn es traurig ist, so ist es dies mit seinem ganzen Körper, und ebenso verhält es sich, wenn es nur ein bißchen traurig ist oder froh oder zufrieden. Die Erwachsenen können diesen Zustand kaum nachempfinden; fast immer existieren neben der zentralen Erfahrung eines bestimmten Augenblicks gleichzeitig noch eine Anzahl von »Neben«-Erfahrungen. Sie haben meist noch irgendeinen Gedanken im Hinterkopf, ein Fuß schlägt einen Rhythmus, oder eine Hand führt scheinbar aus eigenem Antrieb etwas zum Mund, woran die Lippen dann ebenso »autonom« zu saugen beginnen. Unabhängig von dem, womit Erwachsene gerade beschäftigt sind, gibt es bei ihnen eine Vielzahl von Bewegungen, Gedanken und Gefühlen. Nur in sehr außergewöhnlichen Augenblicken ist ein »normaler« Erwachsener eine Einheit. Wenn er ein schwieriges Examen bestanden hat, ist sein ganzer Körper beteiligt, und er springt vor Freude in die Luft, und wenn er einen geliebten Menschen verliert, wird er von einem großen Kummer überwältigt, der für nichts anderes mehr Raum läßt.

Der »normale« Erwachsene lebt in einer gebrochenen Welt. Seine Psyche ist von seinem Körper abgespalten, und auch sein Körper ist keine Einheit. Aus diesem Zustand der eigenen Gebrochenheit heraus reagiert der Erwachsene auf das Kind. Das Kind ist eine einzige Bewegung, aber der Erwachsene sagt: »Diese Bewegung dort in deinen Händen und Füßen stört mich. Sie machen solch einen Krach, und die Bewegung in deiner Kehle, die sich durch die Stimme äußert, und die in deinen Augen, die so unverschämt gucken. Hör auf damit! Sofort! Alle anderen Bewegungen stören mich nicht. Damit darfst du weitermachen. Dann bist du lieb. Sonst bist du böse.«

Dem Kind ist seine Umgebung sehr wichtig, und es ist bereit, seinen Energiehaushalt zu kanalisieren und bestimmte Bewegungen fortan zu unterlassen. Dies gelingt ihm, indem es sein Muskelsystem beherrscht. Es unterdrückt die Bewegung, die seine Arme erfassen will, indem es seine Arme »blockiert«; es zieht seine Schultern hoch und preßt sie zusammen. Wenn es spürt, daß sich ein Schreien anbahnt, unterdrückt es dies, indem es die Muskeln seiner Kehle anspannt und seinen Mund zusammenpreßt. So benutzt es die Muskeln, um festzuhalten und in sich zu behalten. Wenn dies immer wieder geschieht, baut sich mit der Zeit in einem bestimmten Körperteil eine Blockade auf. Nach einer Weile beginnt eine solche Blockade, ein Eigenleben zu führen. Dies ist die »zweite Natur«, wie wir es im Vorangegangenen genannt haben. Es ist die Charakterstruktur. Das Karma hat bis in den physischen Körper hinein Form angenommen.

Charakterstrukturen und Transformation

Ein Mensch, der seine Persönlichkeit ganz in den Dienst der Einheit des Lebens gestellt hat, hat kein Karma und deshalb auch keine Charakterstruktur mehr. Solche Menschen sind selten, denn sie brauchen ihren physischen Körper nicht mehr, um sich selbst kennenzulernen.

Wir wollen damit nicht die Vorstellung erwecken, daß es darum geht, sich so bald wie möglich der eigenen Charakterstruktur zu entledigen, damit man dann endlich mit der eigentlichen Arbeit beginnen kann. Das wäre unzutreffend. Es geht nicht darum, die eigene Charakterstruktur abzulegen – das ist eine Nebenerscheinung einer bestimmten Entwicklung –, sondern daß man die eigene Charakterstruktur kennenlernt.

In der Charakterstruktur liegt die Essenz des eigenen Entwicklungswegs. Es ist ein zusammengeballtes »Nein«, das sehr viel über das mögliche »Ja« aussagt. Die Charakterstruktur sagt etwas über die Richtung, die man einschlagen sollte, über die Art und Weise, in der man sich entfalten kann, und über die Talente, die frei werden, wenn man lernt, sich mehr und mehr dem Strom anzuvertrauen.

Außerdem hast du dich, indem du deine eigene Charakterstruktur lebst, ohnehin schon an die Arbeit gemacht und kannst bereits gewisse positive Wirkungen feststellen. Die Art und Weise, wie du deine Blockaden akzeptierst und wie du sie in eine lebendige Qualität umwandelst, ist genau das, was du als Person zu bieten hast. Niemand tut dies so, wie du es tust. Eine Charakterstruktur ist alt, doch was du damit anfängst, ist immer neu!

Deine Blockaden werden nicht verschwinden, wenn du sie unbedingt loswerden willst. Sie lösen sich nur dann auf, wenn du dem eigenen Widerstand mit offenen Armen und mit großer Neugier begegnest. Eine Charakterstruktur ist kein äußerer Feind, man kann sie nicht einfach entfernen – du bist sie selbst!

Wenn du dich damit auseinandersetzt, ist es ein Abenteuer, an dessen Ende du einen Schatz findest. Das Abenteuer liegt darin, daß die Charakterstruktur ein eigenes Muster besitzt, das sich dir offenbart, je mehr du wagst, es als dein eigenes zu sehen. Im Zentrum der Struktur wirst du dein tiefstes Geheimnis finden, die Antwort auf die Frage, wer du bist.

Charakterstrukturen als Wachstumsmöglichkeit

Deine Charakterstruktur entsteht während der ersten Jahre deines Lebens. In dieser Zeit wird das Lehrmaterial vorbereitet. Anschließend lernst du anhand der Steine, die auf deinem Weg liegen, deine eigenen Angewohnheiten und Unarten kennen. Dann wirst du mit den Problemen konfrontiert, die typisch für dich sind. Du wendest dich eine Zeitlang nach innen und entdeckst, wer du bist. Du fängst an zu unterscheiden, was du bist und was du noch lernen mußt. Dann folgt die Phase, in der du lernst, dich selbst in Liebe zu akzeptieren, wie du bist, mit allen deinen Mängeln.

Der Wachstumsprozeß geht weiter. Du erkennst allmählich, daß du in diesem Prozeß fortwährend geleitet wirst. Das merkst du an der Tatsache, daß du immer dorthin gelangst, wo du sein mußt. Du fängst an, auf deine innere Stimme zu hören und dich mehr und mehr mit ihr zu identifizieren. Deine innere Stimme spricht von deinem Wesenskern aus und unterliegt nicht den Beschränkungen deiner Persönlichkeit.

Wenn du dich mit diesem Zentrum deiner selbst verbindest, bedeutet das, daß du deine Persönlichkeit dem Lebensstrom anvertraust. Dies führt zur Transformation.

Auf diese Weise gewinnst du einen weitreichenden und positiven Einfluß auf deine Umgebung, und deine Charakterstruktur ist keine Bürde mehr für dich, sondern wird sogar zum Segen. Nun kennst du deine ich-bezogenen Bilder und die Macht, die sie ausüben. Dir ist in aller Deutlichkeit klargeworden, daß sie unfruchtbar sind, und du kannst sie nun durch lebendige, kreative Vorstellungen ersetzen. So bist du selbst zu einer lebenden Antwort auf eine allgemein verbreitete Form der Unwissenheit geworden.

Verschiedene Strukturen

Bevor wir im folgenden Kapitel zur Beschreibung der fünf grundlegenden Charakterstrukturen übergehen, wollen wir noch einige Fragen beantworten, die häufig gestellt werden.

Die erste Frage lautet: Warum sind es fünf Charakterstrukturen? Ist das nicht eine willkürliche Zahl? Gibt es nicht viel mehr?
Die Antwort lautet: Wir halten uns an die Unterteilung, die von Lowen und Pierrakos eingeführt wurde. Uns ist bewußt, daß es sich dabei um eine ziemlich willkürliche Unterteilung handelt und daß eine andere Herangehensweise eine andere Typologie zum Ergebnis hätte. Daß wir trotzdem die Typologie von Lowen und Pierrakos wählen, hat zwei Gründe. Erstens läßt sich mit dieser Einteilung in der Praxis sehr gut arbeiten – besser als mit den anderen psychophysischen Typologien, die wir kennen. Zweitens hat diese Typologie sowohl auf der psychologischen wie auch auf der archetypischen Ebene (siehe das vorangegangene Kapitel) eine Basis, wodurch dieses System in seiner Anwendung flexibel bleibt.
Natürlich gibt es außer den Reinformen der fünf Charakterstrukturen auch die verschiedensten Misch- und Zwischenformen. Bei keinem Menschen manifestiert sich eine einzige Charakterstruktur in Reinform. Die Zwischenformen könnte

man als unabhängige Strukturen beschreiben. Wir betrachten die fünf Charakterstrukturen als fünf Urtypen, als fünf Bausteine, aus denen der Leser seine eigene Kombination selbst zusammensetzen kann.

Etwas einzuwenden haben wir jedoch gegen die Namen der fünf Charakterstrukturen nach Lowen und Pierrakos. Diese Namen sind wahrhaft schauerlich und lassen den Unkundigen Schlimmes vermuten. Sie erwecken die Vorstellung von furchtbaren, unheilbaren Anomalien, obwohl es sich doch um Namen für Strukturen handelt, die bei jedem Menschen vorhanden sind und mit denen jeder Mensch zu tun hat. Schizoid, psychopathisch, oral, rigide, masochistisch – igittigitt, pfui Teufel! In dieser Hinsicht sind die Bezeichnungen der Typen nach C. G. Jung wesentlich neutraler.

Dennoch läßt sich an diesen Bezeichnungen wenig ändern, da sie längst in den allgemeinen psychologischen Sprachgebrauch eingegangen sind. Deshalb raten wir denjenigen unter unseren Lesern, die mit der bio-energetischen Theorie der Charakterstrukturen hier zum erstenmal in Berührung kommen, sich durch die Namen nicht abschrecken zu lassen und sich nicht davon beirren zu lassen, wenn sie sich im folgenden in der Beschreibung der psychopathischen Struktur wiedererkennen; vielleicht ist es tröstlich zu wissen, daß die psychopathische Struktur die Struktur der *Quinta essentia* ist.

Eine andere oft gestellte Frage lautet: Ich erkenne mich eigentlich in all diesen Strukturen wieder. Welche Charakterstruktur bin ich denn nun eigentlich?

Wir möchten vorausschicken, daß man niemals eine Charakterstruktur *ist* und daß fast jeder Mensch alle Charakterstrukturen in mehr oder weniger starkem Maße *hat*.

Jeder Mensch durchlebt die verschiedenen Phasen, in denen die Strukturen entstehen. Fast jeder Mensch verschließt sich

in diesen Phasen mehr oder weniger stark seinen Bedürfnissen gegenüber und panzert sich gegen das Leben »in der
Art dieser Phase« – wahrscheinlich in der einen Phase stärker
als in einer anderen. Deshalb können wir dann sagen, daß
die Charakterkonstellation bei einem Menschen beispielsweise verhältnismäßig stärker von Masochismus als von
Oralität und Schizoidität geprägt ist. Wir könnten dies sogar
in Prozenten ausdrücken. Jemand hat beispielsweise 30%
Schizoidität und 50% Oralität, 5% Masochismus, 12% Psy-
chopathie und 3% Rigidität. In diesem Fall kann man von
einer überwiegend oralschizoiden Struktur sprechen.
Es kann nützlich sein, sich diese Sichtweise zu Übungs-
zwecken anzueignen. Sobald man jedoch durch die Prozent-
Sicht das große Ganze aus dem Auge verliert, wird diese
Methode unsinnig.
Doch selbst wenn man die prozentualen Anteile der einzelnen Charakterstrukturen ermittelt hat, ist man noch nicht am
Ziel. Es kann durchaus sein, daß man gerade dabei ist, eine
Struktur aufzulösen, die nur einen kleinen Teil der insgesamt
hundert Prozent ausmacht. In dem obengenannten Beispiel
könnte sich der betreffende Mensch zur Zeit ausschließlich
mit seinem 5prozentigen Masochismus beschäftigen. Die 5
Prozent sind nur ein Zwanzigstel der Gesamtheit, doch erfährt der Betroffene diese 5 Prozent in dieser Zeit möglicherweise, als wären es 100 Prozent, weil er ständig die eigene
masochistische Problematik vor Augen hat.
Es verhält sich hier ähnlich wie bei den Chakren, denn auch
hier geht es darum, daß man zwischen der allgemeinen und
der momentanen Situation zu unterscheiden lernt.
Deshalb lautet unser Ratschlag: Wende die Beschreibung der
Strukturen hauptsächlich auf deine momentane Situation an
und versuche, von diesem Punkt aus Einblick in die Strukturen zu erlangen, die du in diesem Leben auflösen kannst.

Die nächste Frage lautet: Wenn eine Charakterstruktur ein psychophysisches Phänomen ist, bedeutet das dann, daß die Auflösung einer bestimmten Struktur zu einer körperlichen Veränderung führt?

Die Antwort: Natürlich. Das kann man ständig beobachten. Echte Veränderung findet in allen Bereichen statt. Nur verändert sich die Substanz, aus welcher der physische Körper besteht, langsamer als die Substanz, aus welcher der astrale Körper besteht, und diese wiederum verändert sich langsamer als die Substanz des mentalen Körpers. Es kann manchmal Jahre dauern, bis eine mentale Veränderung auch in den Bereich des Physischen (und bis in die äußeren Lebensumstände) durchgedrungen ist, aber es wird schließlich doch geschehen. Es gibt natürlich auch strukturelle körperliche Verformungen, die in einem einzigen Leben nicht korrigiert werden können.

In letzter Zeit werden in der Medizin die Zusammenhänge zwischen Körper und Geist (zwischen dem physischen und den übrigen Körpern) und die Wirkung, die eine neue Erfahrungs-Einsicht auf eine Krankheit im physischen Körper haben kann, näher erforscht, allerdings ist dies noch weitgehend Neuland.

Eine letzte Frage: Lösen sich die Charakterstrukturen gewöhnlich in der gleichen Reihenfolge wieder auf, in der sie entstanden sind? Oder anders ausgedrückt: Wird der Mensch gewöhnlich früher im Leben mit der Problematik seiner schizoiden Struktur konfrontiert als mit der Problematik seiner oralen Struktur?

Die Antwort: Nein, das ist nicht der Fall. Die Charakterstrukturen *entstehen* nicht in den ersten Lebensjahren, sondern sie *manifestieren* sich lediglich in jener Zeit.

Wir sind in unserem Leben auf der Suche nach der zentralen Frage, die niemand für uns beantworten kann. Das Wunder ist, daß wir erst dann werden, wer wir sind, wenn wir diese Frage beantworten. Wir befassen uns in einer Lebensphase mit der Problematik einer bestimmten Struktur, und wenn wir diese dann durcharbeiten und durchleuchten, erkennen wir, daß diese Struktur ein Derivat einer zentraleren Struktur ist. So gehen wir Schritt für Schritt auf unserem Weg weiter. Manchmal bewegen wir uns lange Zeit zwischen zwei Strukturen hin und her. Doch schließlich kommt der Augenblick, in dem wir mit dem Kern aller Abwehr gegen das Leben konfrontiert werden, mit dem Kern des Karmas. Diese letzte Struktur, welche zuerst entstanden ist, wird in der esoterischen Literatur »der Wächter der Schwelle« genannt. Dies kann jede Charakterstruktur sein. Es ist unsere zusammengeballte Ich-Kraft, unsere fleischgewordene Lebensgeschichte, die unserem Verlangen, uns von Liebe leiten zu lassen, ein »Halt!« zuruft. Dort können wir uns immer wieder, mit völliger emotionaler und mentaler Rechtfertigung, von unserem Selbst abspalten. Dies ist die zentrale Struktur.

Kapitel 7

Von schizoid bis rigide

*J*eder Mensch trägt etwas von jeder Charakterstruktur in sich. Deshalb haben wir die nun folgenden fünf Porträts der Charakterstrukturen überwiegend in der Du-Form geschrieben. Diese Porträts sind Beschreibungen von Prototypen und als solche ziemlich extrem. Wir haben versucht, dies etwas abzumildern, indem wir immer wieder relativierende Ausdrücke benutzt haben. Das kann man jedoch nicht zu oft tun, wenn man verhindern will, daß die gesamte Darstellung verwässert wird. Deshalb möchten wir den Leser bitten, diese Porträts wie Beschreibungen von Aspekten seiner selbst zu lesen, die in vielen Fällen ein wenig oder auch sehr stark dramatisiert sind. (Eine systematischere Information ist in *Anhang IV* zu finden.)

Wir beschreiben die Strukturen als Arten von Karma, als eigene Kreationen. Deshalb gehen wir im Gegensatz zu den stärker psychologisch orientierten Darstellungen nicht davon aus, daß Menschen mit einer schizoiden Struktur von ihrer Mutter zurückgewiesen oder daß Menschen mit einer masochistischen Struktur in ihrer frühen Kindheit unterdrückt worden sind. Unsere Formulierung lautet, daß die schizoide Struktur die Existenz als zurückweisend erfährt, daß die masochistische Struktur sich unterdrückt fühlt und daß beide diese negativen Erfahrungen fortwährend wiederholen.

Wir wollen damit keinesfalls sagen, daß die einem Kind nahestehenden Erwachsenen keinerlei Verantwortung dafür tragen, wie sie mit dem Kind umgehen. Wir wollen lediglich zum Ausdruck bringen, daß derjenige, der etwas Bestimmtes erfährt, für das, was er mit seinen Erfahrungen anfängt, selbst verantwortlich ist. Man kann sich erst dann von einer Struktur befreien, wenn man einsieht, daß dasjenige, worunter man leidet, nicht der eigene Vater oder die eigene Mutter produziert hat.

Wenn du dich nicht mehr von der Verteidigung deiner Charakterstruktur leiten läßt, bist du deinen Eltern gegenüber frei – frei von Spannung ihnen gegenüber und frei von Erwartungen. Du kannst sie dann so sehen, wie du auch andere Menschen siehst – du siehst dich nicht mehr als ihr Kind, sondern du siehst dich als ihnen gleichgestellt. Dadurch hast du die Möglichkeit, auch in der Beziehung zu ihnen deine eigene Form zu finden, und das bedeutet, daß du dich ihnen gegenüber brüderlich verhalten kannst.

DIE SCHIZOIDE STRUKTUR
Zurück zum Ursprung

Das Bedürfnis, ganz da zu sein und die Verbindung zwischen allen Teilen der eigenen Person spüren zu können, ist für jeden Menschen ein primäres Anliegen.

Du kommst auf diese Welt. Du begibst dich in einen Körper. Wenn du ganz hier sein willst, mußt du völlig in den Körper eintreten. Das bedeutet, daß du eine vollständige Verbindung zu deiner Mutter aufnehmen mußt.

Als neugeborenes Kind (und davor in der Gebärmutter als soeben inkarniertes Wesen) begegnest du zuallererst deiner Mutter. Sie repräsentiert für dich die Erde. Nun wirst du, insofern du hier nicht Fuß fassen willst, dich an Signale klammern, die du empfängst und die darauf hindeuten, daß deine Mutter dich nicht von ganzem Herzen wünscht. Du fängst die kleinsten Signale in dieser Richtung auf und mißt ihnen eine unverhältnismäßig große Bedeutung bei. Du klammerst dich daran, indem du dich in dich selbst *zurückziehst*, fort von deiner Mutter und fort von der Erde.

Du hältst an der geistigen Wirklichkeit fest, aus der du stammst. Du nimmst den Kontakt zu deiner Mutter nur teilweise auf. Du bist immer zum Teil hier, zum Teil anderswo.

Weil du nicht Teil der Erde sein willst, steht dir sehr wenig Vitalkraft unmittelbar zur Verfügung. Du kämpfst nicht darum, deine Situation zu verändern. Du ziehst dich von allem, was du als angenehm erfährst, zurück – das ist die Pseudo-Lösung, die du gefunden hast –, und du wirst deshalb auch die Gefühle, die du hinsichtlich der (vermeintlichen oder tatsächlichen) Zurückweisung von seiten deiner Mutter hast, nicht in dein Bewußtsein aufnehmen. So wirst du die andere, die »höhere« Wirklichkeit stets bevorzugen.

Dein Halt ist deine Fähigkeit, in jener anderen Welt zu leben. Das ist das Merkmal einer schizoiden Charakterstruktur: Du bist niemals völlig im Hier und Jetzt. Du erhältst das Bild einer gespaltenen Wirklichkeit aufrecht, in der oben Licht und Raum und unten Dunkelheit und Beschränkung herrschen. Solange du dich durch dieses Bild leiten läßt, brauchst du niemals im Hier und Jetzt zu sein.

Die *Auswirkung,* die dies auf einen anderen hat, ist verwirrend. Einen Augenblick lang bist du da, im nächsten wieder nicht. Du richtest deine Gedanken nicht auf die konkrete Wirklichkeit, sondern du springst unentwegt. Man kann dich nicht festlegen, und du bist nicht greifbar. Der andere stellt sich in seiner Verwirrung die unterschiedlichsten Fragen, beispielsweise, ob dir nun etwas an ihm liegt oder nicht oder ob du an ihm interessiert bist. Auf diese Weise kann deine Umgebung zeitweilig von dir abhängig werden, und du kannst zeitweilig Macht über sie erlangen.

Es scheint, als ob die schizoide Struktur im wesentlichen aus einem kausalen Körper und einem ziemlich stark entwickelten mentalen Körper besteht. An diesen beiden hängt, sozusagen als Anhängsel und weil es sich nun einmal nicht vermeiden läßt, noch ein Gefühlskörper und ganz weit hinten der physische Körper.

Astral gesehen herrscht in dieser Struktur sehr viel Angst. Du *fürchtest* die Entdeckung, daß du tatsächlich existierst und daß deine Gefühle genauso wirklich sind, wie die intuitive Seite deines Wesens es ist. Wenn du dies zuläßt, wirst du deinen Haß (auf deine Mutter, auf die Welt, auf die konkrete Wirklichkeit) erkennen müssen, und dann läufst du Gefahr, deine sichere Verbindung zur Geisteswelt zu verlieren. Du wirst, wenn du deinem Haß ins Auge blickst, bis zum äußersten kämpfen müssen, um diese Verbindung aus dir selbst heraus festigen und aufrechterhalten zu können. Das ist das Neue, das du nicht kennst.

In *physischer* Hinsicht hast du deine Lebensenergie aus deinen Armen, deinen Beinen und deinem Kopf in die Mitte deines Rumpfes zurückgezogen. Es scheint, als ob deine Arme, deine Beine und dein Kopf nicht zu dir gehören würden. Deine Augen nehmen keinen Kontakt auf, dein Gesicht wirkt erstarrt, und dein Kopf neigt sich oft, ohne daß es dir bewußt ist, zu einer Seite. Wenn du dich bewegst, merkst du, daß es dir an innerer Koordination deiner Arme und Beine fehlt, als ob sie jeder für sich ein Eigenleben führen würden. Deine Gelenke scheinen nicht dazu zu dienen, eine Bewegung aus dem Zentrum deines Körpers nach außen weiterzuleiten, sondern dazu, diesen Impuls aus dem Zentrum zu kontrollieren. Dadurch haben deine Bewegungen etwas Hölzernes an sich, etwas Marionettenhaftes. Deine Schultern, Ellbogen, Knie und Knöchel treten manchmal scharf hervor.

Die Tendenz, sich von der Erde wegbewegen zu wollen, drückt sich auch in der Position deiner Füße aus. Dein ganzer Körper erweckt den Eindruck, als strebe er in die Höhe. Deine Füße stehen *auf* dem Boden, sie sind oft kalt, und im allgemeinen ist wenig Vitalität in deinen Füßen und Beinen.

Dein Körper hat oft stark kindliche Züge, ihn charakterisiert eine Unschuld, die in krassem Widerspruch zu dem gezeichneten, viel älteren Gesicht steht.

Wenn wir die Chakren-Muster der verschiedenen Charakterstrukturen beschreiben, so bezieht sich diese Beschreibung nicht auf die fundamentale, sondern auf die sekundäre Ebene. Auf der fundamentalen Ebene existieren keine Charakterstrukturen, dort existiert nur die Reise von Stufe zu Stufe auf der großen Leiter. Erst auf der sekundären Ebene – dem Suchen, der Verwirrung und den Krisen zwischen den einzelnen Stufen – entstehen die Charakterstrukturen. Auch auf der tertiären Ebene kann – infolge kurzzeitiger Beeinflussung – zeitweilig ein Chakra-Muster entstehen, das mit einer bestimmten Struktur korrespondiert. Weitere Erläuterungen zu diesen drei Ebenen sind auf den letzten Seiten des dritten Kapitels zu finden.

Als schizoide Struktur hast du folgendes *Chakra*-Muster: Das Kronen-Chakra ist (unverhältnismäßig weit) geöffnet, während das Wurzel-Chakra (unverhältnismäßig stark) verschlossen gehalten wird. Du kennst reine Liebe, findest jedoch keine persönliche Ausdrucksform dafür. Du hältst dich selbst zusammen, indem du dein Solarplexus-Zentrum zusammenziehst, so daß die Lebensenergie nur in minimalem Maße die Form von Emotionen annehmen kann. Auch das Sexual-Chakra ist zusammengezogen. Du bist in der Lage, Lust an deiner Sexualität als an einem Phänomen zu erleben. Es fällt dir jedoch schwer, Sexualität als einen Ausdruck deiner selbst zu sehen, und auch diesen Strom wirst du nicht in deinem Bewußtsein zulassen. Wenn du das tätest, kämen ja gleichzeitig alle Gefühle mit hoch. Du kannst mit einem anderen Menschen sexuell zusammensein und währenddessen an etwas völlig anderes denken – mehr oder weniger wie ein Automat.

Wer kann dir *helfen*? Jemand, der sich auf dieser Erde zu Hause fühlt, kann eine heilende Wirkung auf dich ausüben – jemand, der einen wirklichen und äußerst konkreten Kontakt zu dir aufnimmt. Ein Mensch, der dich festhält, wenn du davonhüpfen willst, indem er (bzw. sie) dich im Hier und Jetzt anspricht. Solch ein Mensch kann dir helfen, dich mit deinem Haß zu konfrontieren und deine Energien in alle Körperteile zu bringen, so daß du deine eigene Ausdrucksform finden kannst. Auf diese Weise wirst du anfangen zu erfahren, daß es gut ist, daß du da bist, und daß es in dieser Welt einen Platz für dich gibt. Dann wirst du auch feststellen, daß du jedes Gefühl äußern darfst und daß du trotzdem den Kontakt zum Reich des Geistes nicht verlierst. Im Gegenteil, wenn du deine negativsten Gefühle aus deiner »Unterwelt« ans Licht bringst, wird deine »Oberwelt« dir sofort helfen, diese mit deinem Kern zu verbinden. Das Leben selbst wird dir in dem Augenblick helfen, in dem du den Schmerz deiner Gespaltenheit auflösen willst. Dann wirst du auch in der Lage sein, in allen Formen die Hand des Allerhöchsten zu sehen. In diesem Prozeß finden dein irdischer und dein geistiger Kern zusammen. Die *Gabe*, die freigesetzt wird, ist das Vermögen, die spirituelle Wirklichkeit in allen Formen zu erkennen, in allen Geschöpfen das Licht zu sehen. Du kannst dem Leben eine Leichtigkeit geben, weil du über einen Humor verfügst, der dich die Relativität aller Unannehmlichkeiten erkennen läßt.

Wenn du diese Struktur durchlebt hast, so spüren die anderen, daß du Einheit bringst, indem du ganz hier bist.

Du wirst durch dein Leben *geleitet*, sobald du ganz hier bist und den spirituellen höheren Sinn des Daseins völlig zu vergessen suchst. Das ist das Paradox.

Die Auflösung der schizoiden Charakterstruktur ist der Weg des Transmutationsbogens vom Wurzel- zum Kronen-Chakra: die Entdeckung, daß der Geist im Zentrum des Stofflichen wirksam ist, und die Entwicklung zu einem geistigen Wesen inmitten der Welt des Stofflichen. Das ist der Weg der Evolution des Lebens.

DIE ORALE STRUKTUR
Tischlein, deck dich

Wenn du erst einmal hier bist, wird es zu einer Notwendigkeit, daß du empfängst. Du mußt mit deinem ganzen Körper das Irdische zu dir nehmen wollen.

Ein Säugling greift von Natur aus nach seiner Mutter, der Nahrungsquelle. Die Mutter ist nicht nur die Quelle der Nahrung, die den körperlichen Hunger stillt, sie ist auch die Quelle von Wärme und Liebe. Sie repräsentiert die Liebe in ihrer greifbarsten Form. Das Wichtigste ist jedoch nicht, wieviel Liebe sie dir gibt, sondern wie total du das, was sie dir gibt, ergreifen, an dich nehmen und in dich aufnehmen willst. Wenn du nicht daran interessiert bist, für deine Erfüllung zu sorgen, wirst du, wenn du der Meinung bist, daß deine Mutter dir nicht genug gibt, gar nicht erst versuchen, darum zu kämpfen. Dadurch entsteht eine paradoxe Situation. Du begnügst dich sozusagen mit weniger, doch weil du nicht genug hast, bist du innerlich unentwegt mit dem Mangel beschäftigt. Der Gedanke, der dann in dir entsteht, ist: »Die anderen wollen es mir nicht geben, obwohl sie doch mehr haben als ich.«

So führt das Nicht-ergreifen-Wollen zu einer Fixierung, in welcher das, was du haben willst, ins Unermeßliche anwachsen kann. In deiner Vorstellung wird dein Bedürfnis so groß, daß es unmöglich erscheint, dieses Loch zu stopfen. So brauchst du nie und nimmer zu erfahren, daß die Quelle der Erfüllung in dir selbst liegt und daß eigentlich du mit deiner eigenen Härte gegen dich selbst diese Situation schaffst.

Die *Auswirkung*, die dies auf andere hat, ist, daß der andere das Gefühl bekommt, ihm wird Energie entzogen, ohne daß er genau zu sagen vermag, woran dies liegt. Du bist nicht direkt, und du bittest um nichts. Du benutzt deine Macht, um ihn spüren zu lassen, daß er dir etwas geben könnte, es jedoch nicht tut. Wenn du mit deiner Taktik erfolgreich bist und den anderen dadurch in der Hand hast, wird dieser das Gefühl entwickeln, »nicht gut genug« zu sein, und fortan vorwiegend seinen eigenen Mängeln den Hauptteil seiner Aufmerksamkeit widmen. Damit ist der Kreis geschlossen, denn nun ist er mit sich selbst beschäftigt und gibt dir tatsächlich nichts mehr – und du hast recht bekommen. Wenn du nun noch einen Schritt weiter in diese Richtung gehst und ihm hilfst, hat das zur Folge, daß er sich tief in deiner Schuld fühlt.

Das *Stirn-Chakra* kann bei dieser Charakterstruktur weit geöffnet sein. Du siehst viel. Nur verbindest du das, was du siehst, nicht mit dir selbst. Es ist Weisheit ohne Herz, Kritik ohne Liebe. Uneigennützige Liebe ist dir unbekannt; was du möglicherweise dafür hältst, ist höchstens ein gewisses Wiedererkennen und Neugierde. Deshalb ist das Herz-Chakra ungefähr in dem Maße zu stark geschlossen, in welchem das Stirn-Chakra zu weit geöffnet ist. In diesen beiden Zentren kann sich das Gleichgewicht wieder einstellen, wenn die Charakterstruktur durchbrochen wird.

Ansonsten befinden sich die Chakren auf einem niedrigen Energieniveau. Das Sexual-Chakra ist stark zusammengezogen. Sexualität ist für dich ein Mittel, um durch Körperkontakt Wärme zu empfangen.

Die große Frustration aufgrund des Mangels und des ununterbrochenen inneren Sich-Vergleichens mit anderen, die mehr haben, bewirkt, daß der Solarplexus fast nie entspannt ist. Der Zustand der Entspannung wird auch gar nicht angestrebt, denn im Ruhezustand fühlt sich der Solarplexus wie ein leeres Loch an, wie ein unstillbarer Hunger.

Auch bei dieser Struktur ist der physische Körper ein unerwünschtes Beiwerk und der Gefühlskörper ein Anhängsel. Was hier geschieht, ist Denken und nochmals Denken.

Astral gesehen spielen Gefühle wie Neid und Eifersucht eine große Rolle. Das fortwährende Sich-mit-anderen-Vergleichen hat einen vergiftenden Einfluß. Im Hintergrund lauert die ständige Bedrohung der aufgestauten Wut, die plötzlich hervorbrechen kann, wenn dir wirklich etwas verweigert wird. Die ganze Kraft, die du zurückgehalten hast, anstatt für deine Wünsche zu kämpfen, kann sich dann plötzlich mit voller Macht auf den anderen richten, der dir das Gewünschte scheinbar nicht geben will.

Die *Angst*, die deinem Verhalten zugrunde liegt, ist seltsamerweise die Angst vor dem Zustand der Zufriedenheit. Zufriedenheit ist etwas, das du nicht kennst. Du hast Angst, daß dir in diesem Zustand jeglicher Impuls fehlen könnte. Deine Dynamik verdankst du dem Mangel. Er bringt dich in Bewegung. Aber wenn du erst einmal zufrieden bist, was dann? Dann kommt das große Unbekannte, in dem du dich selbst als Quelle erfahren mußt.

Die *physischen* Merkmale der oralen Charakterstruktur sind eine schlaffe Körperhaltung und wenig Energie. Du stehst, als ob du dich eigentlich hinlegen wolltest und dich nur mit großer Mühe aufrecht halten könntest. Deine Knie blockierst du oft, dein Becken ist leicht nach vorne geschoben, dein Rumpf nach hinten, deine Schultern und dein Nacken wiederum sind nach vorn abgeknickt. Der ganze Körper strahlt Hunger aus, auch wenn du dich rund und satt gegessen hast. Die Energie befindet sich hoch oben in deinem Körper; deine Füße und Beine sind nicht geerdet. Deine Motorik ist oft von starker Ruhelosigkeit bestimmt; vor allem gilt dies für deine Hände. Du nimmst gerne Dinge mit dem Mund zu dir, und du redest gerne. Du scheinst oft mehr zu reden, um etwas mit dem Mund zu tun, als um etwas zu sagen.

Deine gesamte Konstitution ähnelt der eines Pflänzchens, das zu wenig Licht bekommen hat. Der Körper ist oft lang gestreckt – nach oben hin, in die Länge. Der Brustbereich ist sehr zart; er wirkt jung und empfindsam, und du schämst dich ein wenig darüber. Als ob dort dein Schmerz und dein Verlangen offen und nackt zu sehen wären.

Wie kann dir *geholfen* werden? Wenn du den Schmerz, nicht erfüllt zu sein und das Gute des Lebens nicht in vollen Zügen genießen zu können, so ernst nimmst, daß du ihm aktive Aufmerksamkeit schenkst und bereit bist, dich dafür einzusetzen, kannst du dich für die Hilfe eines Menschen öffnen, der in sich selbst erfüllt ist – jemand, der von seiner eigenen Quelle aus lebt. Ein solcher Mensch kann dir liebevoll zeigen, daß er dir die Nahrung, die du bei ihm suchst, nicht geben kann, daß du diese jedoch in dir selbst finden kannst. Das Erstaunliche daran ist: Du wirst entdecken, daß du dich für deine eigene Quelle öffnest, gerade weil du offen eingestehst, daß du den anderen dazu brauchst. Dann öffnest du dich dem Überfluß des Lebens, der sich dir und dem anderen mitteilt.

So offenbart sich dir in vollem Ausmaß das Gesetz, welches besagt, daß Empfangen das gleiche ist wie Geben und umgekehrt. Wenn du dich dem anderen öffnest, wenn du zugibst, daß du das, was er dir geben kann, brauchst, und wenn du dies in einem möglichst umfassenden Maße in dir zuläßt, kann der andere seine Fähigkeit zu geben erfahren und seine Gaben reicher strömen lassen. So entsteht eine fruchtbare Wechselwirkung – die wunderbare Brotvermehrung.

Du empfängst von Herzen, statt dich damit zu beschäftigen, was du nicht bekommst. Du wirst ein gebender Mensch!

Die *Gabe*, die dadurch freigesetzt wird, ist eine tief verwurzelte Zufriedenheit und das Vermögen, das Geschenk im anderen zu erkennen. Die Gescheitheit, mit der du dich tagelang unentwegt mit anderen verglichen hast, verwandelt sich in das Unterscheidungsvermögen, mit welchem du den inneren Reichtum eines jeden Menschen selbst im kleinen zu erkennen vermagst. Du besitzt einen weisen, schlagfertigen Humor. Du verfügst über eine Art inneren Barometers, welches genau anzeigt, wann etwas genug ist. Du weißt, daß jedes Übermaß schadet. Aufgrund deiner Dankbarkeit, die du dir innerlich erworben hast, kannst du anderen helfen, mit kleinen Dingen zufrieden zu sein.

Die orale Persönlichkeit erfährt, daß sie *geleitet* wird, wenn sie Empfänglichkeit zu ihrer Grundhaltung macht. Empfangen wird dann zu der Richtschnur, der sie folgt und mittels derer sie Weisheit erlangt.

Wenn die Struktur der Oralität sich schließlich auflöst, wird das Stirn-Chakra zu einem rezeptiven Organ, das alles, was lebt, in sich aufnehmen kann. So wird Kenntnis zu Weisheit, und das Zuschauen wird zum Sehen von innen heraus.

DIE MASOCHISTISCHE STRUKTUR
Der Goldesel

Du bist hier, du ernährst dich von dem, was das Leben dir zu bieten hat, und du bist zufrieden.

Jetzt mußt du lernen, daß du frei bist und daß du dich von allen anderen unterscheidest. In dieser Hinsicht bist du nun bei der ersten rein menschlichen Struktur angelangt.

Tiere sind eins mit sich selbst und der Natur und ernähren sich von dem, was die Natur ihnen gibt. Menschen hingegen können sich von der Natur loslösen und sie betrachten. Sie können Zuschauer werden. Das ist eine große Freiheit.

Um diesen Schritt tun zu können, mußt du lernen, in Freiheit aufzunehmen, was zu dir paßt, und nicht aufzunehmen oder zurückzugeben, was ungeeignet für dich ist. Für ein Kind bedeutet dies, daß es ißt, was ihm schmeckt, daß es selbst herausfindet, wann es genug gegessen hat, und daß es seine Ausscheidungen dann produziert, wenn es selbst die Zeit dafür gekommen sieht. Es bedeutet, das vom anderen anzunehmen, was dir angenehm ist, und »nein« zu dem zu sagen, was dir nicht gefällt. Es bedeutet auch, deine Eigenarten offen zu zeigen, die angenehmen wie die unangenehmen. Indem du so deine eigenen Grenzen findest und setzt, findest du deinen eigenen Geschmack, deinen Ausdruck, deine Identität. So lernst du schließlich, dich selbst, so wie du bist, frei zu geben.

Die Natur wird durch deine Mutter repräsentiert. Durch die Art, wie sie mit der Natur und mit den natürlichen Prozessen umgeht, kommst du zum erstenmal mit Kultur in Kontakt. Die Natur bekommt ein Kleid aus einer bestimmten Substanz, mit einer bestimmten Farbe und mit bestimmten Gesetzen. Noch immer ist die Mutter die wichtigste Person für dich. Der Prozeß des Kampfs um deine Freiheit spielt sich also hauptsächlich zwischen ihr und dir ab. Die Natur-Kultur-Beziehung, die sie repräsentiert, wird niemals ganz auf dich passen. Ihre Grenzen sind nicht die deinen, und die Geschmäcke sind verschieden. Aber auch deine Grenzen und Vorlieben werden bei ihr nicht immer auf Zustimmung stoßen. Wie frei deine Mutter auch sein mag, du wirst immer in der einen oder anderen Form Widerstand und Zwang begegnen.

Wenn du nicht bereit bist, für deine Freiheit zu kämpfen, wirst du dich auch nicht wehren, wenn sie weiterhin über dich bestimmen will, indem sie die Eingänge und Ausgänge deines Körpers überwacht. Du wirst dir dies zwar rein äußerlich gefallen lassen, doch wirst du dann die Kultur als eine Zwangsjacke erfahren.

Weil das Bedürfnis nach Freiheit jedoch nun einmal ein primäres Bedürfnis ist, wirst du dich innerlich massiv gegen die Bevormundung wehren. Du wirst dich frei fühlen, indem du dich an deinem inneren »Nein« mit aller Kraft festhältst, und es in deinem Inneren schwelen läßt, so daß es nur dir gehört. Das Neinsagen wird zu deiner geheimen Identität.

Das Dumme daran ist, daß du dich tatsächlich von der Liebe deiner Mutter abhängig fühlst und daß du auch die Abneigung gegen deinen Ungehorsam von ihr übernimmst. Du haßt deinen eigenen Widerstand, während er gleichzeitig auch die Quelle deiner Lust ist. Das ist das Paradox. Auch wenn du nach außen hin artig bist, bist du doch nicht fröhlich, denn das Leben ist eine schwere Aufgabe. Du mußt viel in dir zurückhalten und du mußt viel unterdrücken.

So wie die orale Charakterstruktur vom Mangel lebt, so lebst du aufgrund deines Angefülltseins mit Widerstand.

Die *Auswirkung*, die dies auf den anderen hat, ist, daß du Kontrolle über ihn behältst, indem du angeblich alles von ihm annimmst, nie sagst, was du nicht von ihm willst, jedoch ständig klagst. Dieses Klagen ist kein lästiges Genörgel wie bei der oralen Persönlichkeit; es zielt direkt auf den anderen ab. Du bist wie eine Bombe, die nicht aus eigenem Antrieb explodieren kann. Du hast etwas Negatives vom anderen in der Hand, und du wirst es nicht preisgeben. Jedoch wirst du hin und wieder unter dem Tisch Tritte austeilen. Tatsächlich provozierst du. Sobald der andere böse wird, hast du allen Grund zu explodieren. Das verschafft dir zeitweilig Erleichterung, denn dadurch wird der Druck für kurze Zeit neutralisiert.

Bei den Chakren besteht eine scharfe Trennlinie zwischen Herz-Chakra und Solarplexus-Chakra. Beide werden als getrennt voneinander erfahren. Im Solarplexus herrscht ein ständiger Druck, den du als Spannung, die von außen kommt, erlebst. Du glaubst, dies rühre daher, daß der andere etwas von dir will. In Wirklichkeit spürst du die Spannung deines eigenen unausgesprochenen Nein. Dein Solarplexus-Chakra ist deshalb meist weit geöffnet.

Auch dein Herz-Chakra ist unverhältnismäßig weit offen. Du kannst dort starke Zuneigung erfahren, aber auch diese kannst du nicht in dem Maße zum Ausdruck bringen, wie du sie fühlst, weil deine Energie teilweise in deinem Widerstand eingeschlossen ist. Du wirst zwischen liebevollem Zusammensein und Für-dich-Sein hin- und hergerissen. Das ist schmerzhaft, und darunter leidest du oft.

Sexualität ist für dich eine Möglichkeit, dich auszuleben. Dein Sexual-Chakra ist wahrscheinlich leicht kontrahiert. Du ergreifst selten die Initiative, doch wenn der andere seine Lust zum Ausdruck bringt, gehst du gerne darauf ein. Dadurch erhältst du die Möglichkeit, Lust an deiner untergeordneten Position zu erleben oder endlich offen die dominierende Rolle spielen zu können. Wenn du in der Lage bist, Sexualität als Spiel zu sehen, kann dies eine sehr befreiende Wirkung haben.

Dein Kehl-Chakra ist eher geschlossen. Frei heraus zu sprechen, das Herz auf der Zunge zu haben, ist dir unmöglich. Du kannst dir nicht vorstellen, daß deine Wirklichkeit jemals eine freie Wirklichkeit sein könnte.

Diese Struktur ist stärker inkarniert als die beiden zuvor beschriebenen, und sie besteht auf der astralen Ebene und in etwas geringerem Maße auf der physischen Ebene. Der Schwerpunkt ihrer Existenz liegt sogar auf der astralen Ebene, und *astral* gesehen geschieht sehr viel.

Im Prinzip verfügst du über das ganze Gefühlsspektrum. Du hegst starke Sympathien und Antipathien, du kennst tiefe Gefühle der Verzweiflung, der Abneigung, des Abscheus, aber auch Zärtlichkeit und das warme Gefühl des Genießens. Dies alles kann unterdrückt sein – dann bleibt kaum mehr als ein schweres, dumpfes Gefühl –, doch es fällt dir nicht sonderlich schwer, Zugang zu deinem Gefühlsreichtum zu bekommen.

Deine eigentliche *Angst* ist die Angst vor der Freiheit, die du unwiderruflich erlangst, wenn du Grenzen setzt. Deine Dynamik war immer an den Widerstand gegen äußere Autoritäten gekoppelt, und wenn du Grenzen setzt, bist du plötzlich selbst die Autorität in deinem eigenen Raum. Du weißt jedoch nicht, was du selbst zustande bringen wirst; deshalb ist dies ein großes Risiko.

Physisch gesehen entspricht der masochistischen Charakterstruktur ein geerdeter Organismus. Eine starke Kraft ist spürbar. Die wichtigsten Energieblockaden befinden sich im Unterkörper (Oberschenkel, Gesäßbacken, Bauch) – wo manchmal eine extreme Panzerung und dicke Fettablagerungen entstehen können – sowie am Übergang zwischen Rumpf und Kopf (Schultern, Nacken und Kinnladen). Die Schultern zeigen, daß du schwer am Leben trägst. Dein Hals drückt aus, daß Schlucken besser ist als Ausspucken. Ober- und Unterkiefer sind aufeinandergepreßt, als wolltest du verhindern, daß doch noch etwas Ungehöriges entschlüpft. Das Gesicht wirkt oft rund, gutmütig und unschuldig, als wollte es sagen: »Laß mich nur machen, es wird schon alles gut werden.«

Zwischen Anus und Kehle ist eine enorme Spannung spürbar, als ob der Rumpf ein Luftballon wäre, der ständig ein wenig aufgepumpt wird, während die Ventile an den beiden Ausgängen verstopft sind. Man bezeichnet dies als gedrungene Statur.

Wie kann dir geholfen werden? Wenn das Verlangen, Liebe zu geben, so stark wird, daß du deine Negativität loszulassen vermagst, kannst du *Hilfe* von jemandem erhalten, der frei ist, weil er sich selbst bis in die häßlichsten Winkel seines Wesens hinein akzeptiert, eine Person, die deinen Schmerz als real erkennt, die dir aber auch zeigen kann, daß du selbst dir dies antust und daß du dich an deinen Schmerz klammerst wie an einen Busenfreund. Solch ein Mensch kann dir helfen, frei zu werden, indem er zuläßt, daß du deinen Widerstand auf ihn richtest und trotzdem mit dir in Kontakt bleibt. Dadurch wirst du merken, daß du gerade dann Kontakt schaffst, wenn du etwas äußerst, was dir nicht gefällt. Du wirst merken, daß der andere es schätzt, auch dies von dir zu hören. Wenn du das »Nein« aussprichst, wird eine große Last von dir abfallen. So bewahrheitet sich für dich die Weisheit des Märchens, daß die Exkremente eigentlich Gold sind.

Auf diese Weise kommst du in den Genuß der energetischen Erfahrung von Freiheit. Indem du dich enthüllst und gleichzeitig deine eigenen Grenzen setzt, gibst du dem anderen die Freiheit, auf seine eigene Weise mit dir umzugehen. Dann ist »Ich liebe dich« das gleiche für dich wie der zu sein, der du bist, mit allen deinen Neins und allen deinen Jas.

So wie eine orale Persönlichkeit anderen Freude schenkt, indem sie frei empfängt, schenkt eine masochistische Persönlichkeit Freude, indem sie frei wählt.

Die *Gabe*, die dann freigesetzt wird, ist eine warmherzige, umfassende Liebe, innere Ruhe und die Fähigkeit, zärtlich zu spielen. Du schenkst dem anderen die Sicherheit, daß er sich nicht zu verändern braucht, um einen Platz in deinem Herzen zu haben. Deine Fähigkeit, deine Negativität bei dir zu behalten, ist nun zu einer Kraft geworden. Du hast deine eigene Negativität so umfassend kennengelernt, du hast es so lange damit ausgehalten, daß du sehr sorgfältig zu unterscheiden weißt, wann du anderen etwas geben kannst und wann du etwas besser für dich selbst behältst. So wird deine Wahlfreiheit zu einem sehr persönlichen Geschenk.

Du erfährst, daß du *geleitet* wirst, wenn du dich daran orientierst, fortwährend aktiv deine Liebe zu verschenken. Auf diese Weise findest du deinen eigenen Weg.

Der Transmutationsbogen, der hier aktiviert wird, ist der vom

Solarplexus- zum Herz-Chakra. Die zuvor eingehaltene Spannung wird in nach außen fließende Liebeskraft umgewandelt.

DIE RIGIDE STRUKTUR
Knüppel, aus dem Sack

Du bist jetzt frei, um auf deine Weise und nach eigener Wahl das zu geben, was du geben willst. Nun ist für dich die Zeit gekommen zu lernen, dich vollkommen mit allem Leben in dir und um dich herum zu verbinden und dich in dieser Verbindung total auszudrücken. Deine sexuellen Impulse verlangen jetzt danach, in Liebe aufgenommen zu werden. Nachdem du nun von deiner Mutter frei bist und auf eigenen Füßen zu stehen vermagst, beginnt dein Vater eine wichtige Rolle für dich zu spielen. Er ist der Anknüpfungspunkt für deine primäre Lebenskraft, für deine Sexualität. Wenn du ein Mädchen bist, lernst du deine sexuellen Gefühle in Beziehung zu deinem Vater kennen. Wenn du ein Junge bist, äußern sich diese Gefühle in der Beziehung zu deiner Mutter. Dabei identifizierst du dich mit dem Elternteil deines eigenen Geschlechts. Du beziehst dich darauf, wie dieser Elternteil in Freiheit und Liebe seinen sexuellen Gefühlen für den Partner Ausdruck verleiht. Für die Identifikation mit dem gleichgeschlechtlichen Elternteil ist es wichtig, daß und wie dieser nun an deiner Seite steht.

Wenn du dich weigerst, den Auftrag anzunehmen, ein liebevolles Verhältnis zu deiner Sexualität zu entwickeln, wirst du es als eine Zurückweisung erfahren, wenn der andersgeschlechtliche Elternteil seinen sexuellen Gefühlen kein Vertrauen entgegenbringt und deshalb deinen entsprechenden Gefühlen nicht liebevoll begegnen kann. Doch wirst du dir deine Gefühle bezüglich dieser Zurückweisung nicht anmerken lassen. Statt dich verletzlich zu zeigen und so deine Gefühle weiter strömen zu lassen, wirst du dich panzern. Du errichtest in dir eine Barriere zwischen dem Herzen und dem aufsteigenden Lebensstrom oder zwischen der Fähigkeit zu lieben und der Fähigkeit zu genießen.

Diese Spaltung wird noch dadurch verstärkt, daß ein Kind in seiner Sexualität auf sich selbst gerichtet ist. So verhält es sich instinktiv. Wenn du nicht lernst, von deinem Herzen auszugehen, wirst du, wenn die Liebesbeziehung deiner Eltern eine Lücke aufweist, diese Lücke mit dir selbst ausfüllen. Du lernst nicht, daß es möglich ist, dich sexuell zu verhalten, ohne den anderen besitzen zu wollen. Anziehungskraft bedeutet für dich, den ersten Platz einzunehmen. Da du es als sehr bedrohlich empfindest, deine sexuellen Gefühle auf deine Eltern zu richten, unterdrückst du sie. In deinem Inneren jedoch erfährst du dich als den idealen Partner, und insgeheim nimmst du den Platz des gegengeschlechtlichen Elternteils ein.

Indem du so die Spaltung von Herz und Sexualität aufrechterhältst, bleibst du Herr über jeden Menschen, von dem du dich angezogen fühlst. Die *Auswirkung*, die dies auf den anderen hat, ist, daß dieser wegen deiner stolzen Haltung auf Distanz bleibt, während du ihn gleichzeitig mit deiner Anziehungskraft in der Nähe hältst. Du sorgst außerdem dafür, daß der andere auf der Hut bleibt, weil du eine Verachtung für Verletztlichkeit ausstrahlst. Du machst echte Intimität unmöglich. Du vermittelst dem anderen auch das Gefühl, daß sein vitalster Teil, seine Sexualität, nicht in deine Liebe einbezogen ist. Du willst dich nach deinen eigenen Bedingungen sexuell verhalten, ohne Hingabe.

Das Bild der *Chakren* sieht folgendermaßen aus: Die untersten beiden Chakren sind einigermaßen harmonisch geöffnet. Die Sexualität kann vom Becken zum Solarplexus strömen, aber das Herz ist nicht einbezogen, und von deiner Kehle aus knüpfst du keine kreative Verbindung zu einem anderen Menschen an. Das Herz-Chakra ist deshalb stark kontrahiert, das Kehl-Chakra ist mehr oder weniger verschlossen. Der Solarplexus befindet sich in einem Zustand der Spannung. Er hat eine zu große Ladung. Du gestehst dir dies nicht ein, denn wenn du es tätest, könnte dies zu der Erkenntnis führen, daß du dich nach Liebe sehnst. Da du ein scharfer Beobachter bist, kann das Stirn-Chakra unverhältnismäßig weit geöffnet sein. Dies erzeugt in Verbindung mit dem zu stark geladenen Solarplexus die Tendenz zu paranoiden Gedanken, die du selbst als »vernünftige Vorsicht« bezeichnest. Das Kronen-Chakra ist geschlossen. Von »diesem Unsinn« willst du nichts wissen, es sei denn, es ließe sich eine nützliche Wirkung desselben nachweisen.

Die rigide Charakterstruktur ist in dem Sinne vollständig inkarniert, daß es so scheint, als ob der astrale Körper nur ein Übergang zwischen dem mentalen und dem physischen Körper wäre.

Auf der *astralen* Ebene spielen Stolz und Hochmut eine große Rolle. Auf der emotionalen Ebene wirst du verrückt vor Wut, wenn du nicht der Beste, Klügste, Schönste, Erste sein kannst. Du wirst dich in dieser Hinsicht zwar meist gut beherrschen, doch allein der Gedanke daran erzeugt regelrechte Mordgelüste in dir. Eine andere Emotion, die in deinem Leben eine große Rolle spielt, ist das Gefühl, gekränkt zu werden. Auch dies läßt du dir nicht anmerken, aber wehe dem, der dir auf die Zehen tritt! Deine Rachsucht ist schnell mobilisiert.

Am meisten *Angst* hast du nicht vor Zurückweisung, sondern davor, dich dem machtvollen Lebensstrom hinzugeben. Deine elektrische Spannung ist so hoch, daß du nicht vorhersagen kannst, wohin dich das führen würde. Du fürchtest, in deiner Verletzlichkeit die Richtung zu verlieren und steuerlos umherzutreiben. Da du dich aber dennoch nach jenem Strom sehnst, versuchst du dir selbst kontrollierbare Brocken des Abenteuers zu verschaffen, beispielsweise, indem du die gefährlichsten Berghänge erkletterst oder dich mit einem Fallschirm aus einem Flugzeug stürzt. Manchmal machst du während solcher riskanten Unternehmungen tatsächlich für kurze Zeit die Erfahrung der Hingabe, des völligen Aufgenommenseins in einer flimmernden Einheit. Doch machst du diese Erfahrung am liebsten allein.

In *physischer* Hinsicht hast du einen wohlproportionierten, gutentwickelten Körper, der viel Energie aufnehmen kann. Dein Körper wirkt sehr lebendig. Es ist offensichtlich, daß du deine Freude daran hast. Andere Menschen merken erst, wenn sie näher kommen und deinen Körper berühren, wie angespannt er in Wirklichkeit ist. Die Beinmuskeln sind hart und unflexibel; es ist sehr schwierig für dich, dort eine feinere Vibration und dementsprechend subtilere Empfindungen zu erleben. Auch der Hals sitzt ziemlich stramm und steif auf dem Rumpf – ein physisches Symbol deines hartnäckigen Widerstands dagegen, deinen Kopf zu beugen. Dadurch kann der Eindruck entstehen, dein Kopf wäre teilweise nicht mit dem Körper verbunden.

Dies sind einige der ins Auge springenden Merkmale, aber eigentlich ist der ganze Körper gepanzert, rundherum und vom Kopf bis zu den Zehen. Unter der Oberfläche der Haut liegen die angespannten Muskeln, jeder Augenblick bereit zur Verteidigung, die allerdings eher wie ein Angriff wirkt.

Wie kann dir geholfen werden? *Hilfe* ist in deiner Welt ein verbotenes Wort. Wenn der Schmerz des Nicht-verbunden-Seins jedoch so groß wird, daß du schließlich bereit bist, Hilfe zuzulassen, kann dir dies ein Mensch gewähren, der sexuell in sich selbst verwurzelt ist: eine Frau, die eine Frau ist, oder ein Mann, der ein Mann ist – ein Mensch, der dir offenen Herzens entgegentritt, so sehr du dich auch dagegen sträuben magst. Dann kannst du anfangen, auf das Verlangen deines Herzens zu hören, und dich dem Strom hingeben.

Zuerst wird du den Schmerz deines unerfüllten Verlangens nach Liebe erkennen. Du wirst dem anderen Einblick in die nicht-perfekten Seiten deiner selbst und deines Daseins gewähren. Du wirst merken, daß gerade das Nicht-Perfekte der Schlüssel zum Erfahren von Liebe ist. Du wirst wieder erfahren, wie der Lebensstrom dich dahin trägt, wo du tief in deinem Herzen am liebsten sein möchtest: In Liebe verbunden mit einem anderen, ohne daß du auf deine Lust verzichten müßtest.

So lernst du, deinen Kopf zu beugen. Du erfährst, daß deine Sexualität die dir teuerste Quelle ist und daß du aus ihr in vollen Zügen schöpfen kannst, sobald du das Bedürfnis hast, liebevoll und zärtlich zu sein. Du merkst, daß du dir dabei auch Zeit lassen kannst, daß Ruhe nicht Apathie und Vergreisung bedeutet, sondern die Grundlage eines liebevollen Daseins ist.

Die *Gabe*, die freigesetzt wird, ist deine Fähigkeit zur Hingabe an das Leben. So erweckst du in anderen Menschen die Haltung des Dienens. Das ist Demut in Würde.

Du kannst der Welt helfen, die festen, beherrschbaren Formen loszulassen und den Weg zum Neuen einzuschlagen.

Du wirst in deinem Leben *geleitet*, wenn du dich entschließt, ohne irgendwelche Vorbehalte dem Strom weiter zu folgen. Dann wird dir die Richtung gewiesen.

Der Transmutationsbogen verläuft hier vom Sexual- zum Kehl-Chakra. Unbewußte Fortpflanzung wird in bewußte Kreativität transformiert.

DIE PSYCHOPATHISCHE CHARAKTERSTRUKTUR
Quinta essentia

Diese Charakterstruktur kann man als eine Schicht über einer anderen Struktur betrachten. In allen Fällen gilt, daß die betreffende Person ihren Willen einsetzt, damit sie das Leben, so wie es ist, nicht zuzulassen braucht und damit sie bleiben kann, wie sie ist. Dieses Aufrechterhalten der Abwehr gegen die Kraft des Lebens ist psychopathisch.

Die Entstehung der psychopathischen Struktur ist nicht an eine bestimmte Lebensphase gebunden. In jeder Phase wird von dir gefordert, dich den der jeweiligen Phase entsprechenden Impulsen anzuvertrauen. Und solche Impulse sind immer unwillkürlich. Am stärksten und deshalb auch am schwierigsten zu bezwingen sind die Impulse deines Trieblebens.

In jeder Phase bist du anfangs schwach und zart, so wie alles, was wächst, schwach und zart beginnt; du brauchst die Unterstützung deiner Umgebung, Ermutigung und Vertrauen deinem eigenen Potential gegenüber, um weiter wachsen zu können.

Wenn du den Auftrag zu lernen, dich all dem Unbekannten anzuvertrauen, nicht annehmen willst, wirst du, falls deine Eltern dir keine Unterstützung geben, sondern dich dazu zwingen, Dinge nach ihren Vorstellungen zu tun, deinen eigenen Willen einsetzen, um auf deine Weise zu überleben. Du wirst nicht weiter Unterstützung suchen, sondern siehst deinen eigenen Willen als die einzige Rettung an.

So lernst du, nicht zu vertrauen. Du läßt dich von der Angst leiten, daß das Leben gegen dich ist. Die Folge ist, daß deine vitalen Lebensimpulse und dein persönlicher Wille ein unabhängiges Leben voneinander zu führen beginnen.

Du versuchst, dir deine Umgebung mit Hilfe deiner Gedanken gefügig zu machen. Deine Emotionen sind zwingend und auf dich selbst gerichtet. Du öffnest dich und verschließt dich nach deinen eigenen Bedingungen. Du eroberst das Leben, indem du dein Terrain mit deinem Willen absteckst, und du hast sehr, sehr große Angst.

Die *Auswirkung*, die dies auf den anderen hat, ist, daß er sich in deiner Macht befindet. Du beherrschst ihn unter anderem, indem du ihn mit deinen Augen in Schach hältst. Deinen Augen ist etwas Be-Zwingendes eigen, dessen sich der andere oft nicht bewußt ist, obwohl er darauf reagiert. Mit deinen Augen verhinderst du, daß seine Aufmerksamkeit sich auf deine schwache Basis richtet, auf das, worüber er lachen könnte oder womit du erniedrigt werden könntest. Du schmeichelst dem anderen, oder du drohst ihm, je nachdem, was erforderlich ist, damit er unter deinem Einfluß bleibt.

Dein Solarplexus-Chakra ist weit geöffnet. Du verstehst es, die Barometerfunktion optimal zu nutzen. Das mußt du auch, denn du bist permanent vor möglicher Bedrohung auf der Hut. Mit dem Solarplexus vermagst du festzustellen, ob alles sicher ist.

Die anderen Chakren zeigen an, daß du oben bleiben willst, weil die gesamte Energie sich in der oberen Körperhälfte befindet. Du hast wenig Kontakt zur Erde. Auch dein Stirn-Chakra ist stark entwickelt. Das Herz-Chakra ist im Verhältnis dazu geschlossen. Das Kehl-Chakra ist möglicherweise zu weit geöffnet. Das Wurzel-Chakra ist kontrahiert. Das Sexual-Chakra ist bei diesem Typus stets aus der Balance; es ist zu stark geschlossen oder zu weit geöffnet.

Man muß sich dieses Muster in Verbindung mit dem Chakren-Muster einer der bereits genannten Charakterstrukturen vorstellen. Meist stellt sich dabei heraus, daß der Solarplexus und das Stirn-Chakra besonders betont sind.

Der *astrale* Bereich ist von einem Hang zum Dramatisieren geprägt. Du erfährst Gefühle nicht, sondern bläst sie auf, und zwar so stark, daß du selbst daran glaubst. Du betrügst dich selbst und andere mit deinen Gefühlen.

Du leidest unter außergewöhnlich großer Angst. Angst ist das Bindemittel, mit dem alle negativen Gefühle zusammengehalten werden. Du *fürchtest* ständig, daß du »in die Pfanne gehauen« werden könntest, entweder von einem anderen Menschen oder vom Leben selbst. Tief in deinem Inneren weißt du, daß deine Willenskonstruktion ein Kartenhaus ist. Mit deiner Macht kannst du die Gefahr zwar noch auf Distanz halten, aber du fühlst schon, wie sie sich anschleicht, und du witterst aufgrund unzähliger Zeichen, daß dein Bollwerk kurz vor dem Einstürzen steht. Deine tiefste Angst ist, deinen Willen dem höheren Willen zu überantworten.

An deinem *physischen* Körper zeichnet sich das ab, was manchmal »Verschiebung« genannt wird und was man auch Überkompensation nennen könnte. Du erweckst beispielsweise den Eindruck, daß du sehr stark und gewaltig bist, ein richtiger Stier, aber wenn jemand nach unten schaut, sieht er plötzlich, daß du eigentlich sehr unsicher auf dem Boden stehst. Du ähnelst ein wenig einer auf dem Kopf stehenden Pyramide. Das ist ein äußerst schmales Fundament. Deine Füße sind nicht wirklich geerdet, deine Knöchel sind instabil. In deinem verhältnismäßig schmalen Becken kannst du deine Körperenergie nur schwer erleben. Wenn du sexuelle Gefühle erlebst, gerätst du in eine Notsituation. Du verträgst keine Spannung und kannst es nicht ertragen, wenn sie sich aufbaut; der Druck muß sofort entladen werden. Dein Unterkörper ist von allgemeiner Instabilität geprägt, die du zu kaschieren versuchst, indem du die Aufmerksamkeit anderer Menschen auf deinen Oberkörper lenkst, wo du durch deinen Körperbau soviel Sicherheit demonstrierst.

Eine andere Verschiebung oder Verlagerung ist die von vorne nach hinten. Die Vorderseite ist im allgemeinen die Gefühlsseite; dort empfindet ein Mensch Zärtlichkeit, Wut, Scham, Freude, Verlangen, Abscheu. Die Rückseite ist mehr die Seite des Willens; dort befinden sich auch die Muskeln, die den Körper gegen die Schwerkraft aufrecht halten. Die psychopathische Struktur erweckt den Eindruck, als ob sich ihr Wille an der Vorderseite des Körpers befände – in ihrem angeschwollenen Brustkasten, in ihren Augen und in ihrem entschlossenen Gesichtsausdruck – und als ob sie ihre Gefühle hinten in ihrem Rücken verborgen hielte. Die psychopathische Struktur empfindet es oft als beängstigend, anderen Menschen beim Sitzen den Rücken zuzuwenden. Es kommt ihr dann fast so vor, als ob die anderen ihre tiefsten Geheimnisse sehen könnten, während sie selbst nicht sieht, was die anderen sehen.

Das stärkste physische Kennzeichen dieser Charakterstruktur jedoch sind die Augen. Sie drohen, sie schmeicheln, sie flirten, sie verführen, sie tun alles, außer der Spiegel der Seele zu sein. Sie sind unentwegt darauf aus, beim anderen irgendeine Wirkung hervorzurufen.

Du kannst *Hilfe* von jemandem bekommen, der seinen ganzen Lebenswillen darin investiert, mit dir in Kontakt zu treten. Jemand, der sein Vertrauen zum Leben beweist, indem er einfach er selbst ist. Eine Person, die dir zeigt, daß sie dich für der Mühe wert hält, indem sie sich nicht von dir verführen oder einschüchtern läßt. Jemand, der dich auch nicht auslacht, weil du Angst hast, sondern anerkennt, daß das Leben tatsächlich auch zu fürchten ist. Einem solchen Menschen kannst du vertrauen; er gibt dir Sicherheit durch seinen Realitätssinn und durch seine Anwesenheit.

Wenn du merkst, daß diesem Menschen ohne jeden Zweifel an dir gelegen ist und nicht an dem, was du zu sein vorgibst, wirst du ganz allmählich anfangen, dich zu öffnen. Du wirst feststellen, daß du Vertrauen schaffst, indem du es selbst schenkst. Das ist deine erste *Gabe*. Deine zweite Gabe ist der Mut, mit dem du ins Unbekannte vorangehst. Deine dritte Gabe ist, daß du ein Erbauer bist, der aktiv gestaltend seinen Teil beiträgt. Viele Gaben warten in deinem Inneren darauf, von dir entdeckt zu werden, wenn du nur bereit bist, dir das an dir anzuschauen, was du nie sehen wolltest.

Dann kannst du deinen Willen in den Dienst des höheren Willens, des Lebens selbst, stellen. Darin findest du die Unterstützung, nach der du immer gesucht hast.

Deine *Richtschnur* ist die Liebe zum Leben geworden, das durch Versuch und Irrtum lehrt. Du entwickelst ein solches Maß an Liebe zum Leben, daß du nichts lieber möchtest, als dich am Schöpfungsprozeß zu beteiligen.

Indem du dich anvertraust, schaffst du selbst die Öffnung, die es ermöglicht, daß du *geleitet* wirst. Dieser Prozeß funktioniert nicht umgekehrt. Erst mußt du dich anvertrauen, dann erhältst du Hilfe.

Dies ist die Transformation der ich-bezogenen Persönlichkeit zu einer Persönlichkeit, die sich in das größere Ganze fügt. Das Stirn-Chakra bildet nun eine Einheit mit dem Kronen-Chakra. Die vier Elemente sind in der *Quinta essentia* vereinigt.

Kapitel 8

Die sieben Strahlen – eine Einführung

> Die Studenten sollten sich mit dem »Energiebegriff« vertraut
> machen und sollten sich selbst als Energieeinheiten betrach-
> ten, die gewisse Arten von Energien aufzeigen.
>
> Alice A. Bailey[15]

*D*ieses Zitat könnte von Wilhelm Reich stammen, doch die Urheberin, Alice Bailey, war ein völlig anderer Mensch, und sie verstand den Begriff Energie auch völlig anders als Reich. Reich war ein warmblütiger österreichisch-ungarischer Bauernsohn von energischem Auftreten, Alice Bailey hingegen eine feine, etwas introvertierte englische Dame aus sehr gutem Hause. Reich war ein Erforscher der Materie und der physischen Energie, Alice Bailey hingegen eine Erforscherin der feinstofflichen Bereiche und der spirituellen Energien. Wären sie einander begegnet, hätte es sicherlich in kürzester Zeit Streit zwischen ihnen gegeben.

Allerdings gibt es, abgesehen von den sofort ins Auge springenden Unterschieden, auch einige Übereinstimmungen zwischen den beiden. Beide waren aufrichtige und willensstarke Menschen, die die Resultate ihrer Untersuchungen mit großem Engagement vertraten und zu vermitteln versuchten. Beide waren Pioniere, die die Menschen aufweckten und mit ihrem Werk einen Keim legten, der das Fassungsvermögen ihrer Zeitgenossen bei weitem überforderte. Wilhelm Reich und Alice Bailey waren Erneuerer innerhalb einer Tradition: Bei Reich war es die Tradition Sigmund Freuds, also die der

---

[15] Alice A. Bailey, *Die Strahlen und die Einweihungen,* Verlag Lucis Press, London u. a. 1972, S. 16

westlichen exoterischen Psychologie, bei Alice Bailey die Tradition Helena Petrovna Blavatskys, die der östlich orientierten esoterischen Theosophie. Beide setzten die jeweilige Tradition außerhalb der bereits existierenden Systeme fort: Reich wurde von der analytischen Vereinigung verketzert, Alice Bailey von der theosophischen Vereinigung. Beide waren inspirierte Menschen, die ihrer Eingebung folgten, wohin sie sie auch führte.

Im Stammbaum der Menschen, die für unsere Arbeit von fundamentaler Bedeutung gewesen sind, ist Wilhelm Reich der Urgroßvater mütterlicherseits und Alice Bailey die Großmutter väterlicherseits. Reich steht auf der weiblichen Seite, der Seite der Erde, Bailey auf der männlichen Seite, der Seite des Himmels. Frau Bailey und der »alte Herr Reich« haben einander nie kennengelernt; sie gehörten verschiedenen Welten an. Über ihre Nachkommen verbinden sich ihre Linien miteinander. Die Entdeckungen, die beide auf ihrem jeweiligen Gebiet gemacht haben, und die speziellen Richtungen, die daraus entstanden sind, können erst in unserer Zeit eine Verbindung miteinander eingehen. Von den Gedanken Reichs ausgehend läßt sich diese Verbindung nicht erklären, aus Baileys Sicht hingegen schon. Nach ihrer Terminologie handelt es sich dabei um eine Verbindung, die dem »Übergang vom sechsten zum siebten Strahl« zuzuordnen ist. Was dies zu bedeuten hat, wird im weiteren Verlauf dieses Kapitels deutlicher werden.

Der Tibeter

»Ich bin euer Bruder, der ein wenig länger auf dem Pfad gewandelt ist als der Durchschnitt; und deshalb trage ich auch eine größere Verantwortung. Ich bin einer von denen, die um den Weg einer höheren Erleuchtung gerungen haben, und ich habe härter darum gekämpft als der Aspirant, der diese Sätze liest. Ich muß daher als Mittler des Lichtes wirken, wieviel Mühen auch damit verbunden sein mögen.«

Alice Bailey[16]

Alice Bailey stand nach ihren eigenen Worten – und es gibt keinerlei Grund, an ihrer Integrität zu zweifeln, denn sie war alles andere als hysterisch – in Kontakt mit einem Lehrer, dem *Tibeter*. Er übermittelte ihr auf geistigem Wege einen Großteil der 24 Bücher, die sie verfaßt hat. Man mag darüber denken, was man will, der Tibeter selbst sagt in einer Erklärung, die im Vorwort einiger jener Bücher abgedruckt ist: »Ich habe meine Bücher ohne Anspruch auf Annahme dessen, was darin niedergelegt ist, übermittelt; sie können richtig, wahr und nützlich sein, sie können aber auch das Gegenteil bewirken ... Sowohl A. A. B. (Alice A. Bailey) als auch ich legen nicht den geringsten Wert darauf, daß die Bücher als ›übersinnlich‹ vermittelte Schriften angesehen werden oder daß von ihnen (womöglich mit angehaltenem Atem) als dem ›Werk eines Meisters‹ gesprochen wird.«[17]

Es besteht eindeutig ein Unterschied zwischen Alice Baileys »eigenen« Büchern und den von jenem Tibeter übermittelten Werken. Alice Baileys Bücher lassen sich meist relativ leicht lesen, sie sind logisch aufgebaut, und ihre Sprache ist nicht allzu obskur. Die Bücher des Tibeters hingegen fordern dem Leser im allgemeinen eine Menge ab. Es gehört eine gewisse

---

[16] Alice A. Bailey, »Auszug aus einer Verlautbarung des ›Tibeters‹«, aus *Eine Abhandlung über die Sieben Strahlen,* Esoterische Psychologie Bd. I, Verlag Lucis Press, London u. a. 1956, S. 10

[17] »Auszug aus einer Verlautbarung des ›Tibeters‹«, aus *Eine Abhandlung über die Sieben Strahlen,* Bd. I., a. a. O.

Aufgeschlossenheit und Bereitschaft dazu, sie zu lesen. Viele, die an den behandelten Themen durchaus interessiert sind, halten diese Schriften für absolut ungenießbar. Es handelt sich dabei um komplizierte Darlegungen, die jedem logisch Denkenden als ziemlich verworren erscheinen müssen. Sie setzen voraus, daß sich der Leser auf einen ganz speziellen Rhythmus einstimmt. Hinzu kommt, daß die Sprache dieser Schriften zumindest zu Beginn sehr trocken und abstrakt erscheint. Man muß erst »den richtigen Dreh finden«, um diesen Büchern folgen zu können, und selbst dann noch sind sie für den unerfahrenen Leser meist nur häppchenweise genießbar – plötzlich schlägt das Abrakadabra-Syndrom zu, und alles wird wieder vollkommen unverständlich. Wenn der Leser trotzdem irgendwann auf den Geschmack kommt, eröffnen ihm diese Bücher eine unerschöpfliche Schatzkammer, die bei wiederholtem Lesen immer neue Dimensionen enthüllt.

Strahlen, Qualität und Form

Einer der Höhepunkte von Alice Baileys Werk[18] ist die aus fünf Teilen bestehende *Abhandlung über die Sieben Strahlen*. Die Autorin behandelt darin unter anderem die psychologischen Aspekte des Systems der sieben Strahlen. Damit sind wir beim Thema dieses Kapitels angelangt: der Lehre von den Sieben Strahlen.

Was sind die sieben Strahlen? Im ersten Teil der *Esoterischen Psychologie* wird diese Frage folgendermaßen beantwortet: »... die sieben Atemzüge des Schöpfers, seine sieben kardinalen Energien ...«[19], und später im gleichen Buch: »Es existiert nur eine einzige Lebensquelle, die sich primär durch

[18] Im folgenden werden wir nicht mehr zwischen der Urheberschaft von Alice Bailey und der des Tibeters unterscheiden.
[19] Bailey, *Esoterische Psychologie*, Bd. 1, a. a. O., S. 67.

sieben Grundqualitäten oder Aspekte und sekundär durch ungezählte Variationen von Formen manifestiert ... Diese sieben ausstrahlenden Qualitäten sind die sieben Strahlen, die sieben großen Lebensenergien, die ihr Leben den Formen schenken; sie geben der gestalteten Welt Sinn und Bedeutung, Gesetze und den Drang nach Entwicklung.«[20] Schließlich sagt die Autorin, immer noch im gleichen Buch: »Ein Strahl ist nur ein Name für eine besondere Kraftart oder Energie, wobei der Schwerpunkt auf der Qualität liegt, die von dieser Kraft entfaltet wird, und nicht auf dem Formaspekt, den der Strahl hervorruft. Das ist eine richtige Definition eines Strahls.«[21]

Ein Strahl ist also eine Name für eine bestimmte Energie, für eine bestimmte Qualität. Es gibt offenbar sieben Arten von Energien, sieben Urqualitäten, die die Formenwelt prägen und ihr eine Richtung geben, obgleich man sie nicht primär an der äußeren Erscheinung erkennen kann.

Wir haben es hier also mit einem andersgearteten System als dem der Charakterstrukturen zu tun, denn letzteres ermöglicht gerade aufgrund der äußeren Erscheinung Erkenntnis und Einsicht. Bei den Charakterstrukturen können wir von der äußeren Erscheinung des physischen Körpers Rückschlüsse auf die Probleme und Möglichkeiten eines Menschen auf astralem und mentalem Gebiet ziehen. Deshalb ist das System der Charakterstrukturen so erdgebunden und praktisch anwendbar.

Tatsächlich lassen sich die sieben Strahlen weniger leicht in der Formenwelt erkennen. Sie sagen primär etwas über die Qualität – den Wert, die Färbung, die immanente Eigenart, die Wirkung – aus, aber jede Qualität drückt sich auch in der Formenwelt aus und ist auch dort erkennbar. Aus Liebe entsteht ein anderes Kunstwerk als aus Schmerz oder aus

[20] Bailey, *Eine Abhandlung über die Sieben Strahlen* Bd. 1, III, a. a. O., S. 171
[21] Bailey, *Esoterische Psychologie*, Bd. 1, S. 351

Konflikt, während die äußere Form, beispielsweise ein Porträt einer bestimmten Person, in allen Fällen die gleiche sein kann. Die Strahlen kann man nur mit einem stärker nach innen gerichteten Auge wahrnehmen; bei den Charakterstrukturen hingegen ist der Blick stärker nach außen gerichtet. Beide Systeme können uns sehr genaue und konkrete Informationen liefern.

Arbeitshypothese und Glaube

Da die Strahlen so subtil und immanent sind, ist es schwerer zu beweisen, daß sie existieren. Die Charakterstrukturen kann man anhand der Muskelblockaden schon auf der rein physischen Ebene aufzeigen; man kann objektives Beweismaterial dafür sammeln, man kann sie mit quantitativen Methoden ermitteln. Die Strahlen hingegen lassen sich nicht quantifizieren, höchstens qualifizieren; dies erfordert jedoch eine wesentlich stärkere Abstimmung auf eine bestimmte Vibration, die eine Form beseelt oder die einer Situation eine bestimmte Färbung gibt. Meist dauert es eine Weile, bis man versteht, wie sich dies bewerkstelligen läßt, und außerdem muß die Untersuchung aus einer meditativen Haltung heraus erfolgen.

Wichtig ist, daß man das System der Strahlen – das im Gegensatz zum System der Charakterstrukturen bisher noch nicht durch exoterische wissenschaftliche Untersuchungen abgesichert ist – als eine Arbeitshypothese versteht. Es handelt sich hier nicht um eine verbindliche Wahrheit, und man braucht nichts zu glauben. Im Gegenteil – Glauben verschließt die Möglichkeiten vorurteilslosen Wahrnehmens. Worum es geht, ist die Bereitschaft, von den Anschauungen und von der Sicht des Lebens, die man bis zum aktuellen Zeitpunkt entwickelt hat, für eine Weile abzusehen, damit man eine andere Sichtweise kennenlernen kann, ohne durch

Vorurteile behindert zu werden. Dies ist ebenso die Haltung des echten Wissenschaftlers wie auch des spirituellen Suchenden unserer Zeit. In der Terminologie der Lehre von den Sieben Strahlen ist dies eine Haltung, die dem fünften Strahl entspricht, während Glauben eine Haltung des sechsten Strahls ist.

Wir, die Autoren dieses Buches, haben das System der Strahlen über einen langen Zeitraum hinweg studiert und es systematisch auf uns selbst, auf unsere Freunde, auf Familienmitglieder und auf unsere Schüler angewandt. Im Laufe unserer Untersuchung sind wir zu dem Schluß gekommen, daß das System der Sieben Strahlen den Kern der (esoterischen) Psychologie darstellt oder auch ihr »Bindegewebe«. Die Strahlen sagen uns, nach dem, was wir selbst über sie erfahren haben, etwas über die tiefste Bestimmung des menschlichen Individuums, und sie geben uns gleichzeitig konkrete Hinweise bezüglich praktischer Lebensfragen wie Berufswahl, Gesundheit und Fragen der Partnerschaft. Doch das ist noch nicht alles, denn die Lehre von den Strahlen wirft auch ein Licht auf die Geschichte und die allgemeine Entwicklung der Menschheit (mehr darüber im folgenden Kapitel).

Liebe ist der Anfang

Doch nun wollen wir zu den Strahlen selbst zurückkehren. Wie bereits gesagt, handelt es sich um sieben Energien, sieben Urqualitäten des Einen Lebens.

Die Zahl Sieben symbolisiert die großen mythischen Kräfte in Zeit und Raum. Sie steht für die sieben Baumeister in der Tiefe der Erde – ja tatsächlich, die sieben Zwerge aus dem Märchen von Schneewittchen! Auch in den Höhen des Himmels taucht sie auf – als siebter Himmel. Weiter kennen wir sie als die sieben Kräfte, die sieben Geister vor dem Throne Gottes. In der Zeit begegnet sie uns als die sieben Tage der

Woche, und im Raum sehen wir sie als die sieben Lichter des alten Sonnensystems (Sonne, Mond, Merkur, Venus, Mars, Jupiter, Saturn). In der Musik kennen wir die sieben Töne der diatonischen Tonleiter, im menschlichen Leben haben wir die Lebensphasen, die sieben Jahre dauern, usw. Alle diese Siebenergruppen sind Ausdruck des Einen, der »hinter allem steht«, so wie die sieben Himmelslichter sieben Ausdrucksformen des einen Lichts sind. Dieses eine Licht ist, wenn wir ihm einen Namen geben, das Licht der Liebe. Es ist in allem und hinter allem verborgen. Wir sehen es meist nicht, gerade weil es fortwährend da ist. Es ist der Anfangspunkt und der Endpunkt allen Geschehens, all unserer Handlungen.

Der Kern der Existenz ist Liebe. Du lernst im Laufe deines Lebens, dich immer besser auf diesen Kern einzustimmen. Du suchst in dir selbst nach dem Ton, der das Innerste nach außen bringt. Wenn du den Ton gefunden hast und ihn erklingen läßt, geschieht alles andere von selbst. Du hast die Form gefunden, mittels derer du selbst das Leben mit Liebe erfüllen kannst. Alle Teilchen, aus denen du bestehst, schließen sich an und stimmen mit ein, um dich von Kopf bis Fuß in Schwingung zu versetzen. Reich würde sagen: »Das ist der Orgasmusreflex.« Es ist der Urton der Schöpfung, welcher du auf deine Weise Gestalt gibst und die naturgemäß zur Verbindung führt – zur Verbindung mit dem Inneren und zur Verbindung mit dem Äußeren, denn wenn du diesen Liebeston erklingen läßt, bringst du auch alles um dich herum damit in Kontakt. Alles erkennt im Liebeston sich selbst und schwingt mit.

Auch das Universum, das wir kennen, entspringt der Liebe. Aus Liebe ist der *Schöpfungswille* entstanden und auch die Macht, diesen Willen in die Tat umzusetzen. Wenn alles Bewußtsein ist, ist die Entstehung des Universums vom *Big Bang* bis heute eine Schöpfung – es gibt nur einen einzigen Willen, der sich manifestiert.

Dieser Wille ist der erste Aspekt der Liebe, der Gestalt annimmt. Dann begleitet die Liebe die sich entwickelnde Schöpfung. Die Liebe ist nicht nur eine Kraft hinter den Kulissen, die man vielleicht ganz entfernt spüren kann, sondern sie ist auch unmittelbar hier. Diese Liebe, die wir *Liebe-Weisheit* nennen, ist die erste Manifestation des Schöpfungswillens. Liebe-Weisheit ist also nach dem Willen der zweite Aspekt der Liebe, der Gestalt annimmt.

Weiterhin ist für den Prozeß der Formbildung – der Wirklichkeit, die dem Anfangsimpuls Ausdruck verleiht – eine Intelligenz erforderlich, die reine Tätigkeit ist. Diese *aktive Intelligenz* erweist der Liebe alle Ehre, indem sie einen lebendigen Stoff erschafft und selbst zu diesem Stoff wird, der die größtmögliche Formenvielfalt annehmen kann. Nun kann das Spiel beginnen. Jene schöpferische Intelligenz sät gleichsam Möglichkeiten, Potentiale, Samen aus. Jedes Samenkorn birgt den Plan dessen in sich, was aus ihm erwachsen wird, doch kann es sich innerhalb dieses Plans nach Belieben frei entfalten. Aus jeder Eichel kann eine Eiche werden. Damit ist sehr viel über eine spezielle Eiche im Wald gesagt, aber gleichzeitig auch sehr wenig. So legt die aktive Intelligenz die essentiellen Entwicklungsmöglichkeiten eines jeden Aspekts innerhalb des Gewebes der Schöpfung fest und entläßt ihn dann in die Freiheit.

Aller guten Dinge sind drei

Auch das Obenstehende ist ein Mythos. Es ist nicht die Wirklichkeit selbst, sondern eine symbolische Darstellung der Wirklichkeit. Es ist ein Versuch, mittels eines Mythos aufzuzeigen, daß der Existenz eine Drei-Einheit zugrunde liegt. Diese Drei bezeichnen wir hier als den *Willen*, die *Liebe-Weisheit* und die *aktive Intelligenz*. Sie sind auch in personifizierter Form bekannt – als der Vater, der Sohn und der Heilige Geist. Gott, der Vater, ist der Archetypus des Ur-Willens, der mit Allmacht verbunden ist. Er ist der Schöpfer, doch er kann seine Schöpfung auch vernichten; er ist ein »furchtbarer Gott«, wie das Alte Testament sagt. Der Archetypus der Liebe, die mit Weisheit verbunden ist, ist der Sohn, personifiziert in Christus und Buddha. Der Sohn durchlebt alle Aspekte der Schöpfung und bleibt dabei seiner Essenz treu. Der Archetypus für das Prinzip der aktiven Intelligenz ist der Heilige Geist; er ist das Prinzip, das in allen Zungen spricht und das verbindet.

Auf diese Ur-Drei als erste Manifestation treffen wir vielerorts, wo es um das Grundprinzip der Dinge geht. Bei unserer Besprechung des Märchens *Tischlein, deck dich* sind wir schon auf die Bedeutung der Zahl Drei (als der Einheit in der Dualität) in Mythen und Märchen eingegangen. Doch gibt es noch viele andere Bereiche, in denen wir die Drei als die Zahl der Manifestation und Offenbarung finden können. In der Kabbala spielen die drei Säulen des Lebensbaumes eine wichtige Rolle. Der Mensch ist eine Drei-Einheit von Geist, Seele und Körper. Der Raum hat die drei Koordinaten Länge, Breite und Tiefe, und die Zeit besteht aus Vergangenheit, Gegenwart und Zukunft.

Im Licht finden wir die drei Primärfarben Rot, Blau und Gelb. Licht zerfällt in diese drei Farben, und wenn wir gleich große Segmente dieser drei Farben von gleicher Intensität auf einer sich drehenden Scheibe anbringen würden, so würde nicht wie beim Mischen dieser drei Grundfarben Indigo entstehen, sondern Weiß.

Dieses Weiß ist das Weiß des Ursprungs, der Liebe, aus der alles hervorgeht und in die alles wieder eingeht. Rot, die feurigste Grundfarbe, ist die Farbe des Willens. Blau, die abgeklärteste Grundfarbe, ist die Farbe der Liebe-Weisheit. Gelb, die hellste Grundfarbe, ist die Farbe der aktiven Intelligenz.

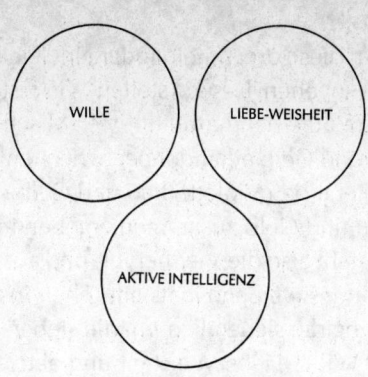

Die Drei-Einheit im Menschen

Diese drei Prinzipien sind in jedem Menschen gegenwärtig. Sie sind die treibenden Kräfte bei jedem schöpferischen Akt – bei allem, was der Mensch tut. Oft nimmt das menschliche Bewußtsein den Schöpfungsprozeß erst dann aktiv wahr, wenn es zur tatsächlichen Handlung kommt. Man kann sich aber auch des gesamten Prozesses von A bis Z bewußt sein. A wäre dabei der ursprüngliche Willensimpuls, die Idee, in der alle verfügbare Kraft gebündelt ist, und Z wäre das Endprodukt. Je stärker man am Ursprung einer Handlung, die man verrichtet, beteiligt ist, um so bewußter lebt man.

Außer der zyklischen Betrachtungsweise (die Stufen, die erforderlich sind, um von der Idee zur abschließenden Gestaltung zu gelangen) kann man die drei Prinzipien auch als drei nebeneinanderstehende Archetypen ansehen, nämlich: Wille (1), Liebe-Weisheit (2) und aktive Intelligenz (3) – entspricht: Führerpersönlichkeit (1), Heiler (2), Architekt (3); Herrscher (1), Weiser (2), Stratege (3). Dies sind die Archetypen der Urberufe und der Urfunktionen, die sich leicht auf heute bekanntere Funktionen übertragen lassen: Soldat (1), Lehrer (2), Richter (3); Politiker (1), Arzt (2), Postbote (3) – Abbruchunternehmer (1), Psychotherapeut (2), Bankier (3) – Chirurg (1), Geistlicher (2), Schachspieler (3).

Wenn wir nun diese drei miteinander eine gleichberechtigte Verbindung eingehen lassen, stellen wir fest, daß an den Stellen, wo sie aufeinandertreffen, vier Mischfarben entstehen. Wo Rot und Gelb einander begegnen, entsteht Orange. Rot und Blau ergeben Violett, Blau und Gelb ergeben Grün, und Rot, Blau und Gelb zusammen ergeben Indigo.

Aus der Drei geht also die Vier hervor, und aus der ursprünglichen Einheit des weißen Lichts entstehen insgesamt durch Differenzierung die sieben Farben, die sieben Energien. Die ersten drei – Wille, Liebe-Weisheit und aktive Intelligenz – sind *Aspekte* des Ursprungs, die zum Schöpfungsakt führen. Die daraus entstehenden vier sind Eigenschaften oder *Attribute* des Erschaffenen. Diese sieben Arten von Energie, diese sieben Farben, die auch die sieben Töne genannt werden, sind die sieben Strahlen. »Durch die sieben Strahlen strömt das Leben oder der Aspekt des Geistes, er kreist durch jedes Naturreich und bringt so Bewußtseinszustände in alle Bereiche der Bewußtwerdung.«[22]

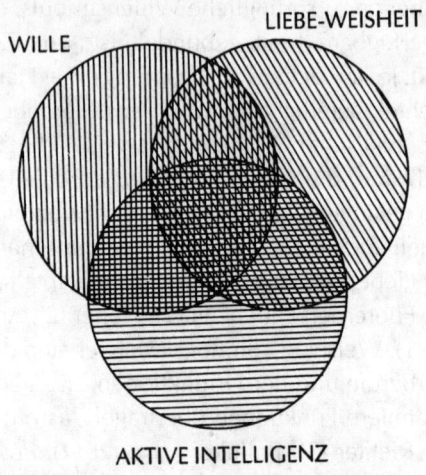

WILLE

LIEBE-WEISHEIT

AKTIVE INTELLIGENZ

---

[22] Bailey, a. a. O., zitiert nach der niederländischen Ausgabe.

Die vier Attribute

Orange ist die Farbe des vierten Strahls, der *Harmonie durch Konflikt* genannt wird. Dies ist der Strahl der Dualität, des Gegensatzes und der Spannung. Das menschliche Bewußtsein zeichnet sich durch die Möglichkeit aus, Zwei als die einzige Wahrheit oder als Ausdruck der Eins zu sehen. Dies ist der Strahl, der zum Weg des Menschen gehört: Er führt von der Einheit über die Zweiheit zu einer vom Menschen selbst geschaffenen neuen Einheit.

Es ist der Strahl des Künstlers, der die Schönheit in den Gegensätzen erfährt und der dadurch versteht, sie auf eine neue Weise zusammenzufügen. Es ist die Kunst, keine der beiden Seiten getrennt von der anderen zu sehen und sich keiner von beiden stärker zuzuneigen – das Spiel des Diabolo.

Vor allem jedoch ist dies der Strahl des Menschen, der ständig in der Dualität lebt und diese zu größerer Schönheit umwandelt. Der gereifte Mensch des vierten Strahls ist ein Lebenskünstler, der zwischen Schwarz und Weiß allmählich eine eigene Position einnimmt und Konflikt in Harmonie umwandelt.

zur Abbildung links:

▦	1 rot
▨	2 blau
▤	3 gelb
▦	4 orange
▧	5 grün
▩	6 violett
■	7 indigo

Der fünfte Strahl mit der Farbe Grün ist der Strahl des konkreten Wissens, der Strahl des Forschers, der bis ins Herz der Materie vordringt. Er setzt seinen Geist ein, um die Materie von innen kennenzulernen. Dies erfordert völlige Offenheit des Geistes und die Bereitschaft, das in der Materie verborgene Geheimnis lösen zu wollen. Denn die Materie wirklich erforschen kann man erst, wenn man davon ausgeht, daß Materie nicht von niedrigerem Rang als der Geist ist. Dann entsteht eine große Neugierde, denn der Forscher weiß nie, was für ein Ergebnis ihn am Ende erwartet.

Der Mensch des fünften Strahls ist derjenige, der sich mit der Erde befaßt und in ihrem Zentrum die Quelle der Schöpfung findet. Er verkörpert das Suchen nach dem Wunder in der Konsequenz der Materie und in der Konsequenz des Denkens.

Robert Pirsig sagt in *Zen und die Kunst, ein Motorrad zu warten:* »Über den Buddha, der unabhängig von allem analytischem Denken existiert, ist viel gesagt worden ... Doch über den Buddha, der im analytischen Denken selbst existiert und *diesem analytischen Denken eine Richtung gibt,* ist so gut wie nichts gesagt worden.« [23] Diese Bemerkung ist typisch für einen Menschen des fünften Strahls.

Der fünfte Strahl ist der Strahl des Alchimisten, des Wissenschaftlers, des Mathematikers. Es ist auch der Strahl des Rechtsanwalts, der sich gründlich in einen Fall einarbeitet, alle Details zusammenträgt und der dann eine Argumentationslinie entwickelt, um die er alle Details gruppiert.

Der sechste Strahl (violett) ist der Strahl der *Devotion,* der Strahl des Gebets und der Anbetung des Größeren durch das Kleinere. Die Essenz des sechsten Strahls ist die Sehnsucht nach Einswerdung mit dem Idealzustand. Dieser Strahl er-

[23] Robert M. Pirsig, *Zen und die Kunst, ein Motorrad zu warten,* Fischer-Verlag Frankfurt/M. 1976, S. 87.

möglicht die Orientierung an einem Ideal, das alle Qualitäten der Liebe (das Gute, das Schöne, das Wahre) in sich vereinigt. Der Mensch des sechsten Strahls lernt, dieses Verlangen hinter jeder Begierde zu erkennen und sich so von der feinsten Vibration leiten zu lassen und sein Leben danach einzurichten.

Es ist der Strahl des feurigen Verkünders, des Pfarrers, des Wanderpredigers, aber auch des revolutionären Idealisten (der übrigens im völligen Widerspruch zu seinen Ideen als echter Mensch des sechsten Strahls manchmal einen Kloß im Halse verspürt, wenn er die Nationalhymne hört). Es ist auch der Strahl des Mystikers, der alles Persönliche dem Großen Feuer opfert und so eins wird.

Der siebte und letzte Strahl (Indigo) bringt alles, was oben ist, auf die Erde. Alles Geistige nimmt schließlich Form an. Dies ist der Strahl der *zeremoniellen Ordnung oder Magie*.

Der wahre Magier läßt die Kräfte, die er beherrscht, Gestalt annehmen in der alltäglichen Praxis. Leben und Materie werden von ihm auf der physischen Ebene miteinander in Einklang gebracht. Es geht dabei um die richtige Ordnung der Dinge, die richtige Nutzung von Energie, die richtigen Worte im richtigen Augenblick. Dies erfordert eine sehr exakte Vorgehensweise.

Der siebte Strahl kennt das Geheimnis dieser Ordnung und führt die Dinge in einer völlig weltlichen Form ihrer geistigen Bestimmung zu.

Dieser Strahl birgt das Wissen um den geheimen inneren Namen eines jeden Gegenstandes und eines jeden Menschen und bringt dieses Wissen zur Anwendung, so daß sich der Gegenstand oder der Mensch schließlich in den ihm bestimmten Platz einfügen kann, der in der Leere für ihn ausgespart ist. So wird die Essenz dazu genutzt, um zu vollkommener Erdung zu gelangen.

Der siebte Strahl ist natürlich der Strahl des Magiers, aber auch der des Designers, des Produzenten und des Heilers. Er ist der Strahl des Politikers, der alle Kraft, die ihm zur Verfügung steht, und alle Hilfe, die er bekommen kann, bündelt, um das von ihm erwünschte Ergebnis so exakt wie möglich Wirklichkeit werden zu lassen.

Wenn wir diese Beschreibung der Strahlen nun zu einer Anzahl von Kernbegriffen zusammenfassen, erhalten wir:

Die drei Strahlen, die **Aspekte** *des Ursprungs sind:*

1. Strahl   Macht oder Wille
2. Strahl   Liebe-Weisheit
3. Strahl   aktive Intelligenz

Die vier Strahlen, die **Attribute** *der Differenzierung sind:*

4. Strahl   Harmonie durch Konflikt
5. Strahl   konkretes Wissen
6. Strahl   Idealismus und Devotion
7. Strahl   Ordnung und zeremonielle
           Magie

Verschiedene Unterteilungen

Außer der Unterteilung in *Aspekte* und *Attribute* sind noch einige andere Unterteilungen möglich.

Die erste ist die zwischen den Strahlen 1, 3, 5, 7 und 2, 4, 6. Von der ersten Gruppe wird gesagt, sie liege auf der Linie des ersten Strahls; es ist die Gruppe der Strahlen, die mit der Form und mit dem Evolutionsprozeß in Zusammenhang stehen. Die zweite Gruppe liegt auf der Linie des zweiten Strahls; die Strahlen dieser Gruppe stehen mit dem inneren Leben in Zusammenhang, das sich durch die Formen ausdrückt. 1, 3, 5, 7 wirken im allgemeinen härter, konkreter als 2, 4, 6, die sich stärker auf den Liebesaspekt des Daseins richten. 1, 3, 5, 7 sind eher Yang-Strahlen, 2, 4, 6 eher Yin-Strahlen. Wenn der Mensch sich vorwiegend auf der Seite von 1, 3, 5, 7 bewegt, kann es passieren, daß er sich zu sehr isoliert und daß er zu eigensinnig wird. Tendiert er hingegen stark zu der anderen Seite, kann er in zu große Abhängigkeit geraten und wenig Rückgrat zeigen.

Eine andere Unterteilung unterscheidet drei Gruppen, nämlich 1, 2 und die restlichen fünf. Dabei werden der erste und der zweite Strahl als eigenständige Qualitäten und der vierte, fünfte, sechste und siebte Strahl als Ausfächerung (oder Differenzierung) des dritten Strahls angesehen.

Es besteht zudem eine Beziehung zwischen den Strahlen: dem ersten und siebten, dem zweiten und sechsten sowie dem dritten und fünften (die Summe ist übrigens jedesmal acht). Eins und sieben sind beide auf Beherrschung ausgerichtet, sie sind unerschütterliche Kräfte. Zwei und sechs sind Liebeskräfte, für die das intuitive Wissen eine zentrale Rolle spielt. Fünf und drei sind eher mentale Kräfte, die auf das Erwerben von Kenntnis durch Analyse und Synthese gerichtet sind. Wir werden uns mit diesen drei Gruppen noch näher beschäftigen, wenn wir die Beziehung zwischen den Chakren und den Strahlen besprechen.

Es gibt außerdem noch einige andere Verbindungen, unter denen die wichtigste wohl die Beziehung zwischen dem zweiten Strahl und allen übrigen Strahlen ist. Der zweite Strahl ist als Strahl der Liebe der fundamentale Strahl unseres Universums. Alle Strahlen sind eine Differenzierung des zweiten Strahls. Wir drücken dies aus, indem wir sagen, daß alle Strahlen Unterstrahlen des zweiten Strahls sind.

Das Strahlenmuster des Menschen

Studenten werden es nützlich finden, sich selbst auf diese Weise zu erforschen, und sie können mit Hilfe der Information, die in dieser Abhandlung über die Sieben Strahlen gegeben wird, ihre eigenen Karten formulieren und das, was sie für ihre eigenen Strahlen halten, studieren, ebenso wie die direkten Auswirkungen dieser Strahlen auf ihr eigenes Leben. So können sie äußerst interessante Karten von ihren Eigenarten, Qualitäten und Charaktermerkmalen herstellen.

Alice A. Bailey[24]

Jeder Mensch besitzt ein eigenes Strahlenmuster. Seine Essenz, die Seele, ist mit einem bestimmten Strahl verknüpft und reagiert auf ihn. Dieser Strahl bestimmt das Wesen eines Menschen. Dies ist die feste Größe der Identität, die Saite im Innersten eines Menschen mit der ihr eigenen Schwingungsfrequenz, dem ihr eigenen Klang.

Wenn wir voraussetzen, daß ein Mensch *Seele* ist und eine Persönlichkeit hat, bei welcher man wiederum zwischen einer mentalen, einer astralen und einer physischen Ebene unterscheidet, können wir in jedem der fünf Bereiche die Wirkung eines der sieben Strahlen erkennen. Jeder Mensch kann sich also als eine Kombination aus fünf Strahlen betrachten.

Der Seelenstrahl ist der Hauptstrahl, der die Identität bestimmt. Die Persönlichkeit und die drei Körper sind Unterstrahlen jenes Hauptstrahls, die angeben, wie das Individuum seiner Identität während der Inkarnation Ausdruck verleiht. Die Persönlichkeit zeigt die Art und Weise, in der die drei Körper zu einem Ganzen integriert sind.

Wir wollen uns das bekannte Bild noch einmal vor Augen führen:

[24] A. Bailey, *Jüngerschaft im Neuen Zeitalter,* zitiert nach der niederländischen Ausgabe.

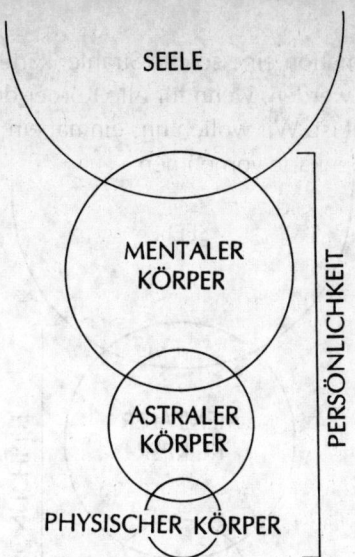

SEELE

MENTALER KÖRPER

ASTRALER KÖRPER

PHYSISCHER KÖRPER

PERSÖNLICHKEIT

Jeden dieser drei Körper kannst du als ein Gefährt betrachten, von dem Seele und Persönlichkeit Gebrauch machen. Auf welche Weise kommt deine eigene Natur, deine Identität am besten zu ihrem Recht: In deinem Denken, in deinem Fühlen oder in deinem körperlichen Sein? Mit welchem Bereich bist du am vertrautesten? Wie bist du, wenn alle äußeren Schichten von dir abfallen? Dies gibt Aufschluß über das Gefährt, dessen sich deine *Seele* bedient.

Die Persönlichkeit zeigt an, wie du dich nach außen hin verhältst, wie Menschen dich in deinem alltäglichen Leben wahrnehmen. Wie sehen die Menschen dich, wie stellst du dich vorwiegend dar: mittels deines Denkens, mittels deines Fühlens oder mittels deines Körpers? Die Antwort auf diese Frage zeigt an, welches Körpers deine Persönlichkeit sich bedient. Dieses ist in jedem Fall ein anderes Gefährt als das deiner Seele. Wenn sich beispielsweise die Seele mittels deines Gefühls manifestiert, tut deine Persönlichkeit dies mittels des Denkens oder der Körperlichkeit.

Wieviel Information eine solche Strahlenkarte liefern kann, wird erst klar werden, wenn für alle Körper der zugehörige Strahl ermittelt ist. Wir wollen uns einmal ein Beispiel einer solchen Strahlenkarte vornehmen:

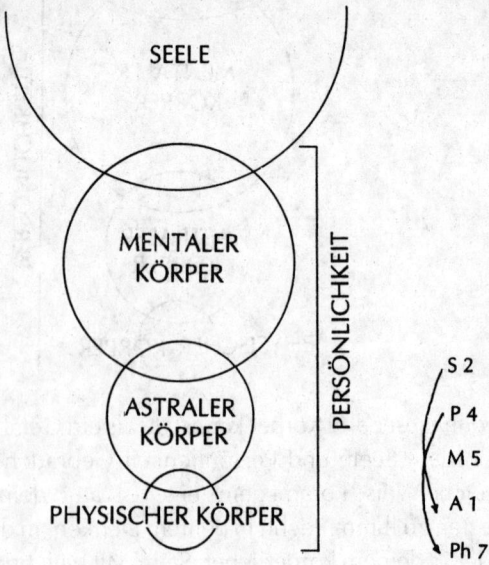

In unserem Beispiel gehören alle Körper verschiedenen Strahlen an. Das muß keineswegs immer der Fall sein; es kann zum Beispiel vorkommen, daß zwei Körper unter dem Einfluß des gleichen Strahls stehen, was zu einer starken Akzentuierung führt. Wir sehen hier eine Streuung von Energie, wobei auch die Verteilung von Yang und Yin, von 1, 3, 5, 7 und 2, 4, 6 so gleichmäßig wie eben möglich ist. Auffällig ist, daß die Seele und die Persönlichkeit auf der Linie 2, 4, 6 liegen und die drei »ausführenden Körper« auf der Linie 1, 3, 5, 7. Dies könnte bedeuten, daß ein Gegensatz zwischen der Qualität des ursprünglichen Einsatzes und dessen konkreter Ausführung besteht, also zwischen Hinter- und Vordergrund. Der Vordergrund zeigt hier härtere Konturen und ist stärker auf die Form gerichtet als der Hintergrund, welcher empfänglicher und stärker auf Qualität hin orientiert ist.

Wir wollen uns nun die verschiedenen Aspekte dieser Karte anschauen. Dies ist die Karte einer Seele des zweiten Strahls, die einen mentalen Körper auf dem fünften Strahl hat, einen astralen Körper auf dem ersten, einen physischen Körper auf dem siebten und eine Persönlichkeit auf dem vierten Strahl. Ihre Seele drückt sich mittels des astralen Körpers aus, ihre Persönlichkeit mittels des physischen Körpers. Was können wir der Karte außerdem noch entnehmen?

Um weitere Erkenntnisse zu gewinnen, gehen wir systematisch vor. Dazu schlagen wir *Anhang V* am Ende des Buches auf. Dort finden wir eine Tabelle, in der die sieben Strahlen verschiedenen Kategorien entsprechend beschrieben werden. Zuerst suchen wir den Ausgangspunkt auf, die Seele; sie befindet sich auf dem zweiten Strahl. Der zweite Strahl gibt Ruhe, Kraft, Intuition, Heiterkeit, einen klaren Verstand und Treue; es ist der Strahl des Lehrers und Heilers. Der Weg des geringsten Widerstandes eines Menschen auf dem zweiten Strahl zeigt sich in Angst, Mangel an Selbstachtung, Selbstmitleid und einer passiven, abwartenden Haltung. Wir sehen, daß dies der Strahl des Herz-Chakras ist. Hierbei wollen wir es erst einmal belassen.

Nun schauen wir uns das Gefährt an, dessen die Seele sich bedient. Das ist wichtig, denn ebenso wie bei einem echten Fahrzeug kann auch hier eine große Diskrepanz zwischen dem Chauffeur (der Seele) und dem Fahrzeug (in diesem Fall dem Astralkörper) bestehen. Es wird wohl niemandem schwerfallen, sich vorzustellen, was passiert, wenn ein verträumter Mensch am Steuer eines superschnellen Sportwagens sitzt. Oder umgekehrt, wenn sich ein Rennfahrer sein Leben lang in einer Ente fortbewegt! Dies sind wichtige Lernerfahrungen, auch wenn sie oft nicht gerade leicht zu bewältigen sind. Was sehen wir hier? Eine Seele auf dem zweiten Strahl, die sich durch den Astralkörper auf dem ersten Strahl ausdrückt. Die alles in sich aufnehmende Liebe, die sich durch die Direktheit, die »Schwerkraft« des ersten Strahls ausdrückt.

Wenn sich die Persönlichkeit in den Dienst der Seele stellt, entsteht eine mächtige Liebeskraft, die alles, was sich dem Leben in den Weg stellt, beiseite schafft und die mit ihrer Gefühlskraft dem Neuen den Weg bahnt. Sie zertrennt, damit Heilung stattfinden kann – der Chirurg im positivsten Sinne. Es handelt sich um einen Menschen, der Kontakte und Beziehungen dazu nutzt, dem, was er lehren oder heilen will, den Weg zu bereiten. Wenn sich hingegen die Persönlichkeit gegen die Seele stellt, entsteht ein Mensch, der sich emotional zurückzieht, wobei das Merkwürdige ist, daß seine Emotionen nicht (fließende, heiße oder kalte) Emotionen zu sein scheinen, sondern (zielgerichtete) Willensentscheidungen. Dies wird noch durch den mentalen Körper auf dem fünften Strahl verstärkt, der, wenn es sein muß, den Willens-Emotionen eine vortreffliche rationale, wissenschaftliche Untermauerung zu geben weiß.

Als Widerstand gegen »die schwache Liebe« und gegen das In-Verbindung-Sein, das der zweite Strahl immer erfordert, kann ein sehr starker Eigensinn aufgebaut werden. Es entsteht eine astrale Aktivität, die gegenüber dem Weisheitsaspekt, daß das Leben liebevoll ist und daß es uns die Richtung weist und uns behütet, blind ist. Zwanghaftigkeit und Gefühle der Einsamkeit und Isolation sind die Folge. Dies ist der Preis für die Unterbrechung der Verbindung.

Wenn die Verbindung zur Seele unterbrochen wird, beginnt die Energie durch den Stromkreis der Persönlichkeit zu fließen, in unserem Beispiel durch die Persönlichkeit auf dem vierten Strahl über den physischen Körper auf dem siebten Strahl. Die Persönlichkeit auf dem vierten Strahl hat »zwei Seelen in ihrer Brust«. Dies ist ihre Kraft, die ihr jedoch auch zum Verhängnis werden kann. Der vierte Strahl ist der Strahl des Verbindenden, der die Gegensätze tief ergründet. Seine Qualitäten sind unter anderem (siehe Anhang V) Hingabe, Kraft, starke Gefühle und eine schnelle Auffassungsgabe. In entstellter Form kann er egozentrisch, träge und schlampig werden und einen Mangel an moralischem Mut aufweisen. Das zugehörige Chakra ist das Stirn-Chakra.

Wenn die Persönlichkeit sich nicht auf die Seele (zweiter Strahl, Herz-Chakra) richtet, entsteht eine Spannung zwischen Herz und Kopf, was zur Folge hat, daß die wahrgenommene Dualität (das zweiblättrige Chakra) auf Kosten der Verbindungsmöglichkeit, die das Herz bietet, ein Eigenleben zu führen beginnt. Dann wird die Persönlichkeit egozentrisch, neigt zum Aufschieben von Entscheidungen und zu letztendlich unbefriedigenden Kompromissen. Dies alles führt früher oder später zu Konflikten. Orientiert sich die Persönlichkeit hingegen an der Seele, so vereinigen sich Kopf und Herz. Die Persönlichkeit ist dann ein äußerst genaues Instrument, das voll Vertrauen alle unterschiedlichen Seiten miteinander ins Gleichgewicht zu bringen vermag und das rein und selbstlos der Liebeskraft in der physischen Welt Gestalt gibt (siebter Strahl, physisch). Dann ist der vierte Strahl der Künstler, der auf kreative Weise alle Farben in einer harmonischen Komposition zu vereinen versteht. Dieser Mensch kann eine Bresche in das Alte, Überkommene schlagen und auf diesem Wege einer neuen realisierbaren Möglichkeit ins Leben verhelfen. Was er in Freiheit sieht und dem Menschen anbietet, kann er mit dem Weitblick und dem logischen Denken des Forschers (fünfter Strahl, mental) verantworten.

Dies war ein Beispiel für die Beurteilung einer Strahlenkarte. Diese Interpretation könnte in jede beliebige Richtung ausgearbeitet und auf die Fragen des Betreffenden zugeschnitten werden. Es gibt wirklich kein Thema des menschlichen Lebens und Seins, das man nicht im Lichte der Strahlen betrachten könnte.

Bei der Interpretation eines Strahlenmusters dürfen wir jedoch nie vergessen, daß die jeweilige Konstellation die beste Möglichkeit für die betreffende Entität ist, sich zu entwickeln. Es gibt also keine günstigen und keine ungünstigen Strahlenkonstellationen. Nur der Betreffende selbst bestimmt, ob und inwieweit er die ihm gegebenen Möglichkeiten nutzt und ob er sich auf den zentralen Klang einstimmt.

Wie lerne ich mich selbst kennen?

Nun sind wir bei einer äußerst interessanten Frage angelangt: Wie kann ich mein eigenes Strahlenmuster kennenlernen?

Dies geschieht genauso, wie wir uns zuvor schon mit unseren Chakren vertraut gemacht haben: nicht von außen, sondern von innen. Wenn wir den Weg nach innen beschreiten, stimmen wir uns immer stärker auf unseren eigenen inneren Klang ein. So lernen wir unsere Strahlen kennen. Erst dadurch erhält das Wissen über die Strahlen, das wir außen gesammelt haben, Bedeutung. Rein intellektuelles Wissen wird so zu lebendiger Weisheit.

Bei vielen Lesern werden wahrscheinlich beim Lesen der Beschreibungen starke Gefühle des Wiedererkennens auftreten. Solche Gefühle sollten wir ernst nehmen, und wir sollten versuchen, ihnen auf den Grund zu gehen. Außerdem darf man nicht vergessen, daß die Menschen in der unmittelbaren Umgebung oft ein viel schärferes und ausgewogeneres Bild von uns haben als wir selbst. Meist können sie uns viele nützliche Informationen geben, vorausgesetzt natürlich, sie kennen die Sprache der Strahlen. Sie kennen uns in unseren besten und schlechtesten Augenblicken. In unseren besten Augenblicken haben sie uns gesehen, wie wir uns selbst nie sehen konnten, einfach deshalb, weil wir in diesen Momenten nicht mehr »neben uns stehen« und uns deshalb auch nicht selbst beobachten können. In unseren schlechtesten Augenblicken haben sie uns als die Persönlichkeit gesehen, die alle Verbindungen zur eigenen Seele abbrechen will oder abgebrochen hat, und die dabei ein sehr typisches Verhaltensmuster an den Tag legt und eine typische Energie ausstrahlt.

Bei der Ermittlung eines Strahlenmusters kann es helfen zu wissen, daß bestimmte Körper *meist* unter dem Einfluß bestimmter Strahlen stehen. Der Mentalkörper befindet sich oft auf dem ersten, dem vierten oder dem fünften Strahl, der Astralkörper gewöhnlich auf dem zweiten oder dem sechsten Strahl, der physische Körper meist auf dem dritten oder siebten Strahl. Zwar gibt es auch Ausnahmen (siehe unser Beispiel), doch treten sie nur äußerst selten bei mehr als einem Körper auf. Die Seele wie auch die Persönlichkeit können unter dem Einfluß eines jeden Strahls stehen.

Wenn selbst die Hilfe von Freunden und Verwandten nicht ausreicht, kann man auf eine Lern- und Erfahrungsform zurückgreifen, die gerade in unserer Zeit an Bedeutung gewonnen hat: die Gruppenarbeit. In speziell hierfür eingerichteten Gruppen kann jeder Teilnehmer in relativ kurzer Zeit Einsicht in das eigene Strahlenmuster gewinnen sowie in die Aufgaben, Möglichkeiten und Strukturen, die damit verbunden sind. Weiterhin kann man auch mittels Hellsehen die Strahlen ermitteln bzw. ermitteln lassen, doch damit sollte man äußerst vorsichtig sein, weil dies echte hellseherische Fähigkeiten und das entsprechende Seinsniveau erfordert, im Gegensatz zu gewöhnlicher Hellsichtigkeit, die im anderen das sieht, was jener begehrt und fürchtet. Letzteres, eigentlich eher ein astrales Sich-Einfühlen als ein Sehen, kann große Verwirrung stiften.

Gleiches gilt für das Auspendeln der Strahlen. Es ist zweifellos möglich! Die Zusammenarbeit mit dem im Jahre 1988 verstorbenen David Tansley, den wir bereits in der Einleitung zu diesem Buch erwähnt haben, hat uns gezeigt, daß dies sogar eine sehr zuverlässige Methode sein kann. David war ein sehr begabter und hellsichtiger Heiler, der viel über seine Entdeckungen publiziert hat. Er war äußerst objektiv und ließ seinem Gegenüber immer die freie Wahl. Nach eingehendem Studium der Strahlen entdeckte er, daß er die Strahlenmuster anderer Menschen auspendeln konnte. Jahrelang hat er für die Teilnehmer unserer Ausbildung Strahlenkarten angefertigt, anhand derer sich diese dann im Rahmen der Ausbildung mit der Lehre der sieben Strahlen vertraut machen konnten. Sie lernten dabei gleichzeitig sich selbst und die Lehre der sieben Strahlen kennen.

Wir sind David für seine Hilfe und für die Zusammenarbeit mit ihm sehr dankbar, und nur äußerst selten erhob sich bei näherer Überprüfung Zweifel an den von ihm ausgependelten Strahlenkarten. Doch so treffend seine Strahlenkarten auch waren, nach einigen Jahren beschlossen wir, auf dieses Hilfsmittel zu verzichten. Wir hatten nämlich bemerkt, daß sich bei unseren Schülern ein abergläubisches Element eingeschlichen hatte – als ob von außen durch eine andere Instanz bestimmt werden könnte, was für ein Strahlenmuster sie hätten, und als ob sie dies niemals selbst hätten herausfinden können und (Aberglaube und Bequemlichkeit gehen oft Hand in Hand) als ob sie sich nicht in die Strahlen zu vertiefen bräuchten, die nicht zu ihrem Muster gehörten. Zu viele Als-ob!

Wir entschieden uns deshalb, in der Ausbildung ebenso wie in diesem Buch zu verfahren (und in der gleichen Weise, wie wir es bereits bei den Charakterstrukturen getan haben), nämlich die Teilnehmer zuerst mit der Theorie bekannt zu machen und sie anschließend ihr eigenes Strahlenmuster selbst entdecken zu lassen. Damit arbeiteten wir anschließend weiter, so daß das entdeckte Muster eventuell korrigiert werden konnte. Auf diese Weise werden die Strahlen zu Gegebenheiten, die man bei sich selbst erkannt und im Laufe der Zeit überprüft hat und die man schließlich aufgrund dieses inneren Wissens auch bei anderen erkennen kann.

Strahlen und Chakren

Ein letztes Hilfsmittel zur Ermittlung des eigenen Strahlenmusters ist die Beschaffenheit der Chakren. Jedem Strahl untersteht ein bestimmtes Chakra. Oder umgekehrt: Im Chakra lernt man die Natur des Strahls kennen.

So wie jedes Chakra eine eher oberflächliche, persönlichkeitsgebundene Wirkung haben kann, so ist auch jedem Strahl eine spezifische Verformungsmöglichkeit eigen. In der Entwicklung, die ein Chakra durchläuft, wird seine eigentliche Funktion schließlich vollständig enthüllt. Wenn dies der Fall ist, zeigt sich der entsprechende Strahl durch dieses Chakra in seiner wahren Gestalt. Dies ist ein wichtiger Schlüssel!

Der Ausgangspunkt hierbei ist also, daß das Strahlenmuster des inkarnierenden Menschen einem bestimmten Chakramuster entspricht. Die Entwicklung des Menschen und der große Schritt, vor dem er steht, drücken sich sowohl in den Strahlen als auch in den Chakren aus.

Alice Bailey weist auf verschiedene Möglichkeiten hin, eine Verbindung zwischen den sieben Strahlen und den sieben Chakren herzustellen. Wir haben uns für die im folgenden beschriebene Möglichkeit entschieden, da diese für Menschen, die in ihrem Leben nach innerer Leitung suchen, von großem praktischem Wert ist. Außerdem zeigt dieses System am deutlichsten die Beziehung zwischen den Strahlen, den Chakren und dem Transmutationsbogen. Nach dieser Methode ergeben sich folgende Beziehungen:

1. Strahl	Wille oder Macht	Kronen-Chakra
2. Strahl	Liebe-Weisheit	Herz-Chakra
3. Strahl	aktive Intelligenz	Kehl-Chakra
4. Strahl	Harmonie durch Konflikt	Stirn-Chakra
5. Strahl	konkretes Wissen	Sexual-Chakra
6. Strahl	Idealismus und Devotion	Solarplexus-Chakra
7. Strahl	Ordnung und zeremonielle Magie	Wurzel-Chakra

Die meisten Parallelen sind einleuchtend. Das vielleicht einzig Überraschende ist die Verbindung zwischen dem fünften Strahl und dem Sexual-Chakra. Um diese Beziehung verstehen zu können, müssen wir uns von der üblichen Assoziation von Sexualität und Lust lösen; es geht hier um »das Unterscheidungsvermögen in der Tiefe des Stofflichen«, was ja eine höhere Eigenschaft des Sexual-Chakras ist.

Wenn wir uns nun wieder den in Kapitel 4 beschriebenen Transmutationsbogen vor Augen führen, stellt sich die Frage, ob es nicht auch ein ähnliches Bezugssystem zwischen den mit diesen Chakren verbundenen Strahlen gibt.

Tatsächlich ist das der Fall. Wir sehen, daß die drei Transmutationsbögen drei Strahlenpaare miteinander verbinden, von denen wir bereits wissen, daß sie in einer Beziehung zueinander stehen: 1 und 7, 2 und 6, 3 und 5.

Wenn diese Paare in einem Strahlenmuster auftreten (beispielsweise als Seelen- und Persönlichkeitsstrahl), besteht eine große Chance, daß das Leben des Betreffenden unter dem Vorzeichen des diesem Paar zugehörigen Transmutationsbogens steht. Umgekehrt spielt bei einem Chakra-Übergang oft das zugehörige Strahlenpaar ebenfalls eine Rolle.

Ein Beispiel: Der sechste Strahl, der Strahl der Hingabe, wirkt durch den Solarplexus. Der Solarplexus ist oberflächlich gesehen das Zentrum der Begierde. Die Verformungsmöglichkeit des sechsten Strahls (siehe Anhang V) ist ein Fanatismus, in dem sich das Verlangen, sich dem Allerhöchsten hinzugeben, zu der Begierde verflacht, daß die eigene Wahrheit, koste es, was es wolle, triumphieren soll. Die Aufgabe des sechsten Strahls ist es – und dies erfordert der sechste Strahl im Grunde auch – die Orientierung auf die Befriedigung der eigenen Lust vollkommen loszulassen und in Liebe einen Beitrag zum Ganzen (zweiter Strahl) zu leisten. Ebenso ist es der Auftrag des Solarplexus-Chakras, die Ich-Bezogenheit loszulassen und die aufsteigende Energie dem Herzen darzubieten. So führt der Weg vom sechsten Strahl zum zweiten Strahl, vom Solarplexus-Chakra zum Herz-Chakra.

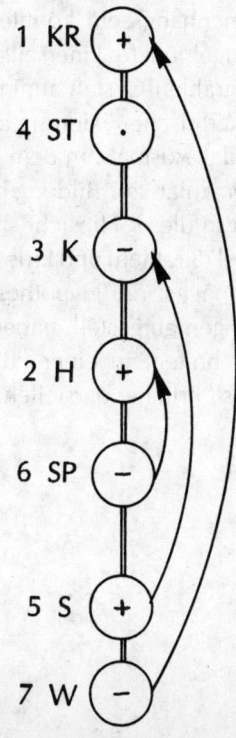

Strahlen und Charakterstrukturen

Damit kommen wir zum letzten Thema dieses Kapitels: *Besteht eine Beziehung zwischen Strahlen und Charakterstrukturen?*

Wahrscheinlich gibt es einen solchen Zusammenhang, und zwar in dem Sinne, daß das System der Charakterstrukturen Bestandteil des Systems der Strahlen ist. Dabei handelt es sich jedoch nicht wie bei den Chakren um einen direkten Zusammenhang. Man kann nicht sagen, daß ein bestimmter Seelenstrahl mit einer bestimmten Charakterstruktur in Verbindung steht.

Wir vermuten, daß die Chakren der Schlüssel zu einem solchen Zusammenhang sein könnten. Die Chakren sind gleichsam die Angelpunkte. Einerseits sorgen sie dafür, daß der Einfluß der Strahlen Gestalt annimmt, andererseits sind sie – durch die karmische Fixierung in den einzelnen Chakren und durch das Ausmaß, in dem sie aufeinander abgestimmt sind – der Anlaß zur Bildung bestimmter Charakterstrukturen. Auch in dieser Hinsicht sind sie das Bindeglied zwischen Himmel (Strahlen) und Erde (Charakterstrukturen). Wir wollen demnächst die Hypothesen, die wir aufgrund dieser Überlegungen aufgestellt haben, an der Praxis überprüfen, und wir hoffen, in einer zukünftigen Publikation dieses Thema ausführlicher darstellen zu können.

Kapitel 9

Die sieben Strahlen –
Seele und Persönlichkeit

*D*ie wichtigste Beziehung innerhalb des Strahlenmusters ist zweifellos diejenige zwischen Seele und Persönlichkeit. In dieser Beziehung zeigt sich, welche große Aufgabe die betreffende Persönlichkeit erwartet, welche Widerstände sie hat und wie sie zu einem Instrument werden kann. Innere Leitung setzt ein, wenn die Persönlichkeit bereit ist, sich in ihrer reinsten Qualität (eines bestimmten Strahls) auf die Impulse (eines bestimmten Strahls) der Seele abzustimmen. Dann kann sie die Lebensfragen, die sich in den drei Bereichen stellen (und die oft mit den Verformungen der Strahlen der drei Körper in Zusammenhang stehen), der Seele unterbreiten und das, was ihr gesagt wird (die Antwort, die dann durch Meditation, spontane Eingebungen, durch die Hilfe anderer, durch Träume usw. gegeben wird), auf diese Bereiche anwenden. Dadurch kommt es zu einer stärkeren Integration der Persönlichkeit, was wiederum das allgemeine Wohlbefinden verbessert. Dies ist der persönliche Aspekt.

Wichtiger ist jedoch, daß die Bereitschaft, sich auf den Seelenstrahl abzustimmen, einen Menschen empfänglich macht für seine innere Bestimmung zu helfen. Über den spezifischen Kanal (bestimmter Strahl), zu dem die Persönlichkeit dann wird, kann die helfende Kraft (bestimmter Strahl) der Seele sich auf die unmittelbare und die weitere Umgebung ausbreiten. So nimmt der Mensch den ihm bestimmten Platz im großen Ganzen ein.

Jeder Seelenstrahl hat eine eigene Wirkung und einen eigenen Wirkungsbereich; der erste Strahl der Ausübung von Macht bezieht sich auf einen völlig anderen Bereich als der siebte Strahl, der Ordnung schafft. Jeder Persönlichkeitsstrahl verleiht dem durch den Kanal der Persönlichkeit eintretenden Seelenstrahl eine eigene Farbe und Qualität; außerdem widersetzt er sich auch auf eine ihm eigene Art den Seelenimpulsen.

Um diese fundamentale Beziehung zu verdeutlichen und um dem Leser zu helfen, einen Einblick in sein eigenes Strahlenmuster zu gewinnen, wollen wir in diesem Kapitel die sieben Strahlen in ihrer Manifestation als Seelenstrahlen näher beschreiben. Anschließend werden wir die sieben Strahlen etwas weniger ausführlich in ihrer Funktion als Persönlichkeitsstrahlen behandeln.

So wie wir es auch schon im Fall der Chakren und der Charakterstrukturen getan haben, umreißen wir am Ende einer jeden Beschreibung des Seelenstrahls, welche Möglichkeiten zu helfen ihm eigen sind.

Jeder Beschreibung fügen wir ein Symbol bei, damit auch die nicht verbal orientierte rechte Gehirnhälfte angesprochen wird. Die verwendeten Symbole stammen aus dem Buch *Die sieben Menschentypen* von Geoffrey Hodson. [25]

DER ERSTE STRAHL

Sunzi, dessen Vorname Wu war, stammte aus dem Staate Qi. Sein Buch *Die Kunst des Krieges* erregte die Aufmerksamkeit Helus, des Königs von Wu. Helu sagte zu ihm: »Ich habe deine dreizehn Kapitel sorgfältig studiert. Darf ich deine Theorie über die Führung von Soldaten einer kleinen Prüfung unterziehen?«

Sunzi erwiderte: »Das dürft Ihr.«

Der König fragte: »Darf sich die Prüfung auch auf Frauen beziehen?«

[25] Titel nach dem niederländischen Original übersetzt.

Wieder stimmte Sunzi zu, und so wurden Vorbereitungen getroffen, hundertachtzig Damen aus dem Palast zu holen. Sunzi teilte sie in zwei Kompanien und stellte je eine Lieblingskonkubine des Königs an die Spitze der Abteilungen. Dann ließ er sie alle einen Speer in die Hand nehmen und sprach zu ihnen die Worte: »Ich nehme an, daß ihr den Unterschied zwischen vorne und hinten und rechts und links kennt.«

Die Mädchen erwiderten: »Ja.«

Sunzi fuhr fort: »Wenn ich sage ›Augen geradeaus‹, dann müßt ihr nach vorn blicken. Wenn ich sage ›links um‹, dann müßt ihr euch nach links drehen. Wenn ich sage ›rechts um‹, dann müßt ihr euch nach rechts drehen. Wenn ich sage ›kehrt‹, dann müßt ihr euch rechtsherum umdrehen.«

Die Mädchen hatten auch dies verstanden. Als damit die Befehle geklärt waren, ließ er Hellebarden und Streitäxte ausgeben, um den Drill zu beginnen.

Dann gab er zu einem Trommelwirbel den Befehl: »Rechts um«, doch die Mädchen brachen nur in Lachen aus.

Sunzi sagte geduldig: »Wenn die Kommandoworte nicht klar und deutlich sind, wenn die Befehle nicht richtig verstanden werden, dann trifft die Schuld den General.« Er machte mit dem Drill weiter und gab diesmal den Befehl »Links um«, worauf die Mädchen abermals Lachkrämpfe bekamen.

Da sagte er: »Wenn die Kommandos nicht klar und deutlich sind, wenn die Befehle nicht richtig verstanden werden, dann trifft die Schuld den General. Doch wenn seine Befehle klar sind und die Soldaten dennoch nicht gehorchen, dann ist es die Schuld der Offiziere.« Darauf gab er den Befehl, die Anführerinnen der beiden Kompanien zu enthaupten.

Der König von Wu beobachtete das Geschehen vom Dach eines Pavillons aus, und als er sah, daß seine Lieblingskonkubinen enthauptet werden sollten, erschrak er sehr und schickte eilig die folgende Botschaft hinunter: »Wir sind zufrieden mit der Fähigkeit Unseres Generals, die Truppen zu führen. Wenn Wir dieser beiden Konkubinen beraubt werden, wird unser Essen und Trinken den Geschmack verlieren. Wir wünschen nicht, daß sie enthauptet werden.«

Sunzi erwiderte noch geduldiger: »Nachdem ich einmal die Ernennung Eurer Majestät zum General der Streitkräfte erhalten habe, gibt es gewisse Befehle Eurer Majestät, die ich, wenn ich als solcher handle, nicht akzeptieren kann.« Und seinen Worten getreu ließ er die beiden Anführerinnen sofort enthaupten und setzte die nächsten beiden als Anführerinnen an ihre Stelle. Daraufhin wurde wieder die Trommel zum Drill geschlagen. Die Mädchen machten alle Schritte, drehten sich nach rechts oder nach links, marschierten geradeaus oder machten kehrt, knieten oder standen, und alles mit höchster Genauigkeit und Gewissenhaftigkeit, und keine wagte, einen Laut von sich zu geben.

Dann schickte Sunzi einen Boten zum König und ließ ihm ausrichten: »Herr, Eure Soldaten sind jetzt richtig ausgebildet, sie halten Disziplin und sind bereit für die Inspektion durch Eure Majestät. Sie können zu jedem Zweck eingesetzt werden, den ihr Herrscher im Sinn haben mag. Fordert sie auf, durch Feuer und Wasser zu gehen, und sie werden sich nicht weigern.«

Doch der König erwiderte: »Der General soll den Drill einstellen und ins Lager zurückkehren. Wir haben nicht den Wunsch, hinunterzugehen und die Truppen zu inspizieren.«

Darauf erwiderte Sunzi ruhig: »Der König schätzt schöne Worte, doch er vermag sie nicht in Taten umzusetzen.«

Da sah der König von Wu, daß Sunzi ein Mann war, der ein Heer zu führen wußte, und ernannte ihn in aller Form zum General. [26]

Dieser Strahl des Willens oder der Macht wirkt durch das *Kronen-Chakra*. Das Kronen-Chakra ist der Ort, wo die Idee in ihrer reinsten Form eintritt. Dort wird auch die Lichtkraft spürbar, aus der die Idee besteht. Jede Idee trägt die Richtung in sich, die der Empfänger der Idee einschlagen muß, um ihr Gestalt zu verleihen, sowie den Willen, durch den dies möglich wird.

Bei diesem zentralen Willen spielt es keine Rolle, ob es um die Zerstörung alter Formen oder um den Aufbau neuer Formen geht. Das Leben ist das herrschende Prinzip, die Form ist untergeordnet.

[26] Sunzi, *Die Kunst des Krieges*, Hrsg. James Clavell, Droemer Knaur, München 1988, S. 12–16.

Um dem ersten Strahl folgen zu können, muß der Mensch also die Kraft besitzen, etwas fortzuführen, ungeachtet der offensichtlichen Opfer, die dies erfordert. In Kontakt mit dem Höchsten in ihm selbst muß er unablässig dem Weg der sich herabsenkenden Eingebung folgen und wissen, welche Konsequenzen dies mit sich bringt. Er darf von seiner hohen Warte den Kontakt mit unten keinen Augenblick lang verlieren.

Es ist einleuchtend, daß Menschen, deren Seele sich auf dem ersten Strahl befindet, geborene Führerpersönlichkeiten und Initiatoren sind. Ihre Aufgabe besteht darin, ihren starken Willen fortwährend mit dem größeren Ganzen in Verbindung zu bringen: »Nicht mein Wille, sondern Dein Wille geschehe.« So können sie die Prinzipien, die auf der Erde Form annehmen müssen, in das Bewußtsein der Menschen tragen und dafür sorgen, daß eine Lichtlinie entsteht, entlang derer diese Prinzipien Gestalt annehmen können.

Der erste Strahl verleiht einem Helfer, der als Heiler oder Therapeut tätig ist, die Fähigkeit, den höchsten Willen im Bewußtsein eines anderen zu wecken; und dies geschieht nicht auf eine abstrakte Weise, sondern in Kontakt mit dem konkreten Willen, das sich derjenige, dem er hilft, verwirklicht, so daß dieser in die Lage versetzt wird, seinem Weg entlang jener Linie zu folgen. Der Helfer des ersten Strahls vermittelt keine Hoffnung, sondern er appelliert an den Mut des anderen. Er fungiert als Wegweiser und hilft dem anderen, den Anfangspunkt und die notwendige Energie in sich selbst zu finden. Er hat die Kraft, dem starken Widerstand, den er unvermeidlich bei dem anderen weckt, standzuhalten. Er stellt sich der Gegenkraft des Menschen entgegen, der Angst davor hat, seine Formen loszulassen und sich einer neuen Idee zu öffnen.

DER ZWEITE STRAHL

> Gegenüber dem kleinen Zimmer von Maharaj lag ein Blech-walzwerk, und durch das immer offenstehende Fenster drang oft der ohrenbetäubende Lärm des Ausbeulens von Kotflügeln und Autotüren. War dies nicht der Fall, dann hörte man die Rufe aller möglichen Straßenverkäufer, das Hupen von Autos und das Klingeln von Fahrrädern. Und trotzdem konnte man in dieser Umgebung eine Stille finden, die »jeden Verstand überstieg«.

Einleitung von Wolter Keers zu *Sein*[27]
von Shri Nisargadatta Maharaj

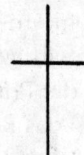

Dieser Strahl der Liebe-Weisheit wirkt durch das *Herz-Cha-kra*. Im Herz-Chakra offenbart sich die Essenz dessen, was Liebe ist. Außerdem verbindet sich im Herz-Chakra Liebe mit Weisheit. Weisheit ist das Wissen eines Menschen, der frei von ich-bezogenen Erwägungen ist. Solch ein Wissen kann nur aus Liebe erwachsen. Einem Menschen, der die auf Liebe gründende Weisheit besitzt, ist nichts Menschliches fremd. Er schließt nichts in seinem Leben aus und ist sich der Gesetzmäßigkeit dessen, was er durchlebt hat, bewußt. Lie-be, gepaart mit Weisheit, erzeugt das Bewußtsein im Men-schen, daß eine direkte Verbindung zwischen seiner Erfah-rung und demjenigen, was er aus dieser Erfahrung zu lernen

[27] Titel aus dem Niederländischen übersetzt.

hat, besteht. Das Wissen ist erst abgerundet, wenn das Herz der Dinge erreicht ist. Ein Mensch, dessen Seele sich auf dem zweiten Strahl befindet, ist in seinem Herzen mit dem Herzen der Wirklichkeit verbunden, und er ist das Sprachrohr dieser Verbindung. Dadurch zieht er Menschen an, die auf seine Schwingung antworten.

Liebe ist der Grundton dieses Universums. Deshalb kann ein Mensch, dessen Seele vom zweiten Strahl bestimmt ist, regelrecht auf diesem Ton mitschwingen. Wenn er aus dieser Einstimmung heraus mit anderen in Kontakt tritt, übermittelt er eine Liebe, die umfassender ist als die Liebe von einem Menschen zum anderen. Empfangen und Geben gehen hier völlig ineinander über. Nichts ist mehr getrennt voneinander, und doch handelt es sich um eine objektive Liebe. Er bringt andere nicht mit sich selbst als Person in Verbindung, sondern bringt sie durch seine Person mit ihrem eigenen Grundton in Kontakt und lehrt sie, sich diesem anzuvertrauen. Er wirkt durch die Anziehungskraft seiner Liebe, ob er nun Lehrer ist, Arzt, Schriftsteller oder Helfer in einem anderen Sinne.

So wie der Helfer des ersten Strahls darauf gerichtet ist, die alten Formen zu zerstören, so daß neue Ideen einfließen können, zielt der Helfer des zweiten Strahls darauf, neue Formen aufzubauen, so daß die neuen Ideen sich verankern können. Er ist in seinem Herzen auf den Grundton des Lebens eingestimmt und weiß aufgrund seines fundamentalen Rhythmusgefühls genau, wie weit ein anderer auf seinem Lebenspfad fortgeschritten und wozu er bereit ist. Er sammelt Menschen um sich, die bereit sind, neue Ideen in sich aufzunehmen und ihnen Gestalt zu geben. So entstehen Gruppen von Menschen, die im Austausch miteinander neue Wege finden, um der Liebe so individuell und so fein abgestimmt wie möglich Ausdruck zu verleihen. Das Herz eines solchen Zirkels ist der zweite Strahl.

Der Heiler, der mittels des zweiten Strahls tätig ist, kennt den anderen und dessen Rhythmus durch und durch. Er kann seine heilende Kraft intuitiv genau mit den Schritten verbinden, die der andere im Begriff ist zu tun. Ein Mensch des ersten Strahls gibt von einem Impuls aus Richtung. Er ist ein Mensch der Dynamik und der nach außen gerichteten Kraft. Der Mensch des zweiten Strahls zieht an und verbindet. Er ist ein Mensch der Ruhe.

DER DRITTE STRAHL

Im letzten Jahr von Yon-san wurde das Volk vom Bösen heimgesucht. Taten, so verdorben, wie es die Welt noch nie zuvor gesehen hatte, wurden begangen. Seine Majestät übertraf darin alle anderen. Er befahl seinen Eunuchen und Dienern, ihm alle mit besonderer Schönheit gesegneten Frauen zu bringen …

In diesen dunklen Tagen gab es eine junge Frau, die Gattin eines gewissen Ministers, von wunderschönem Körperbau und Antlitz. Eines Tages wurde ihr befohlen, im Palast zu erscheinen. Andere Frauen hätten, wären sie gerufen worden, geweint und sich aufgeführt, als wäre ihr Ende nahe, doch diese junge Frau zeigte nicht die geringsten Anzeichen von Angst. Sie kleidete sich an und begab sich sofort zum Palast. König Yon-san erblickte sie und befahl ihr näherzutreten. Sie gehorchte ihm, und plötzlich verbreitete sich ein unvorstellbar ekelerregender Geruch. Der König hielt sich den Fächer vors Gesicht, wandte sich ab, spuckte und sagte: »Oh, wie furchtbar, diese Frau will ich nicht, bringt sie fort«, und so entkam sie unversehrt.

Und so war es dazu gekommen: Da die Frau wußte, daß sie jeden Augenblick zum König gerufen werden konnte, hatte sie eine List ersonnen, durch welche es ihr gelang zu entkommen. Sie hatte ständig zwei verfaulte und abscheulich stinkende Scheiben Fleisch bereitliegen. Diese steckte sie unter die Arme, als sie sich ankleidete, und so ging sie zum Palast. [28]

---

[28] Geschichtsschreibung von *Im Bang*, nacherzählt von M. G. H. Siu in *The Portable Dragon*, zitiert nach der niederländischen Ausgabe.

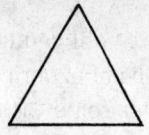

Der Strahl der aktiven Intelligenz wirkt durch das *Kehl-Chakra*. Das Kehl-Chakra ist das Zentrum der schöpferischen Fähigkeit. Bewußtsein und Energie vereinigen sich hier in einer Erscheinungsform, die den mit Liebe verbundenen Impuls wesenhaft ausdrückt. Beim dritten Strahl geht es nicht um die Form selbst, sondern um das schöpferische, gestaltende Prinzip. Die Form muß so beschaffen sein, daß das Innere, die Wahrheit, daraus abzulesen ist. Dieser schöpferischen Kraft wohnt die Fähigkeit zu empfangen inne, denn man muß sich den Kern einer Idee völlig zu eigen machen, will man in der Lage sein, ihr eine beseelte Gestalt zu geben. Es ist ein höheres Verstehen, das auf Liebe gründet und das die Inspiration in einer ihr angemessenen Form übermitteln will.

Der Mensch des dritten Strahls kann mit Ideen spielen. Er versteht es, sich von einem Punkt aus alle Möglichkeiten vorzustellen. Dadurch ist er äußerst flexibel und anpassungsfähig. Er ist der lebendige Beweis für die Wirklichkeit der Abstraktion. Er genießt das Spiel mit den unbegrenzten Möglichkeiten, und jede Möglichkeit kann durch ihn Gestalt annehmen.

Er ist auch ein Baumeister, jedoch keiner von der Art, der Stein auf Stein setzt; mit großer Behutsamkeit webt er seine Muster, die einströmen können. Er wägt und schätzt ab, fügt etwas hinzu und löst etwas, und so entsteht in Gemeinschaftlichkeit eine feste Basis. Da er sich auf die Kunst des Materialisierens versteht, kennt er den inneren Wert eines kreativen Gedankens und kann einen solchen auch zu Geld machen. Menschen des dritten Strahls können auf kreative Weise zu Geld kommen.

Der Helfer auf diesem Strahl verfügt über die Fähigkeit, der Menschheit neue Ideen nahezubringen. Er hat eine stimulierende Wirkung, weil er seine Inspiration in eine Form zu kleiden weiß, die genau dem Fassungsvermögen desjenigen entspricht, für den sie gedacht ist.

Als Heiler liegt seine Fähigkeit in dem Wissen, welche natürlichen Stoffe zur Vibration des anderen passen.

Vor allem bei diesem Strahl ist es wichtig, sich vor Augen zu führen, daß Helfen nicht unbedingt mit einem therapeutischen oder heilenden Beruf gleichzusetzen ist. Unter diesem Seelenstrahl trifft man wahrscheinlich nur wenige Psychotherapeuten und Ärzte an, um so häufiger hingegen Ökonomen, Banker, Juristen, Informatiker und Berater.

DER VIERTE STRAHL

Ein Mann war von Räubern überfallen worden. Sie hatten ihm alles genommen. Nun irrte er durch die Wüste auf der Suche nach Wasser, denn er litt unter furchtbarem Durst.

Plötzlich sah er zwei Löwen, die auf der Lauer lagen. Er lief um sein Leben. Doch die Löwen kamen hinter ihm her und hatten ihn bald eingeholt. Plötzlich, als die Löwen schon zum Sprung ansetzten, sah der Mann einen Brunnen vor sich. Ohne nachzudenken sprang er hinein. Es gelang ihm, sich kurz unter dem Rand an einer Pflanze festzuhalten, die dort im kühlen Schatten wuchs. Er schaute nach unten: unergründliche Tiefe; er schaute hoch: fauchende Löwen. Seine Kräfte ließen allmählich nach.

Da sah er, daß Wüstenmäuse an der Wurzel der Pflanze nagten. Die Pflanze konnte jeden Moment reißen. Aber er sah noch etwas: Die Pflanze trug dunkelrote Beeren. Er pflückte eine davon und steckte sie sich in den Mund. Sie schmeckte köstlich ...

Arabische Erzählung

Das Zentrum des Strahls der Harmonie durch Konflikt ist das *Stirn-Chakra*. Man kann es das Chakra der Menschwerdung nennen, da die fundamentale Aufspaltung zwischen Geist und Stoff hier mit dem einen Auge (Stirn-Chakra) als zwei Manifestationsformen ein und desselben wahrgenommen werden kann. Der vierte Strahl ist deshalb auch der Strahl der Menschheit.

Um eins sein zu können, muß der Mensch zuerst durch und durch zwei werden wollen. Wenn er etwas von seinem Zentrum aus erleben will, muß er zuvor die beiden Extreme gelebt haben. Es liegt in der Natur des Menschen, die Einheit immer wieder zu vergessen und sich mit einem der beiden Aspekte der Dualität zu identifizieren. So lernt er, und aus dieser Erfahrung heraus kann er schöpferisch sein.

Die Seele auf dem vierten Strahl verfügt über das Vermögen, dem Weg, der von Harmonie über Konflikt zu neuer Harmonie führt, beständig zu folgen und gleichzeitig mit dem außerhalb des Widerstreits stehenden Zentrum verbunden zu bleiben. Sie weiß, daß jede Einheit im Kern ständig in Bewegung ist und daß die Harmonie nur fruchtbar ist, wenn sie in zwei Extreme übergehen kann, die sich in maximaler Spannung zueinander befinden. Die Spannung *muß* maximal sein, wenn etwas Neues daraus hervorgehen soll. So lebt der Mensch des vierten Strahls auf des Messers Schneide.

Die Liebe zur Schönheit dieses So-Seins, dieser ewigwährenden Bewegung, ist für die Seele auf dem vierten Strahl die Quelle der Inspiration. Dies ist die Seele eines Künstlers, eines Menschen der vielen Farben.

Der Helfer auf diesem Strahl versteht sich auf die Kunst der

Synthese. Er sieht das Muster, nach welchem das Neue aus dem Alten entsteht, und fungiert dabei als ein äußerst fähiger Übersetzer. Er bringt Harmonie, und dies nicht, indem er sie von außen überstülpt, sondern von innen heraus, aufgrund seines tiefen Einblicks in die Natur des Kampfes.

Da der Widerstand der Materie seine Domäne ist, kann er als Heiler optimale Erfolge erzielen, wenn er mit physischer Berührung arbeitet (mit Massage und den verschiedensten Formen heilender Berührung), um das verdrängte Leben zu befreien.

DER FÜNFTE STRAHL

Es gibt eine Geschichte über Präsident Abraham Lincoln, nach der, als er sich einmal mit einem Freund auf einer Zugreise befand, sein Blick auf eine grasende Schafherde fiel. »Diese Schafe«, sagte sein Freund, »sind gerade geschoren worden.« Während er hinausschaute, sagte Lincoln: »An dieser Seite.«

Geoffrey Hodson [29]

Der Strahl des konkreten Wissens wirkt durch das *Sexual-Chakra*. Es ist der Strahl der niederen Verstandeskräfte – niedrig in dem Sinne, daß diese Kräfte dem Erdboden näher sind. Das Sexualzentrum ist das Zentrum der Fortpflanzungsfähigkeit. Physische Fortpflanzung wird möglich aufgrund der Anziehungskraft zwischen zwei Körpern. Im Sexualzentrum befindet sich also der Schlüssel zum Gesetz der Anziehung und Abstoßung. Dies ist der Bereich des fünften Strahls, denn dieser Strahl birgt das innere Wissen über die Beherrschung der Energie auf der irdischen Ebene.

[29] Geoffrey Hodson, *Die sieben Menschentypen,* zitiert nach der niederländischen Ausgabe.

Der Mensch des fünften Strahls liebt die Gesetze der Materie. Er liebt die Logik und das Systematische. Der fünfte Strahl ist der Strahl der Wissenschaft, des Erforschens der reinen Materie. Die Entdeckung des Faktischen ist dem Menschen auf diesem Strahl wichtiger als alles andere, auch wichtiger als der Verständnishorizont der heutigen Menschheit. Er hält alles für meßbar und möglich. Deshalb kann das äußerst konsequente Denken des fünften Strahls auch esoterische Bereiche erschließen.

Dieser Mensch erkennt keine räumliche oder zeitliche Grenze, innerhalb derer er forscht, als selbstverständlich an. Äußerste Konsequenz des Denkens bedeutet für ihn eine unentwegte Maßstabsvergrößerung und -verkleinerung. Er sieht jedes System als eingebettet in ein größeres System, und es ist ihm sonnenklar, daß alle diese Systeme miteinander in Verbindung stehen.

Der fünfte Strahl ist der Strahl der intelligenten Liebe. Innerhalb des Stofflichen ist alles möglich, und alles wird im Prinzip gleichermaßen respektiert. Die Integration der linken und der rechten Gehirnhälfte oder des niederen stofflichen und des höheren intuitiven Denkens kann also auch vom konkreten Denken aus zustande kommen.

Der Helfer auf dem fünften Strahl wirkt auf der rein konkreten Ebene. Er hilft Menschen in der sichtbaren und greifbaren Realität und verfügt deshalb über eine stark erdende Fähigkeit. Er erforscht und kann sein Wissen sehr präzise und deutlich in Worte kleiden. Er kann – weil sich sein Denken selbst Schritt für Schritt vollzieht und weil er sich dementsprechend ausdrückt – Menschen die Vorstellung nahebringen, daß sie ihren eigenen Weg Schritt für Schritt gehen können. So vermittelt er anderen die Liebe zu der natürlichen Ordnung und den Gesetzmäßigkeiten des Universums, in dem wir leben.

Die Heilmethode, die zum fünften Strahl paßt, ist die Chirurgie (wegen ihrer Präzision; wegen des »Durchtrennens« auf der Grenze von Leben und Tod wird die Chirurgie auch dem ersten Strahl zugeordnet). Außerdem entsprechen diesem Strahl auch Heilmethoden, bei denen Elektrizität angewendet wird.

DER SECHSTE STRAHL

Den Jünglingen, die zum erstenmal zu ihm kamen, pflegte Rabbi Bunam die Geschichte von Rabbi Eisik, Sohn Rabbi Jekels in Krakau, zu erzählen. Dem war nach Jahren schwerer Not, die sein Gottvertrauen nicht erschüttert hatten, im Traum befohlen worden, in der Stadt Prag an der Brücke, die zum Königsschloß führt, nach einem Schatz zu suchen. Als der Traum zum drittenmal wiederkehrte, machte sich Rabbi Eisik auf und wanderte nach Prag. Aber an der Brücke standen Tag und Nacht Wachtposten, und er getraute sich nicht zu graben. Doch kam er an jedem Morgen zur Brücke und umkreiste sie bis zum Abend. Endlich fragte ihn der Hauptmann der Wache, auf sein Treiben aufmerksam geworden, freundlich, ob er hier etwas suche oder auf jemand warte. Rabbi Eisik erzählte, welcher Traum ihn aus fernem Land hergeführt habe. Der Hauptmann lachte: »Und da bist du armer Kerl mit deinen zerfetzten Sohlen einem Traum zu Gefallen hergepilgert! Ja, wer den Träumen traut! Da hätte ich mich ja auch auf die Beine machen müssen, als es mir einmal im Traum befahl, nach Krakau zu wandern in die Stube eines Juden, Eisik, Sohn Jekels sollte er heißen, unterm Ofen nach einem Schatz zu graben. Eisik, Sohn Jekels! Ich kann's mir vorstellen, wie ich drüben, wo die eine Hälfte der Juden Eisik und die andre Jekel heißt, alle Häuser aufreiße!« Und er lachte wieder. Rabbi Eisik verneigte sich, wanderte heim, grub den Schatz aus und baute das Bethaus, das Reb Eisik Reb Jekels Schul heißt.

Martin Buber, *Der Schatz*[30]

[30] Martin Buber, *Die Erzählungen der Chassidim*, Manesse-Verlag, Zürich 1949, S. 741

Der Strahl der Devotion oder Hingabe wirkt durch den *Solarplexus.*

Hingabe bedeutet, sich dauerhaft für die Verbindung mit etwas oder mit jemandem einzusetzen. Hingabe beinhaltet auch einen bis zum Äußersten gehenden Gehorsam. Beim sechsten Strahl erhebt sich sofort die Frage: »Wem soll ich Gehorsam leisten?« Ebenso geht es beim Solarplexus um die Frage: »Wodurch lasse ich mich leiten?«

Der Solarplexus ist das Zentrum der animalischen Triebe, die sich zu einem Ich-Bewußtsein zusammengeschlossen haben. Deshalb nimmt der Solarplexus eine Schlüsselposition beim Übergang vom tierischen zum menschlichen Bewußtsein ein.

Der sechste Strahl ist in seinem Ursprung auf das Ideal gerichtet, das zur Weiterentwicklung der Menschheit beitragen kann. Der Mensch des sechsten Strahls, der das Gute, das Schöne und das Wahre erkennt und diesem sein Leben widmet, transformiert damit den Solarplexus als Zentrum der Begierde zu einem Zentrum des Verlangens nach Verbindung mit dem höchsten Ideal. Verlangen kann innig sein, Begierde nicht. Verlangen ist nicht zwingend, Begierde hingegen schon.

Der Mensch auf dem sechsten Strahl vermag die Schwingungen der Ur-Idee in sich selbst zu erkennen. Um dies zu erreichen, macht er sich seine Fähigkeit zur »Einspitzigkeit« zunutze – das ist die Kunst, alle Energie in einem Punkt zu bündeln und diesen einen Punkt als Sensor zu benutzen, der total mit dem, worauf er gerichtet ist, mitschwingt. Er horcht, ob er die Vibration dieser speziellen Saite vernimmt, und schwingt mit, wenn er bei anderen diese Vibration wahrnimmt.

Der Helfer auf dem sechsten Strahl wirkt deshalb auch wie eine Stimmgabel. Er spricht in anderen deren Sehnsucht nach der Seele an und hilft ihnen, die falschen Töne von den reinen zu unterscheiden. So bringt er die Menschen dazu, ihre tiefsten Wünsche ernst zu nehmen und sich ihnen anzuvertrauen. Im Grunde arbeitet er auf der Gefühlsebene als Wissenschaftler.

So wie der Mensch des ersten Strahls die Idee vermittelt, so hilft der Mensch des sechsten Strahls, das Ideal als Konzept der Idee zu erkennen.

Jemand, der im Geiste des sechsten Strahls heilt, tut dies mit Hilfe der Kraft des Glaubens und des Gebets.

DER SIEBTE STRAHL

Der Chefarzt einer psychiatrischen Klinik in Wien saß in seinem Arbeitszimmer, als plötzlich die Tür aufgestoßen wurde und einer seiner Patienten in einem Zustand völliger Raserei hineinstürmte. Der Mann, ein ehemaliger Metzger, hatte sich in der Küche eines großen Fleischmessers bemächtigt und rannte damit auf den Psychiater zu, wobei er schrie: »Ich bringe dich um!«

Der Psychiater blieb ruhig sitzen, warf einen Blick auf den Kalender an der Wand und sagte: »Aber, mein Bester, heute ist doch kein Schlachttag.«

Der Metzger schaute ebenfalls auf den Kalender, ließ sein Messer sinken und sagte: »Sie haben recht«, und verließ den Raum.

Die Quelle dieser Anekdote haben wir leider nicht mehr
ausfindig machen können, aber wir erinnern uns,
daß es sich dabei um eine wahre Geschichte handelt.

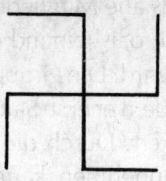

Der Strahl der Ordnung oder der zeremoniellen Magie wirkt durch das *Wurzel-Chakra*. Dieser Strahl ist auf der physischen Ebene tätig. Er ist der Schlußstein eines Werks, bei dem nichts, was von oben kommt, unterwegs zurückgelassen worden ist. So wie das Wurzel-Chakra die Basis bildet – und es möglich macht, daß jemand alles Irdische nutzt, um sich zu verwirklichen –, wird im siebten Strahl für irdische Sinne wahrnehmbar, daß der Geist sich in seiner eigenen Zeit und in seiner eigenen Form in allem offenbart. Alles, was man glaubt oder wünscht, erhält hier Form. Das ist der siebte Strahl.

Aus diesem vollkommenen Vertrauen heraus kann ein Mensch des siebten Strahls seinen eigenen Platz einnehmen und so an einer fortwährenden Manifestation mitarbeiten. Er arbeitet genau an der richtigen Stelle, kennt seine Grenzen und weiß, wo seine Rolle endet und die eines anderen beginnt. Er vermag auf der irdischen Ebene in einer Weise tätig zu sein, daß er am Sichtbarwerden des Höchsten auf der Erde mitwirkt. Dies ist die einfachste Art, wie sich magische Kraft in der Welt äußern kann.

Der Helfer auf dem siebten Strahl kennt seinen Platz, befindet sich in einem Zustand innerer Ordnung und bringt so Ordnung in alles, was er tut. Es ist die Disziplin eines Menschen, der mit dem Rhythmus vertraut ist und der genau weiß, wann er einsetzen und wie laut er seinen Part spielen muß, damit der Rhythmus durch seinen Beitrag noch vollkommener wird. Er entwickelt die Formen, die in der Zeit, in der er lebt, optimal die neue Idee verkörpern. Er versteht es, eine Gruppe so zu organisieren, daß alle Mitglieder genau den richtigen Platz bekommen, ohne daß jemand dominiert oder in den Hintergrund gedrängt wird. Die Gruppe ist für ihn ein Instrument, das er stimmt, indem er eine Saite nachspannt und eine andere ein wenig lockert. Durch die so gestimmte Gruppe kann die Idee Gestalt annehmen, kann der Plan Wirklichkeit werden.

Der Heiler des siebten Strahls arbeitet mittels äußerst exakter Anwendung orthodoxer Methoden und Riten und mittels seiner Fähigkeit, die Elementarkräfte zu lenken (Schamanismus).

DER ÜBERGANG VOM SECHSTEN
ZUM SIEBTEN STRAHL

Das Problem des Jüngers auf diesem Strahl wurde dadurch sehr erschwert, daß der sechste Strahl so viele Jahrhunderte lang der herrschende Strahl war; erst jetzt verliert er seine Wirksamkeit. Deshalb sind die idealistischen, fanatischen Gedankenformen, die von den Enthusiasten dieses Strahls geschaffen wurden, so kraftvoll und so dauerhaft. Die heutige Welt ist in fanatischer Weise idealistisch eingestellt, und das ist eine der Ursachen der gegenwärtigen Weltsituation. Für den einseitig eingestellten Idealisten ist es schwer, sich von dem herrschenden Einfluß freizumachen, denn die dafür aufgewendete Energie stärkt wieder den alten Enthusiasmus, von dem er loskommen möchte.

Alice A. Bailey [31]

Alice Bailey sagt, daß die Strahlen nicht nur die Entwicklung von Individuen beeinflussen, sondern auch die von Kollektiven, und sie beschreibt, wie ganze Zeitalter von einem bestimmten Strahl beherrscht werden. Aus der Perspektive

---

[31] Alice A. Bailey, »Eine Abhandlung über die Sieben Strahlen«, in *Esoterische Psychologie* Bd. II, Lucis Press, London u. a. 1959, S. 410 f.

der sieben Strahlen betrachtet, leben wir heute in der Übergangszeit vom sechsten zum siebten Strahl. In diesem Entwicklungsabschnitt fängt man an, das Ideal, mit dem man sich verbindet, nicht mehr außerhalb von sich selbst zu suchen, sondern in sich selbst zu erkennen. Damit geht das Zeitalter zu Ende, in dem der sechste Strahl dominierte. Dieses Zeitalter begann schon vor Anfang unserer Jahreszählung, und es endet mit dem Ende des 20. Jahrhunderts.

In der Zeit, in der sich der sechste Strahl völlig manifestierte, nahm die Liebesessenz in der Person Jesu Gestalt an, die dem Archetypus des Christus entsprach. Diese Person wurde zum großen Vorbild, dem man nachfolgen und an dem man sich messen konnte. Man richtete alle Aufmerksamkeit, das ganze Verlangen und alle Begierde darauf, diesem Einen nachzufolgen; er war der Hirte, und diejenigen, die ihm folgten, waren die Schafe.

Eines der charakteristischen Elemente der Periode des sechsten Strahls ist, daß sich alles um einen einzigen Mittelpunkt drehte. Eine starke Zentralisierung auf politischer, religiöser und wissenschaftlicher Ebene fand statt. Man suchte nach der zentralen Wahrheit (dem Grundgesetz, der Bibel, dem Stand der Wissenschaft, dem »Kapital«) und nach der zentralen Kraft (Gott, dem Papst, Mohammed, dem Kaiser, dem Staat), um den Rest des Daseins hierarchisch um diese zentralen Größen herum ordnen zu können. In der Geschichte der letzten zweitausend Jahre kann man immer wieder feststellen, wie die einseitige Ausrichtung von großen Gruppen auf Ideale zu Entgleisungen geführt hat (die Kreuzzüge, die Religionskriege, die Französische Revolution, die Russische Revolution, der Nationalsozialismus). Allerdings hat diese Tendenz auch sehr viel Positives bewirkt. Sie war über einen sehr langen Zeitraum hinweg *der* richtungsweisende Impuls. In unserer Zeit verliert das Ideal des Einen, der außerhalb von uns selbst zu suchen ist und dem man folgen sollte, allmählich an Kraft. Die Menschen fangen an, den Liebeskern in sich selbst zu suchen und sich mit ihm zu verbinden. Sie fangen an, auf ihre eigene innere Autorität zu vertrauen. Dadurch entstehen neue soziale Beziehungen. Die alte Brüderlichkeit war die der Herde, die sich um einen Hirten scharte; die neue Brüderlichkeit ist die des Zirkels, der Gemeinschaft von Menschen, die den Hirten in sich selbst entdeckt haben. In religiöser Hinsicht verlieren die Ideale der monotheistischen Religionen heute ihre Kraft, ebenso wie jene Art zu Denken, die sagt: »Es ist so und nicht anders.« Gott darf innen, außen, gleichzeitig innen und außen sein, und Gott braucht auch nicht Gott zu heißen. In politischer Hinsicht kann ein Übergang vom nationalistischen Denken zu einem kosmopolitischen Denken stattfinden.

Der Strahl, der im kommenden Zeitabschnitt zum richtungsweisenden Prinzip werden wird, ist der siebte Strahl. Viele vollziehen den Übergang vom sechsten zum siebten Strahl bereits heute in sich selbst. Menschen werden heute mehr und mehr daraufhin angesprochen, was sie tun – woran sie glauben, verliert an Bedeutung. In früheren Zeiten war es das höchste Gut und bot es die größte Entwicklungsmöglichkeit, einer Wahrheit außerhalb der eigenen Person nachzustreben und dies zu einem Prüfstein zu machen. Heute jedoch geht es darum, daß man es wagt, sich bei allem, was man tut und ist, an jenem tiefsten Wissen zu orientieren, das durch kein Vorbild in der Außenwelt repräsentiert wird. Entscheidend ist nicht mehr die Frage: »Was will der Schöpfer von mir?«, sondern: »Wie kann ich am Schöpfungsprozeß mitwirken?« Der Übergang vom sechsten zum siebten Strahl ist nicht leicht. Sowohl die Menschheit als Kollektiv wie auch der einzelne hat große Schwierigkeiten damit.

Die Probleme werden noch dadurch verstärkt, daß viele gleichzeitig einen Übergang vom Solarplexus- zum Herz-Chakra vollziehen. Der Solarplexus ist, wie schon erwähnt, dem sechsten Strahl verwandt. Dies treibt die Möglichkeiten einer Verformung des sechsten Strahls (primär emotionales Reagieren; eine fanatische Alles-oder-nichts-Haltung; Anfälligkeit für charismatische Führer, die Neigung, mit den Mitmenschen und mit anderen Gruppen zu streiten bzw. Krieg zu führen) auf die Spitze. Vom sechsten Strahl geht auch ein starkes Verlangen nach dem Neuen aus, welches der siebte Strahl mit sich bringt. Doch erzeugt die Verformung des sechsten Strahls die Tendenz, dieses Neue auf althergebrachte Weise wieder zum Ideal zu deklarieren und dann zu versuchen, diesem gerecht zu werden. Daraus ergeben sich viele Komplikationen.

Alle Menschen, deren Seelen- oder Persönlichkeitsstrahl der sechste Strahl ist, sind in ihrem Leben mit den Schwierigkeiten konfrontiert, die derartige Übergänge aufwerfen. Doch in weiterem Sinne kämpft jeder, der einen bestimmten Entwicklungsgrad erreicht hat, mit solchen Problemen des Übergangs.

Außerdem bringt der siebte Strahl ja keineswegs völlig von selbst und ohne jede Mühe das Paradies auf Erden mit sich. Er kennt vielmehr ebenso spezifische Verformungen wie die übrigen Strahlen. Der Mensch auf dem siebten Strahl gleicht einem Stundenglas: Er erfährt unablässig die Wechselwirkung zwischen oben und unten. Für ihn ist es selbstverständlich, daß dasjenige, was hier auf Erden geschieht, in direkter Beziehung zu einer höheren Wirklichkeit steht und diese widerspiegelt. (Die ungeheure Popularität, die I Ging und Tarot in den vergangenen Jahrzehnten erlangt haben, läßt sich zweifellos auf den zunehmenden Einfluß des siebten Strahls zurückführen). Doch dieses Bewußtsein wird leicht zu einer primitiven Art von magischem Denken deformiert – einem Aberglauben, der in allen Ereignissen »ein Zeichen« oder »eine Prüfung« sieht. Alles erhält eine tiefere Bedeutung, ohne daß dies in einen größeren Zusammenhang gestellt würde. Eine Bedeutung verdrängt die andere, und schließlich ist alles völlig bedeutungslos.

Eine andere Deformation des siebten Strahls besteht darin, alles ständig in Rituale fassen zu wollen, so daß kein Raum mehr für eine spontane Gefühlsäußerung oder generell für einen Kontakt außerhalb des Ritualisierten bleibt. Alles wird in eine Form gepreßt, alles wird organisiert.

In Übergangszeiten hat man fast in jedem Fall sowohl mit den Verformungen dessen, was gestern gut war, wie auch mit der Verformung dessen, was morgen gut sein wird, zu tun. Diese beiden Arten der Verformung hängen miteinander zusammen. Vor allem diejenigen, bei denen ein oder mehrere Körper unter dem Einfluß des sechsten und/oder des siebten Strahls stehen, müssen sich auf die eine oder andere Weise mit der hier beschriebenen Problematik auseinandersetzen.

Diejenigen, die sich mit diesem Thema weiter beschäftigen wollen, verweisen wir hiermit auf Anhang I. Dort werden wir versuchen, das, was wir über die Strahlen und über die Charakterstrukturen wissen, in einen Zusammenhang zu setzen, indem wir für jede Charakterstruktur skizzieren, welche Verwirrungen in unserer heutigen Zeit bei der Bewältigung des Alltags entstehen können.

DIE PERSÖNLICHKEIT UND DIE STRAHLEN

Hinsichtlich der Persönlichkeitsstrahlen stellen sich hauptsächlich die folgenden beiden Fragen:
Wie kann die Persönlichkeit eines bestimmten Strahls ihrem Seelenstrahl auf optimale Weise Gestalt geben, so daß die Seele durch die Erfahrungen der verschiedenen Gefährte bereichert wird? Welche Konflikte kann eine Persönlichkeit auf einem bestimmten Strahl verursachen, wenn sie der Seele

den Zugang verweigert und wenn sie sich selbst als den Herrn ansieht?

Auch hier werden wir wieder jeder Beschreibung ein Symbol voranschicken, diesmal jedoch eine eigene Assoziation. Am Ende eines jeden Porträts ist das Schlüsselwort für die Entwicklung der betreffenden Persönlichkeit jeweils durch Kursivsetzung kenntlich gemacht.

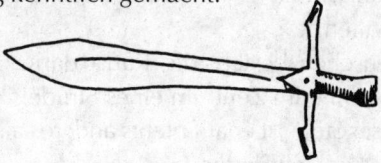

Die Persönlichkeit auf dem *ersten Strahl* wirkt mittels ihrer Liebe zu den Formen, die Macht besitzen. Das ist gut, denn es ist ihre Aufgabe, kraftlose Formen zu beseitigen.

Um dies tun zu können, muß es ihr möglich sein, geradlinig vorwärtszugehen. Sie darf nicht emotional werden, an Formen haften oder sich selbst für mächtig halten. Das Wesentliche sind nicht die Emotionen, sondern die Liebe, der Ausdruck des Höchsten. Indem sie ihr Kronen-Chakra unablässig aus eigenem Impuls öffnet – sich also nach oben orientiert –, ordnet die Persönlichkeit des ersten Strahls ihren Willen fortwährend der Liebeskraft unter. So *nimmt* sie das Ganze *in sich auf*, statt sich von diesem zu isolieren.

Die Persönlichkeit auf dem *zweiten Strahl* wirkt von der Liebe aus. Um dies tun zu können, muß sie die Liebe, die da ist, in sich zulassen und weitergeben.

Sie fährt sich fest, wenn sie anfängt, sich selbst als die Ursache der Liebe zu sehen, und wenn sie nur Liebe gibt, um selbst geliebt zu werden. Sie muß lernen, daß sie einem anderen nicht alles geben kann und daß kein Mensch auf der Welt letztlich hat, was ein anderer sucht. Was immer man auch geben mag, das, was der andere in seinem tiefsten Wesen sucht, kann man ihm nicht geben, denn er sucht *sein* tiefstes Wesen. Wenn die Persönlichkeit des zweiten Strahls dies erkennt, kann ihr Herz sich ganz öffnen. Dann liebt sie um der Liebe willen.

Für diesen Menschen besteht die Kunst darin, so still zu werden wie die Stille im Zentrum eines Strudels oder eines Zyklons. In dieser Stille ist er auf nichts anderes als auf Liebe abgestimmt. Das ist *Zentriertheit.*

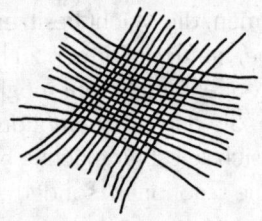

Der Ausgangspunkt der Persönlichkeit auf dem *dritten Strahl* ist die Liebe zur Wahrheit. Bei ihr besteht die Gefahr darin, daß sie anfängt zu manipulieren und daß sie nicht das sagt, was ihr eigenes Inneres ihr eingibt, sondern Worte benutzt, die einen bestimmten gewünschten Effekt hervorrufen. Dann ist Liebe zu den eigenen Kreationen an die Stelle der Liebe zur Wahrheit getreten. Die Verbindung des Kehl-Chakras ist dann unterbrochen.

Die Verbindung wird wiederhergestellt, wenn die Persönlichkeit des *dritten Strahls* nach innen horcht und ruhig wird wie ein stiller See. *Stille* ist das Schlüsselwort. In der Stille findet sie das Vertrauen, daß sie nicht selbst die Formen zu kreieren braucht, sondern daß der Weber webt. Die neuen Muster können entstehen, wenn sie mit der Wahrheit in Kontakt bleibt.

Die Persönlichkeit auf dem *vierten Strahl* bringt uns Harmonie durch Konflikt. Ihre Deformation besteht darin, daß sie so viel Freude an Konflikten hat, daß sie immer weiterkämpft und überall nur noch die Dualität sehen will. Das andere Extrem ist, daß sie sich an die Harmonie klammert, weil diese ein so gutes Gefühl erzeugt. Dieser Konflikt wird in der Stirn als Zerrissenheit erfahren.

Das zentrale Thema ist hier die Liebe zur Einheit, nicht wegen des angenehmen Gefühls, sondern um der Einheit selbst willen. Wenn diese Einstellung vorherrscht, breiten sich im Stirn-Chakra Licht und Harmonie aus.

Die Persönlichkeit muß zuerst nach innen schauen und danach erst nach außen. Dann sieht sie überall die Schönheit der Einheit, die beide Seiten des Konfliks in sich vereinigt. Wenn sie sich diese Sichtweise zu eigen macht, entsteht *Standhaftigkeit.*

Die Persönlichkeit auf dem *fünften Strahl* bringt uns Liebe zu demjenigen, was die Form in sich birgt. Sie sieht die Form als Kleid der Essenz, als Umhüllung eines Geheimnisses, das man nicht kennen kann.

Diese Persönlichkeit kann zu einer Liebe zur Form um der Form willen entarten. Sie kann dies im Sexual-Chakra erfahren als ein Kontrollieren-Wollen der Kreativität, die in der

251

Lust liegt. Sie will diese Kreativität dann für sich selbst behalten.

Einen Ausweg bietet das Sich-Lösen von den Formen und die Erneuerung des Kontakts zum Mysterium. Es geht hier um *Loslösung*. Aus dem Losgelöstsein entsteht Liebe zur Form als Ausdruck des Unbenennbaren.

Die Persönlichkeit auf dem *sechsten Strahl* bringt uns in Liebe die Ideale. Ihre typische Deformation besteht darin, daß sie ihre eigene Wahrheit ins Zentrum stellt und diese ohne Rücksicht auf Verluste verfolgt. Der einzige Grund hierfür ist, daß diese Wahrheit ihre eigene Begierde befriedigt. Dem muß alles andere weichen.

Im Solarplexus macht sich dies als ein Zwang bemerkbar, der Begierde zu folgen, statt auf die leisere Stimme des Herzens zu hören. Die Einstimmung auf das Herz stellt die Verbindung wieder her.

Wesentlich für diese Persönlichkeit ist, die Mitmenschen so zu lieben, wie sie sind, und den Kontakt zur Wahrheit im Herzen aufrechtzuerhalten. Sie muß ein Gefühl für Proportion und eine weitere Sicht entwickeln, damit sie die Beschränktheit der eigenen Wahrheit zu erkennen lernt. Sie bringt dann die Ideale in die Welt, indem sie sich selbst aus Liebe zum Träger dieser Ideale macht; so werden sie Wirklichkeit. Sie findet zur *stillen und selbstlosen Hingabe*, sobald sie ihr Heil nicht mehr darin sucht, dem Lichtpunkt vor sich hinterherzujagen, sondern statt dessen andere Menschen an die Hand nimmt und sie zu dem Licht, das sie sieht, geleitet.

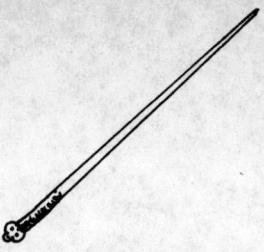

Die Persönlichkeit auf dem *siebten Strahl* bringt uns Liebe zum großen Bauplan, der den Erscheinungen zugrunde liegt. Sie kann irregehen, wenn sie so sehr darauf aus ist, Geist und Materie zu vereinen, daß sie unentwegt daran arbeitet.

Die Ursache hierfür ist die Verhaftung an ihrer schöpferischen Fähigkeit, was einem Leugnen ihrer Liebe zum Bauplan gleichkommt. Die Spannung, die daraus entsteht, äußert sich im Wurzel-Chakra als ein Sich-Sträuben, als ein Sich-nicht-von-der-Erde-tragen-lassen-Wollen.

Wesentlich für diese Persönlichkeit ist, die Liebe zum Plan in allem, was sie tut, einfließen zu lassen. Dazu muß sie zunächst einmal alle Bereiche des eigenen Lebens ordnen, weil sich daran zeigt, daß dem Rhythmus und dem Ritus der Seele Folge geleistet wird. Der Plan offenbart sich sodann im Stofflichen.

Die Persönlichkeit lernt, daß sie sich nicht in den Plan einmischen kann, sondern daß dieser sich durch sie ausdrückt. Ihre Aufgabe besteht lediglich darin, die Voraussetzungen dafür zu schaffen. Von ihrem Zentrum aus sieht sie, wie der Plan sich in den Formen ausdrückt, von außen nach innen, und schließlich fügt sie sich ein. Dies ist die Liebe zur *Manifestation*.

Zum Abschluß

Jeder Mensch ist ein Psychologe in dem Maße, in dem er an sich selbst interessiert ist. Die Psychologie kann einem Menschen helfen, sich selbst kennenzulernen, seine Möglichkeiten und seine Unzulänglichkeiten, seine Gaben und seine Versagenstendenzen.

Die psychologischen Systeme, die wir in diesem Buch beschrieben haben, können helfen, Einsicht in die eigene Person zu gewinnen. Es handelt sich dabei um Systeme und Orientierungshilfen, die uns in unserem Wachstumsprozeß zu unterstützen vermögen. Sie können uns helfen, zu einer weitergehenden Integration zu gelangen und diese in unserem alltäglichen Leben fruchtbar zu machen.

Die Kenntnis der Lehre von den Sieben Strahlen und der Einblick in das eigene Strahlenmuster helfen uns zu sehen, welche Arbeit uns in unserem Leben aufgetragen ist, und die Botschaft, die unsere Existenz enthält, umfassender zu verstehen und zum Ausdruck zu bringen.

Die Kenntnis der Charakterstrukturen und Einblick in das in der gegenwärtigen Lebensperiode bestimmende Abwehrmuster können helfen, die Energie aus dem Zustand des unfruchtbaren Kreisens innerhalb der Struktur zu befreien, so daß die Arbeit eine persönliche Färbung annehmen kann.

Die Kenntnis der Chakren schließlich vermag uns zu helfen, dem Neuerworbenen als Grundlage für unser Leben zu vertrauen und zu erkennen, welchen Schritt wir als nächsten tun müssen.

In dieser Arbeit werden wir durchlässig für eine Absicht, die wir nicht von Anfang bis Ende überblicken können. Die Struktur erweist sich als eine Knospe, die sich zur Blüte entfaltet – das Stirn-Chakra öffnet sich wie ein Kelch zum tausendblättrigen Kronen-Chakra – die Persönlichkeit wird zu einer Empfangsstation für die hohe Frequenz der Seele. Wir lernen, uns empfänglich zu machen und uns hinzugeben, und wir stellen fest, daß wir so zu einem aktiven Instrument werden. Es wird deutlich, daß die Arbeit, die wir tun, Arbeit ist, die andere wertschätzen und die sie sogar zu brauchen scheinen. Die Verbindung zwischen dem Ich und dem Selbst entpuppt sich gleichzeitig als eine Verbindung zwischen Ich und Umgebung. Das Ich, das zuvor die große Falle war, ist damit zu einer Brücke geworden.

Es war uns eine große Freude, in diesem Buch so vieles beschreiben und erklären zu können. Abschließend möchten wir nun noch einige Gedanken über Ursprung und Weg darlegen, die vielleicht die Funktion einer Zusammenfassung und gleichzeitig einer Relativierung erfüllen.

Ursprung

Das Leben ist fortwährend in Bewegung, es springt und es spielt ohne Grenzen – es gibt keinen Halt, nichts, das unmöglich ist. Alles ist enthalten in dieser fortwährenden Bewegung, die ihrer selbst nicht gewahr ist und die freudig Antwort und Frage ist. Gibt es einen Plan, gibt es eine Absicht? Ja, der Plan ist der Entwurf einer jeden Bewegung, die DNS einer jeden Zelle. Jede einzelne Bewegung fügt dem Plan etwas hinzu, ändert etwas daran.

Dies ist eine mögliche Sichtweise. Es könnte aber auch so sein:

Hohe Geister sind, sich selbst verschenkend, herabgestiegen auf die Ebene des Irdischen, ihren Namen und ihre Herkunft vergessend. Werdend.

Werdend als Stoff, doch nicht gänzlich.
Dadurch leidend.
Dadurch sich opfernd.
Dadurch erlösend, um schließlich zurückzukehren
    in dem Wissen,
daß alles, was berührt worden ist, mitgenommen wird.

Dies ist eine weitere Art, die Dinge zu sehen. Es könnte aber auch so sein:

Ist es die Liebe, die dich und mich weitergehen läßt? Ist es die Liebe, die überall, wissend und unwissend, sich dem anderen schenkend, ist? Ist es die Liebe, die das Gegensätzliche umarmt und verbindet zu einem einzigen und die immer wieder einen neuen Gegensatz findet? Ist es die Liebe?

Auch das ist möglich:

Sind wir ein Wort in der Stille?

Oder so:

Der Weg

Wie dem auch sei, »Erkenne dich selbst« steht über dem Tor des Tempels. Nicht nur über dem Tempel von Aulis. Jeder Ort im täglichen Leben, an dem ein Mensch dazu aufgefordert wird, bewußter da zu sein, ist ein heiliger Ort und sagt: »Erkenne dich selbst.«
Erkenne dein Selbst. Erkenne, was du dein eigen nennst. Erkenne, wie du das Mysterium mit deinen Augen bekleidest. Fühlst du das Vibrieren des zarten, prickelnden Wunders, das du immer wieder in das Bekannte von gestern zu verpacken versuchst? Kenne dich selbst. Sieh die tausendfache zwanghafte Wiederholung, die du dir selbst antust, indem du »ich« sagst zu dem, was du nicht

bist, was du zumindest nicht allein bist. Sieh, wie dieses »ich« sich in Raum und Zeit zusammenrafft und wie es fortbesteht. Es will weiterhin existieren, es will nicht durch das Tor gehen.

Gib es zurück. Es war ein Auge, das sah, ein Mund, der schmeckte. Gib es dem Koster zurück, dem Seher, und gib das Sehen der Sicht zurück. Gehe durch das Tor, über dem steht: »Erkenne dich selbst.«

Doch bevor du das Tor durchschreitest, mußt du auch das Kennen loslassen. Wirf es von dir, denn Kenntnis bringt dich zum Tor, verhindert jedoch, daß du das Tor durchschreiten kannst.

Charakterstrukturen in unserer Zeit

*W*ir leben in einer Zeit, in der jede gesellschaftliche Struktur neu überprüft werden muß. Genauso wie der Mensch hat auch die Gesellschaft feste Muster, die sich auf alte Vorstellungen stützen. Man kann sie als kollektive Charakterstrukturen bezeichnen. Es sind die als selbstverständlich vorausgesetzten, jedoch meist unausgesprochenen Übereinkünfte, die wir – die Kultur oder die Subkultur, der wir angehören – entwickelt haben. Auf der physischen Ebene manifestieren sich diese Strukturen als Formen, beispielsweise in der äußeren Erscheinung einer Stadt. Auf der astralen und mentalen Ebene äußern sie sich in den Umgangsformen, darin, was sich gehört und was sich nicht gehört, was man schön zu finden und was man zu denken hat.

Der Masochismus beispielsweise nimmt in unserer Gesellschaft auf der emotional-mentalen Ebene die Form des Codes an, daß es nicht richtig ist, »nein« zu sagen, daß die Bedürfnisse des anderen immer den Vorrang haben und daß man einen unangenehmen Besucher innerlich seufzend ertragen muß, weil man ihn nicht vor den Kopf stoßen darf usw. Darum herum ist ein ganzes System aufgebaut, ein Gefüge von sozialen Verpflichtungen, denen sich die Menschen »natürlicherweise« anschließen. Nur sehr wenige Menschen finden auf all diese gesellschaftlichen Zwänge eine eigene, freie Antwort.

Kollektiv sind wir oral in der Art, wie wir Dinge zu uns nehmen. Wir nehmen fast immer von allem zuviel, und wir nehmen uns fast nie wirklich genügend Zeit für irgend etwas. Dies ist ein allgemein akzeptiertes Verhaltensmuster und die

Voraussetzung für den ungeheuren Einfluß der Werbung in unserem Leben. Man muß schon sehr fest mit beiden Beinen auf dem Boden stehen und die eigene Oralität kennen, will man nicht von diesem Muster mitgerissen werden.

In dieser Zeit des Übergangs, in der es so wichtig wäre, das rechte Maß und den richtigen Rhythmus zu finden, wird die Absurdität überdeutlich sichtbar. Doch damit verschwindet sie noch nicht. Vielleicht verschwindet die äußere Form, doch das Innere – der Kern des Musters – bleibt erhalten und hüllt sich in ein neues Kleid. Wenn wir nicht individuell unser Äußerstes tun, um auch in dieser Hinsicht unserer Kreativität bis in das Stoffliche hinein zu folgen, werden wir mit unserer ganzen Trendorientiertheit wieder in das Alte hineingezogen werden.

Der Übergang vom sechsten zum siebten Strahl bewirkt, daß die spirituelle Ebene ihre Exklusivität verliert. Spiritualität ist nichts Höheres und Besonderes, sondern sie ist die tägliche Praxis. Einen Auswuchs dieser Normalisierung des Spirituellen sehen wir in unserer Zeit im Verhalten der vielen Menschen, die von einem spirituellen Staunen ins andere verfallen. Sie stellen charismatischen spirituellen Führerpersönlichkeiten Fragen, lassen ihre Aura lesen und versetzen sich unter Hypnose in frühere Leben zurück. In all dem ist natürlich ein Element echter Neugierde und echten Suchens enthalten, doch das wenige, das die meisten dieser Menschen mit dem, was sie hören, tun, und die Eile, mit der sie von einer neuen »Erfahrung« zur nächsten hetzen, zeigt auch, daß es sich hier um ein orales Muster handelt.

Wenn man sich all dies genauer anschaut, so scheint es ziemlich »normal« oder »alltäglich« zu sein, doch ist es das in Wirklichkeit keineswegs. Denn es ist doch erst dann etwas wirklich »normal«, wenn man es im täglichen Leben umsetzt. Es handelt sich hier um das schizoide Muster, das Höhere auszusondern, es nicht mit der alltäglichen Wirklichkeit zu verbinden, sondern in vom Alltag abgetrennten Augenblicken in dieses Höhere zu »entschweben«. Somit ist es also doch etwas sehr »Ungewöhnliches«.

Pioniergeist

Es ist eine große Kunst, nicht auf solche scheinbar neuen, einen Halt bietende Muster hereinzufallen und daran hängenzubleiben. Viel schwieriger ist es, es bei der eigenen einfachen und oft so wenig sensationellen Wahrheit zu belassen. Und es ist auch eine große Kunst, sich nicht so schnell einer oder gar mehreren jener vielversprechenden Gruppen anzuschließen, die es in unserer Zeit gibt, sondern objektiv zu bleiben und sich zu fragen, ob dies tatsächlich das ist, was man sucht.

Leider verfangen sich viele der sogenannten »Gruppen des Neuen Zeitalters« infolge von Mangel an Introspektion einerseits und bedingt durch eine zu große Subjektivität andererseits doch wieder in alten Vorstellungssystemen. Das Traurige daran ist, daß die Impulse zum Neuen zwar aufgefangen worden sind, jedoch nicht weitergetragen werden können und in Selbsttäuschungen versanden. Die Entdeckungen, die gemacht werden, und die Verbindungen, die geknüpft werden, kommen nur der eigenen Persönlichkeit zugute, sie befruchten nicht die gemeinschaftliche Arbeit.

Wer sich von dieser Art von ansteckenden Verhaltensweisen fernhalten kann, ist eigentlich schon ein Pionier. Er strahlt Freiheit aus, und er beherrscht sich. Er ist unterwegs und verbindet sich mit anderen, doch gleichzeitig bleibt er auch in sich selbst verwurzelt. Er ist ein Pionier, weil er nicht mehr am Alten haftet und weil er seinen eigenen Entdeckungen folgt. Solch ein Pionier verfügt über eine ungeheure Überzeugungskraft. Er kann, weil er selbst frei bleibt, die gegenwärtige Tendenz, sich neue Scheinsicherheiten zuzulegen, aufdecken.

Die Charakterstrukturen

Wir wollen jetzt jede Charakterstruktur aus dem Blickwinkel dieses Pioniergeistes heraus betrachten. Wenn wir in der heutigen Zeit an erster Stelle von innen heraus, durch die eigene Erfahrung lernen, ein Helfer zu sein, welchen Auswüchsen dieses Helfer-Seins können wir dann zum Opfer fallen? Und was ist eigentlich das Neue, das befreit wird, wenn man die Struktur losläßt? Welchem gesellschaftlichen Muster setzt man als Pionier die echte Möglichkeit entgegen?

Für die »schizoide Struktur«, die schizoid bleiben will, ist die heutige Zeit der Himmel auf Erden. Endlich wird wieder bewiesen, daß das Höhere tatsächlich existiert und wesentlich ist. Es gibt Meister, die dich führen, und wenn du dich von ihnen führen läßt, bist du auserkoren, und nichts Unangenehmes wird mit dir geschehen. Wenn du positiv denkst, bekommst du keinen Krebs, alle Streitigkeiten werden überwunden werden, und du kannst auch noch leidenden Menschen in einem anderen Teil der Welt helfen. Wenn du nur positiv denkst!

Je mehr das Höhere zu einer feststehenden Tatsache wird, um so sicherer ist die Zukunft. Und die Probleme, die du noch hast, sind Karma, Folgen früherer Leben – daraus kannst du nur lernen, und alles hat, so, wie es ist, schon seine Richtigkeit.

All dies sind Möglichkeiten, die einen Halt bieten und die in dieser Zeit angeboten werden.

Wer in diesem Muster verharrend ein Helfer sein will, wird sich verhalten, als würde er die Bedeutung dessen, womit sich der Ratsuchende (Patient, Klient, Kunde, derjenige, der Hilfe sucht) beschäftigt, kennen. Er wird demjenigen, der bei ihm Rat sucht, gerne bestätigen, daß er ein ganz besonderer Mensch ist, und er wird an seiner Aura ablesen, worum es bei ihm genau geht. Er wird um den Ratsuchenden herum ein gewisses Licht sehen, und in dessen Chakren werden mysteriöse Bilder auftauchen. In jedem Fall wird er, genau wie die altmodische schizoide Struktur, keinen simplen, direkten Kontakt aufnehmen, weil er befürchtet, dadurch den Kontakt zum Höheren zu verlieren. Er wird sich nicht erden.

Wer hingegen in dieser Zeit die Impulse zum Neuen als das nimmt, was sie sind, wird darin die Möglichkeit sehen, eine Form für seinen Glauben zu finden, die ausschließlich seinem eigenen Inneren entstammt. Er bringt ein Opfer, denn obwohl er sich in den höheren Regionen in seinem Element fühlt, begibt sich in das Ungewohnte der gewöhnlichen Dinge dieser Welt. Er muß viel lernen und wird sich in Schwierigkeiten bringen.

Wenn er dies tut, ist er ein Pionier. Er kommt unter die Menschen, und er merkt, daß er den Kontakt zu seiner Seele nicht verliert, sondern daß er an durchlebter Erfahrungsweisheit und Kontakt mit anderen gewinnt. Solch ein Mensch ist geeignet mitzuhelfen, das verrückte Muster dieser Zeit zu entkräften und das Neue aufzugreifen.

Es liegt ihm am Herzen, den Glauben, der ihm am liebsten ist, einfach dadurch zu übermitteln, daß er ist, wer er ist, einschließlich seines nüchternen Verstandes. Er kennt die speziellen Tricks »seiner« Struktur aus ureigenster Erfahrung. Er weiß, wieviel Mühe es kostet, diese in Rauch aufgehen zu lassen. Er ist eine sachverständige Hilfskraft auf dem Gebiet der heutigen schizoiden Struktur geworden.

Die *orale Struktur* kann in unserer Zeit in den unzähligen Arten von Gruppen, die existieren, zum Zuge kommen. Wieviel gibt es doch zu lernen und zu erfahren! So viele Gelegenheiten, sich einmal hier und dann wieder da zu betätigen – immer mit der Begründung, daß einen das, was man bisher kennt und tut, nicht wirklich erfüllt. Die endlose Arbeit am »eigenen Prozeß« und das Sammeln von immer wieder neuem Material sind typisch orale Eigenschaften. Statt deine neueste Entdeckung erst einmal in die harte alltägliche Praxis umzusetzen, sammelst und suchst du unentwegt weiter. Auf diese Weise hältst du an dem Glauben fest, daß du unzufrieden bist, weil du früher einmal nicht genug bekommen hast und weil dieses Loch immer noch nicht gefüllt ist. Die Frustration, die dies erzeugt, versuchst du immer wieder zu lindern, indem du in einer Gruppe die schmerzhaftesten Erfahrungen durchlebst; du schreist nach deiner Mutter. Du kämpfst um ein Kissen, welches das Glück symbolisiert, du läßt dich wie ein Baby liebkosen, du wirst wieder und wieder neu geboren. Du wartest immer weiter darauf, daß dir von außen etwas gegeben wird, das deinen Mangel für immer beseitigt.

So stopfst du dich ohne Ende mit Nahrung voll, die du nicht verdauen kannst. Du stellst dir Gott als jemanden vor, der alles umsonst bekommt. Das ist in deinen Augen das Höchste. Aus dieser Sicht betrachtest du auch diejenigen, die die Gruppen leiten, an denen du teilnimmst; sie haben alles, und deshalb müssen sie es dir geben. Dein Orientierungspunkt ist nach wie vor der gute Hirte, der dir das Gute der Erde geben muß.

In ziemlich vielen Gruppen lernst du alle möglichen neuen Begriffe, Bezeichnungen und Worte. Worte, die nichts aussagen, sondern nur orales Geschwätz sind. Du lernst, daß du ein »Stück« Wut in dir hast, was immer das auch sein mag, daß du diese Wut »herauslassen« mußt und daß du nun, nachdem du sie herausgelassen hast, »wieder dazugehörst«, daß du jetzt »viel offener wirkst«, und so weiter.

Wenn du in diesem Muster verharrst, wirst du als Helfer sehr fordernd sein. Du wirst dann immer wieder das, was deinem

Klienten fehlt, aufzeigen. Du wirst auch nicht so bald aus dir heraus sagen, daß die Arbeit nun abgeschlossen sei. Es bleibt immer noch irgend etwas zu tun. Schließlich muß ja jede Frustration beseitigt werden. Und, du meine Güte! Was wird da nicht alles geredet und eingesehen!

Du durchbrichst dieses Muster, wenn du den neuen Impuls als Ansporn ansiehst, alles, was dir zur Verfügung steht, einzusetzen, so daß die Menschen in deiner Umgebung dauerhaft etwas von dir haben. Du suchst deine Erfüllung in dir selbst. Du stellst fest, daß es schon jetzt so, wie es ist, gut ist, und daß Frustration ein unumgänglicher Bestandteil jeder Weiterentwicklung ist und deshalb auch immer da sein wird. Mit dieser Orientierung wirst du genau für die Hilfe empfänglich, die du benötigst. Diese Hilfe suchst du, bis du sie gefunden hast. Denn Hilfe zu finden und zuzulassen ist der Anfang echten Gebens.

Wenn du in dem gesellschaftlichen Muster des »Es ist nie genug« das richtige Maß zu halten weißt, bist du ein Pionier. Du hast dann auch das Recht, die oralen Unzufriedenen in deiner Umgebung auf ihr Konsumverhalten hin anzusprechen, statt sie zu bedauern. Du hast den Mut, sie sich selbst zu überlassen, und du meinst nicht mehr, daß du es auch ihnen recht machen mußt.

Die *masochistische Struktur* sieht in dem Liebesimpuls, der in unserer Zeit so stark ist, eine neue Möglichkeit, alles mit dem Mantel der Liebe zu bedecken. »Wir lieben uns, wir sind für immer zusammen, wir brauchen einander, und alles, was geschieht, ist sehr schön. Wenn man nur an das Gute, Angenehme glaubt, wird das Schlechte von selbst verschwinden.«

So entsteht das gesellschaftliche Muster einer Subkultur, das neue »Wir«. Dieses neue »Wir« ist viel zu schnell da, noch bevor die Betroffenen eine eigene Identität erlangt haben.

Weil man glaubt, das gleiche Licht zu sehen, findet man einander sympathisch und läßt einander nicht im Stich. Solche Gruppen charakterisiert eine gewisse Einförmigkeit, die einlullend wirkt. Die sozialen Verpflichtungen des »früheren« Masochismus werden durch Rituale (des siebten Strahls) ersetzt, bei denen man zusammen singt, Gedanken austauscht, Händchen hält und einander umarmt. Natürlich kann dies ein Ausdruck der Liebe und des Verbundenheitsgefühls sein, doch nur zu oft ist es eine typische Form sozialen Masochismus, der dazu dient, die wirklichen Verhältnisse zu verschleiern.

Dieses Muster ist masochistisch, insofern es die Angst vor der Entfaltung der eigenen Identität – die ja immer von der eines anderen abweicht – zu beschwören versucht. Es dient dazu, wieder einmal keine Grenzen setzen zu müssen.

Der Helfer mit einer masochistischen Struktur akzeptiert alles. Er hat immer Verständnis und ist für den anderen da. Er steht zur Verfügung. Unterdessen leidet er unter dem Klienten, betrachtet dies jedoch als eigenes Versagen. Spiritualität bedeutet ja schließlich, daß man alles akzeptieren muß.

Wer in unserer Zeit dieser Struktur Lebewohl sagt, erfährt den neuen Impuls als die Notwendigkeit, ganz auf sich selbst gestellt seinen eigenen freien Raum einzunehmen, mit seinem eigenen Geschmack, seiner eigenen Kleidung und seinen eigenen Grenzen. Er sieht Gott nicht länger als seinen Beschützer an, sondern, wenn er ihn überhaupt sieht, als eine freie Seele. Er kreiert eigene Gesetze im unermeßlichen Raum, der entsteht, indem er das selbsterschaffene gute, jedoch erstickende höchste Wesen losläßt. Er pflegt mit den Menschen Umgang, mit denen er Umgang haben will. Er distanziert sich von Menschen, die ihm nicht liegen. Er feiert seinen Geburtstag auf seine eigene Weise.

Dies ist ein Affront für das gesellschaftliche Muster, bei dem

Spiritualität zu neuer Herdenbildung zu führen droht, mit neuen heiligen Kühen und neuen heiligen Pflichten. Der Pionier weckt das Bedürfnis nach individueller Unverwechselbarkeit.

Die *rigide Struktur* sieht die neue Zeit als ein neues Solounternehmen. *Free enterprise*, Individualität, hurra! Sich zur eigenen Identität zu bekennen wird endlich zur spirituellen Tugend! Öffentliche Kritik auch! Ich kann meine eigene Form bestimmen. Und noch etwas: Spiritualität ist interessant und verleiht dem Menschen ein gewisses Etwas.

Dieses Muster ist dem masochistischen Muster genau entgegengesetzt. In diesem Fall gibt die neue Zeit dir einen neuen Rahmen, eine neue Form, innerhalb derer du Abstand wahren kannst, so daß du nicht zu schmelzen brauchst. Der ständig ironische Ton so vieler heutiger Zeitschriften für moderne Menschen, die Verehrung perfekter Formen, das Wissen darum, was »in« ist und was nicht – dies alles sind Kennzeichen eines neuen rigiden Musters, innerhalb dessen Nicht-Wissen nicht existiert.

Als Helfer bist du rigide, insofern du dich als perfekt präsentierst, alles weißt und dich nicht in das Unbekannte hineinwagst. Du redest viel und überzeugt, und du zeigst die Herzensgefühle, die du deinen Klienten gegenüber hast, nie direkt, denn dadurch würdest du dich ausliefern. Du sorgst dafür, daß du ein Fremder bleibst.

Wer sich in dieser Zeit von der rigiden Struktur befreit, erfährt den neuen Impuls als einen Lebensstrom, der bewirkt, daß man sich rückhaltlos hingibt, ohne vorher schon zu wissen, wohin das führt. Die einzige Sicherheit ist, daß eine Verbindung hergestellt wird.

Gerade dieser verbindende Schritt macht einen solchen Menschen zu einem Pionier: daß er sich aufrichtig mit dem großen Ganzen verbindet und bis in die äußere Form hinein

Zeugnis davon ablegt. Wenn die rigide Struktur sich dahin verändert, wird wunderbarerweise die Persönlichkeit des betreffenden Menschen gestärkt, und sie gewinnt an Schönheit. Der Mensch wird entspannter, weil ihm bewußt ist, daß die Welt nicht untergeht, nur weil er etwas nicht weiß. Damit ist er ein Vorbild für alle, die meinen, daß die neue Zeit ihnen ein neues, praktisch anwendbares Wissen an die Hand gibt.

Die *psychopathische Struktur* schließlich kennzeichnet in unserer Zeit einen Menschen, der sich an seinem »Kanal« erfreut – seinem Kontakt zum Höheren –, weil er glaubt, sich dadurch Allmacht verschaffen zu können. Das Sehen wird zu einem höheren Sehen, und die Beherrschung wird zu einer höheren Beherrschung. Die Anmaßung eines solchen Menschen liegt darin, daß er das Hören einer inneren Stimme gleichsetzt mit Unfehlbarkeit. Sein Wille ist nun endlich wirklich Gesetz, weil er ihm ja von höherer Stelle »durchgegeben« wird. Auffällig daran ist, daß sein Gott nie etwas sagt, was sein eigenes Fundament angreift.

Dies spiegelt sich in unserer Zeit in der Erscheinung des Mannes bzw. der Frau, der/die Jünger um sich sammelt und genau zu wissen vorgibt, was gut für diese ist. Es zeigt sich in gleicher Weise bei den Jüngern, die bei diesen »Meistern« nicht ihre Sicherheit aufzugeben brauchen, denn ihre Sicherheit ist ja gerade das, wovon sich ihr »Meister« ernährt. Das ist der psychopathische »Deal«.

Der Helfer mit dieser Struktur wird entscheiden, was der Ratsuchende am besten tun sollte, und er wird darauf drängen, daß er dies auch tatsächlich tut. Sobald eine Unsicherheit auftaucht, wird er sich auf seine innere Stimme berufen und die empfangenen Botschaften als hundertprozentige Gewißheiten präsentieren.

Wer sich in dieser Zeit von seiner psychopathischen Struktur löst, sieht den Impuls des Neuen als die Möglichkeit, auf seine Eingebungen zu vertrauen, während er sich gleichzeitig dessen bewußt ist, daß seine Wahrheit von heute eine temporäre Wahrheit ist. Was er an andere weitergibt, gibt er gleichsam in einem geschlossenen Umschlag weiter. Er weiß nicht, was es für den anderen bedeutet, und er weiß nicht, was der andere damit tun muß. Er ist eher eine Art spiritueller Postbote als ein spirituelles Oberhaupt. Er ist ein Pionier, wenn er sich die Stimme des Namenlosen nicht persönlich aneignet, sondern offen eingesteht, daß etwas, das größer ist als er selbst, sich seiner bedient.

Er ist ein Instrument und nicht ein unfehlbarer Gottgesandter.

Anorexia nervosa, Hyperventilation, Migräne

*H*yperventilation, Migräne und *Anorexia nervosa* sind Beschwerden, unter denen in unserer Zeit viele Menschen leiden, die dabei sind, den Übergang in einen anderen Seinszustand zu vollziehen. Diese Störungen sind oft ein Hinweis darauf, daß eine Möglichkeit zur Entwicklung besteht und daß sich die Persönlichkeit dieser Möglichkeit widersetzt. Das Sich-Widersetzen manifestiert sich durch markantes Hervortreten einer bestimmten Charakterstruktur. Jedes Problem, das bis ins Physische hineinreicht, präsentiert sich konkret und ist unausweichlich und bietet damit die Möglichkeit, es vollständig aufzulösen. Derartige Gesundheitsstörungen lassen sich nicht auf rein medizinischem Wege lösen (auch wenn es in vielen Fällen möglich ist, durch Schmerzmittel und Psychopharmaka eine zeitweilige Linderung herbeizuführen). Ein Weg, der zur Heilung führen kann, ist, sich des *allgemeinen* Zustandes bewußt zu werden, in dem man sich befindet. Wenn man sich der Lebensfrage bewußt wird, die sich in Form der Störung bis in den Bereich des Physischen hinein äußert, kann man mit dem Neuen in Kontakt treten, auf das die Frage abzielt. Dieses Neue läßt sich schließlich auf den Ebenen des Denkens, des Fühlens und des täglichen Handelns verwirklichen. Es erfordert die Liebe, sich selbst kennen zu wollen, und die Bereitschaft zu Meditation und Disziplin. Sehr oft ist am Anfang eine andere Denkeinstellung unumgänglich; sie kann später allmählich auf die verschiedenen Lebensbereiche übergreifen.

Wir werden nun diese drei Störungen, die in Zeiten des Wandels häufig auftreten, kurz beschreiben. Wir verwenden dazu die Terminologie, die wir in diesem Buch entwickelt haben. Jeder Beschreibung fügen wir einen Vorschlag für eine kreative Imagination – eine Visualisation – bei, die helfen kann, den erforderlichen Wandel oder Übergang zu vollziehen.

Anorexia nervosa

Anorexia nervosa ist ein Symptomenkomplex unbekannter Ursache, bei dem ein starker Widerwille gegen Nahrung zu einem Zustand des Verhungerns (und bei Frauen zum Ausbleiben der Menstruation) führt. Die starke Abneigung gegen Essen wird von dem Betroffenen oft als eine Angst, dick zu werden, erklärt. Das Nicht-Essen geht meist einher mit einer insgeheimen oder offenen Verachtung all denjenigen gegenüber, die »süchtig nach Essen sind«. Das lang andauernde Nicht-Essen führt im physischen Bereich zu extremer Magerkeit und im astral-*mentalen* Bereich zu fieberhaften Zuständen und ekstatischen Erfahrungen. Oft geht einer Periode von *Anorexia nervosa* eine sexuelle Erfahrung voraus. Das Hungern geschieht manchmal unter dem Vorwand des Abnehmens oder Fastens.

Dies ist eine typisch schizoide und in geringerem Maße auch orale Problematik. Es besteht eine eindeutige Abneigung dagegen, hier auf Erden zu sein und die guten Dinge der Erde zu genießen. Man braucht dies alles nicht, so sagt man implizit oder explizit; Essen, Nähe und Sexualität machen es sogar unmöglich, im Zustand der Erhabenheit zu verweilen, den man als den erstrebenswerten ansieht. Je länger man hungert, um so weniger wird man vom Körper nach unten gezogen, man wird immer ätherischer – bis man schließlich wieder in das Land des Ursprungs eingeht.

Wir erkennen hier deutlich das überproportional geöffnete

Kronen-Chakra und die überproportional geschlossenen Chakren unterhalb des Zwerchfells. Der betreffende Mensch ist nicht geerdet, und im allgemeinen hat er wenig Kontakt mit der Mutter-Seite des Daseins. Er kann sich im alltäglichen Leben nicht behaupten. Auch besteht ein deutlicher Widerwille, durch Versuch und Irrtum die Nuancen eines Kontakts kennenzulernen. Mit im Spiel ist ein stark fordernder Unterton – eine Alles-oder-nichts-Haltung –, die der betreffende Mensch jedoch verborgen hält. Der Fanatismus, mit dem solche Menschen hungern, und ihre Weigerung, die Nuancen zu leben, legt die Vermutung nahe, daß hier der sechste Strahl in Aktion ist.

Heilung kann erfolgen, wenn der Betreffende lernt, sich selbst als einen Suchenden nach Licht und Wahrheit zu begreifen, der in einer falschen Meditationshaltung steckengeblieben ist. Der geistige Weg des Verhungerns ist ein authentischer Pfad eines früheren Zeitabschnitts (des sechsten Strahls), der heute kein positives Resultat mehr hervorbringt. In früheren Zeiten wurden Menschen, die über lange Zeit hungerten, als Heilige verehrt; heute hingegen gelten sie als krank. Das ist keinesfalls ein Indiz dafür, daß wir heute in spiritueller Hinsicht besonders rückständig sind. Vielmehr folgen wir heute einem anderen Weg. Wenn der unter *Anorexia nervosa* leidende Mensch zugibt, daß *er* ein Problem hat – nicht die Gesellschaft ein Problem mit ihm –, ist die Hälfte der Arbeit schon getan.

Die andere Hälfte besteht in der allmählichen Kontaktaufnahme mit der Erde und dem Irdischen, wobei mit regelmäßigen Rückfällen gerechnet werden muß. Vorsichtig erdende energetische Arbeit kann in der Anfangsphase sehr förderlich wirken, ebenso behutsame Formen körperlicher Heilung und Massage. Jede Form von rhythmischem Einfluß ist heilend. Es ist von größter Wichtigkeit, zwischen der Phantasiewelt und echter Kreativität zu unterscheiden, denn der unter

Anorexia nervosa leidende Mensch hat der Welt immer ein kreatives Geschenk anzubieten, das unsichtbar bleibt, solange er sich in die Phantasiewelt flüchtet. Dieses Leiden, das auf extreme Weise die Inkarnationsweigerung eines jeden Menschen widerspiegelt, birgt in sich die Möglichkeit zu einer tief durchlebten spirituellen Verbindung zur irdischen Wirklichkeit. Der Transmutationsbogen von Wurzel- und Kronen-Chakra kann hier entstehen.

Eine erste Visualisierung kann die Vorstellung sein, daß von oben durch den Scheitel Licht in den Körper eintritt. Danach kann man sich aktiv vorstellen, daß dieses Licht den Körper bis in alle Fasern erfüllt und sich dann der Umgebung mitteilt, der direkten physischen Umgebung des Bodens unter den Füßen und den Menschen, mit denen man umgeht.

Die zweite Phase der Visualisierung besteht darin, sich vorzustellen, daß das Licht, von dem man erfüllt ist, sehr feine Öffnungen geschaffen hat, durch welche man das Licht und die Liebe, die von außen kommen, erfahren kann.

In der dritten Phase stellt man sich vor, daß die nach außen gehende Bewegung (Energie) der nach innen gerichteten Bewegung (Energie) begegnet und daß diese beiden einander fortwährend ergänzen. Dies ist die Visualisierung des Nährens und Genährtwerdens, des Gebens und Empfangens, der Kommunikation in Einheit.

Wenn diese Visualisierung geübt wird, entsteht eine Lichtlinie vom mentalen Körper zur physischen Wirklichkeit. Diese Lichtlinie kann anschließend durch minutiöse Arbeit zu einer soliden Brücke ausgebaut werden.

Hyperventilation

Hyperventilation ist physisch gesehen die Folge einer schnellen, tiefen Atmung, wobei der verringerte Kohlendioxidgehalt des Blutes Symptome wie Schwindel und Kribbeln oder Krämpfe (beispielsweise in den Armen) hervorruft. Dies ist häufig eine Reaktion auf Angst oder Sorgen. Der hyperemotionale Zustand, der entstehen kann, geht mit Angstgefühlen und vermindertem Bewußtsein einher. Viele Menschen leiden unter dieser Störung, ohne es zu wissen – so sehr sind die dazugehörigen Gefühle und körperlichen Erfahrungen zu einem festen Bestandteil ihres Lebens geworden.

Bei der Hyperventilation wird deutlich, in welchem Maße die menschliche Atmung eine Verbindung zwischen dem Physischen und dem Psychischen bildet. Unser Leben als Mensch beginnt mit unserem ersten Atemzug und endet mit unserem letzten.

Dazwischen holen wir unaufhörlich Atem. Den größten Teil dieser Zeit über wissen wir nicht, daß wir atmen; es ist ein unwillkürlicher Prozeß. Manchmal, wenn wir krank sind oder wenn wir aus anderen Gründen unserem Atem Aufmerksamkeit schenken, sind wir uns dessen bewußt, daß wir atmen, und wir üben Einfluß auf unsere Art zu atmen aus. Wir können feststellen, daß wir, indem wir auf eine bestimmte Weise atmen, die Qualität unserer Gedanken und Gefühle beeinflussen. Durch unsere Atmung können wir bewußt Einfluß auf unsere gesamte (physische und psychische) Verfassung nehmen. Verschiedene Formen von Yoga gründen auf dieser Erfahrung.

Umgekehrt jedoch ist es auch so, daß eine bestimmte, nicht bewußte, jedoch automatische Art zu atmen unsere gesamte Verfassung beeinflußt. Genau dies ist bei der Hyperventilation der Fall.

Die Sorgen und Ängste, die man hat und die man in sich hält – manchmal sogar so sehr in sich hält, daß man nicht einmal weiß, daß man sie hat –, beeinflussen die Atmung. Es entsteht eine sogenannte »Angstatmung«, eine tiefe Atmung im oberen Bereich des Körpers, durch welche sehr viel Luft in die Lungen gepumpt wird. Diese Angstatmung ermöglicht es vermutlich in Krisensituationen, sehr schnell zu flüchten oder in anderer Weise konzentriert und schnell zu handeln. Bei einem ängstlichen, grüblerischen und sorgenvollen Menschen hingegen findet keine derartige Bewegung statt; er zieht sich in sich selbst zurück und atmet unmerklich immer schneller, wobei das Schwergewicht auf dem Einatmen und »Speichern« von Sauerstoff liegt. Schließlich ist der Kohlendioxidgehalt des Blutes so stark reduziert, daß die oben beschriebenen Symptome auftreten.

Wenn man dann nicht erkennt, was da vor sich geht, und eingreift (beispielsweise indem man in die Hände oder in einen Beutel atmet, wodurch die ausgeatmete Luft »recycled« wird, und die Symptome schnell wieder verschwinden), kann leicht ein Teufelskreis entstehen: Durch die unangenehmen Symptome gerät man in Panik und atmet noch schneller. Der Kohlendioxidgehalt des Blutes nimmt weiter ab, die Symptome nehmen zu. Und so weiter.

Hyperventilation ist ein typisches Leiden von Menschen, die ihre Probleme allein zu lösen versuchen. Sie wenden sich nicht nach außen mit der Bitte um Hilfe, sondern sie versuchen, ihre Probleme und Lebensfragen in den Griff zu bekommen, indem sie sie in sich verschließen. Darin können wir die orale Pseudolösung des Nicht-Fragens erkennen. Die orale Struktur finden wir auch in der Art der Probleme wieder, die Menschen, die unter Hyperventilation leiden, häufig haben: die Angst, unzulänglich zu sein oder zu kurz zu kommen, den Anforderungen des Alltags nicht gewachsen zu sein, und Ängste im Zusammenhang mit Einsamkeit und Verlassenwerden. Außerdem zeigt sich das orale Element oft in den Körperteilen, die zu kribbeln beginnen oder die sich verkrampfen: in Armen, Händen und Mund.

Beachten wir dabei die Chakren, so ist das Niveau, das durch die Untergrenze der Angstatmung (nämlich das Zwerchfell) angezeigt wird, von Bedeutung. Das Solarplexus-Zentrum ist eindeutig zu wenig offen. Dies äußert sich unter anderem in der Verhaltenheit und im Zurückschrecken vor als gewagt erscheinenden Initiativen. Auch das Herz-Chakra ist im Verhältnis zu sehr geschlossen. Wahrscheinlich steht der Betroffene auf der Ebene der Chakren vor der Aufgabe, das Solarplexus-Chakra und das Herz-Chakra ins Gleichgewicht zu bringen. Der Kampf, der sich abspielt, steht in Zusammenhang mit dem Eintreten für die eigene Identität und mit dem Eingehen einer tiefen Verbindung zu anderen. Anders gesagt: Es geht hier um den Transmutationsbogen vom Solarplexus- zum Herz-Chakra.

Menschen, die unter Hyperventilationsproblemen leiden, ist es sehr zu empfehlen, sich der eigenen Atmung bewußt zu werden und Atem- und Entspannungsübungen zu erlernen. Dies ist sozusagen eine erste Plattform, von der aus man andere, psychologische Verfahrensweisen erproben kann, beispielsweise: sich der eigenen Grenzen bewußt zu werden, die eigenen Wünsche auszudrücken und zu lernen, um etwas zu bitten. Dabei kann man auch die Erfahrung machen, daß ein Schritt, den man nicht völlig überblickt, oft zu größerer Freude und zu größerem Glück führt, als alle fundierten, gründlich durchdachten und kontrollierten Schritte zusammen.

Das neue Motto, das ein Mensch, der unter dieser Störung leidet, sich zulegen kann, kommt in der folgenden Affirmation zum Ausdruck:

> Ich bin nicht allein.
> Ich befinde mich inmitten von Gleichgesinnten.
> Ich tue, was mir am Herzen liegt
>   und was ich nicht beherrsche.
> So bin ich ich selbst.
> So teile ich meine Liebe.
> So bin ich verbunden.

Migräne

Migräne ist ein Symptomenkomplex, den heftige, sich ständig wiederholende Kopfschmerzanfälle kennzeichnen, die manchmal einseitig sind und die oft mit Übelkeit und Erbrechen einhergehen. Den Anfällen gehen oft abnorme Wahrnehmungen (zum Beispiel Lichtblitze) voraus oder treten im Verlauf des Anfalls auf. Licht und Reize von außen werden allgemein als unangenehm erfahren.

Oftmals führt Streß zu solchen Anfällen. Gerade in Momenten, in denen Entspannung eintreten könnte, macht sich die Spannung der vorangegangenen Zeit bemerkbar. So wird beispielsweise oft der Urlaubsanfang durch Migräneanfälle verdorben.

Migräne ist ein Sammelbegriff für eine Vielzahl von Beschwerden, die alle mehr oder weniger die obengenannten Symptome aufweisen. Wir wollen hier näher auf eine Art von Migräne eingehen, die wir das *Kopfzerbrechen der Persönlichkeit* nennen könnten. Diese Migräne ist ein Problem des Stirn-Chakras.

Das Stirn-Chakra, das Zentrum der gereiften Persönlichkeit, hat an einem bestimmten Punkt seiner Entwicklung die Möglichkeit, sich mit dem Kronen-Chakra zu verbinden. In dieser Verbindung festigt sich auf der Ebene der Chakren die Verbindung von Persönlichkeit und Seele zu einem einzigen Zentrum. Um eine solche Verbindung möglich zu machen, muß sich die Persönlichkeit (das Stirn-Chakra) in der Haltung der Empfänglichkeit auf den höheren Willen (das Kronen-Chakra) einstellen. Dies – und vor allem die Empfänglichkeit – ist ein großes Problem für die gereifte Persönlichkeit, die ihr Leben gut organisiert hat und fürchtet, daß Hingabe gleichbedeutend mit endgültigem Verlust ist. Wenn die Persönlichkeit sich in ihrem Denken von diesem Bild bestimmen läßt, wendet sie sich krampfhaft von den Impulsen der Seele ab; statt empfänglich zu werden, wird sie hyperaktiv, denkt über alles nach, versucht, ihr Leben so gründlich wie möglich zu planen, und mischt sich allgemein, unter fortwährendem Denken und Sorgen, in mögliche Entwicklungen ein.

Die Verkrampfung des sich abwendenden Stirn-Chakras, das sich gegen die Hingabe, für die es eigentlich reif ist, zur Wehr setzt, wirkt sich im körperlichen Bereich in Form von Migräne aus. Die Migräne ist also ein Signal dafür, daß die Seele an die Persönlichkeit appelliert und daß sich die Persönlichkeit dem widersetzt.

Die Charakterstruktur, die hier in den Vordergrund tritt, ist die psychopathische Struktur. Es ist der aufspaltende Wille, der »nein« zur Hingabe und zu völligem Sich-Anvertrauen sagt. Wenn der Wille sich von der Beseelung abspaltet, wird das Leben leer und bedeutungslos. Es wird dann zu dem, was einmal jemand, der unter dieser Störung litt, in folgende Worte faßte: »Als ob man plötzlich in einer zweidimensionalen Ebene wäre und als ob die Seele aus den Geräuschen und aus allen Dingen verschwunden wäre.« Der Sinn ist aus dem Leben verschwunden wie eine Hand aus einem Handschuh.

Außer dem abgespaltenen Willen der psychopathischen Struktur können wir hier eine erhöhte Denkaktivität und ein Sich-Abwenden von den Gefühlen erkennen. Dies weist auf die stärker mental orientierten schizoiden und oralen Strukturen hin. Das Gefühl, nicht dazuzugehören und nicht dazugehören zu wollen, des Fremdseins und, in physischer Hinsicht, die Neigung zur Bewegungslosigkeit und die Einseitigkeit der Kopfschmerzanfälle erinnert an die schizoide Struktur.

Ein einsetzender Anfall läßt sich oft aufhalten, wenn man rechtzeitig etwas dagegen unternimmt. In der ersten Phase eines Anfalls kann Berührung Wunder wirken. Vor allem tiefe, kräftige Massage des Nackens bis zur Unterseite der

Schädeldecke, Massage der Schultern und von dort über die Rückseite des Körpers zu den Füßen hin, kann den drohenden Anfall abwenden.

Menschen, die unter Migräne leiden, tendieren dazu, sich, sobald sie merken, daß sie »es wieder bekommen«, so still wie möglich zu halten und sich zurückzuziehen, während gerade in der ersten Phase Kontakt und Bewegung helfen würden. Im allgemeinen wäre es besser, wenn sie sich nicht zurückziehen, sondern sich kräftig erden würden. Dies ist durch Aufstampfen mit den Füßen und durch Schreien möglich, denn dadurch kommen die »gefrorenen Gefühle« wieder in Fluß, und der betreffende Mensch kommt wieder in seinen Körper zurück. Was letzteres betrifft, können auch abwechselnde warme und kalte Duschen helfen. Die von uns beschriebene Migräne kann nicht auf einen physischen Körper übergreifen, der offen und geerdet ist, und ebensowenig auf einen Gefühlskörper, der nicht verkrampft ist.

Die folgende Visualisierung könnte bei Migräne hilfreich sein:

> Stell dir vor, daß sich in deiner Stirn eine Knospe befindet, die sich langsam öffnet. Stell dir vor, daß die sich so entfaltende Blume sich ganz nach oben richtet. Fühle die feine, zarte, vibrierende Energie, die durch die Blütenblätter fließt und sich dem, was über ihr ist, darbietet; als ob dein Kopf von oben völlig offen wäre wie eine Schale. Immer wieder bietest du diese Schale dar, was auch kommen mag. Du hältst keinen Gedanken fest. Jeder Gedanke ist eine Knospe, die sich dem Licht öffnet, das von oben kommt.

Migräne braucht nicht bis zum bitteren Ende erlitten zu werden. Sie ist ein Signal, eine Möglichkeit. Wenn das Signal erkannt und beantwortet wird, tritt Ruhe ein, und die zurückgedrängte Kreativität wird frei.

Die sieben Chakren

	WURZEL-CHAKRA *Muladhara*	SEXUAL-CHAKRA *Svadhisthana*	SOLARPLEXUS *Manipura*
Schlüssel-wörter	Lebenswille, reine Ernergie, pulsieren-des Leben, Erde als Mutter, Ur-Materie	physische Schöpfung, erste Dualität, Genie-ßen und Unterschei-den, Herde	Trieb wird »ich«, Begierde und Angst, Grenzen setzen, Person werden
Kernbot-schaften	Ich verkörpere und ich habe	Ich kenne und ich fühle	Ich diene und ich kann
Funktionen	Überleben, Erdung	Verlangen, Sexualität	natürlicher Wille, Beherrschung
harmonisch geöffnet	Liebe zu Bewegung und Rhythmus, Ge-nießen des Irdischen und Körperlichen	sich selbst als Frau oder Mann genießen, sich frei auf den ande-ren zubewegen	instinktiv wissen, was zu tun ist, klar, wach, energievoll, tatkräftig
physischer Bereich	Füße, Beine, Gedär-me	männliche/weibliche Geschlechtsorgane, Nieren, Blase	Muskelsystem, Verdauungssystem
unverhältnis-mäßig stark geöffnet	Materialismus, zu großer Einsatz von Kraft, Grobheit	Sexualität als isolierte Spannung, Anhäng-lichkeit, Entladung vor dem Erleben	reaktiv, Grübeln über Vergangenheit, sich sorgen um morgen, Lust- u. Unlustgefühle
unverhältnis-mäßig stark geschlossen	Mangel an Lebens-kraft, Mangel an Realismus	Freudlosigkeit, Ver-kniffenheit in Motorik und Stimme, über-kritisch	Unsicherheit, kein Daseinsrecht, zu nach giebig, Spielball der Umgebung
Charakter-strukturen	unterentwickelt: schizoid, oral	überentwickelt: rigide unterentwickelt: schizoid, oral, masochistisch	überentwickelt: o+m+r+p unterentwickelt: schizoid
Strahl	siebter Strahl	fünfter Strahl	sechster Strahl
Bogen zum	Kronen-Chakra	Kehl-Chakra	Herz-Chakra
Funktion im Bogen	physischer Wille, da zu sein	physische Fortpflan-zung	Individualität, Interesse an der eigenen Person
physisch über	die Nebenniere	die Geschlechtsdrüsen	Bauchspeicheldrüse
Sanskrit-Übersetzung	Wurzel-Basis	der eigene Ort	Stadt des Juwels
Anzahl der Blätter	vier »Blütenblätter«	sechs	zehn

HERZ-CHAKRA *Anahata*	KEHL-CHAKRA *Visuddha*	STIRN-CHAKRA *Ajna*	KRONEN-CHAKRA *Sahasrara*
Selbstlosigkeit unter Beibehaltung der Identität, Geben, Harmonisieren, Zirkel von Menschen	Zielgerichtetheit, Geschöpf wird Schöpfer, das lebendige Wort, zu einem Netzwerk verbundene Zirkel	integrierte Persönlichkeit, unmittelbares Sehen, Visualisierung	Bewußtsein, alle Materie wird zu Licht, dauerhaft nach oben gerichtet, Einheit
Ich verbinde und ich liebe	Ich realisiere und ich spreche	Ich schaffe Einheit und ich sehe	Ich führe den Willen aus und ich weiß
Liebe, Gleichgewicht	Kommunikation und Kreativität	Intuition, Imagination	umfassendes Wissen
Liebe, betet an, was da ist, und läßt frei; Integration, Gruppenbewußtsein	Originalität, Unterscheidungsvermögen, Kreativität, Treffsicherheit	klar sehend, läßt sich nicht in Dualität verstricken, Beruf ist Berufung	ruhiges Vertrauen, Bewußtsein des Behütet-Werdens, Wille im Dienste des (einen) Willens
Herz, Lungen, Arme, Hände	Mund, Kehle, Nacken, Schultern, Ausdruck der Hände und Arme	Augen und der Bereich um die Augen, die linke Gehirnhälfte	rechte Gehirnhälfte, zentrales Nervensystem
Schwerpunkt: sozialer Aspekt, Macht mittels Gruppenzwang, Unterdrücken der eigenen Bedürfnisse	Geltungsdrang, Sich-Übernehmen, verspricht das Blaue vom Himmel, aufdringlich	fieberhafte mentale Aktivität, Stolz, betrachtet das Leben als Schachspiel	Vermeidung der Schattenseiten, Abgehobenheit, Weigerung zu inkarnieren
egoistische Interessen, Besonders-sein-Wollen, keine Integration	Gefühle der Hilflosigkeit, Abhängigkeit, Unzulänglichkeit, machtlos	selbständiges Denken unterentwickelt, Orientierung an Vorbildern, übermäßig bescheiden	Vermeidung der Lichtwelt, Isolation, Mißtrauen dem Intuitiven gegenüber
überentwickelt: masochistisch unterentwickelt: oral, rigide	überentwickelt: rigide unterentwickelt: schizoid, oral, masochistisch	überentwickelt: oral, rigide, psychopathisch	überentwickelt: schizoid unterentwickelt: rigide
zweiter Strahl	dritter Strahl	vierter Strahl	erster Strahl
Solarplexus	Sexual-Chakra	(zus. m. Kronen-Chakra)	Wurzel-Chakra
Gruppenbewußtsein	bewußte Fortpflanzung	(Integration der Persönlichkeit)	Ich führe den Willen aus
der Thymus	die Schilddrüse	die Hypophyse	Zirbeldrüse
nicht aus zwei	vollkommen Gereinigter	Befehl, Auftrag	tausendblättriger
zwölf	sechzehn	zwei	»tausend«

Die fünf Charakterstrukturen

	SCHIZOIDE STRUKTUR	ORALE STRUKTUR
bildet sich	vor der Geburt und während des ersten Jahres	in den ersten beiden Jahren
Fixierung	auf den Ursprung	orale Fixierung
primäres Bedürfnis	Sein, Bewegen	Nahrung empfangen
erfährt die Umgebung als	ablehnend, Nein	manchmal vernachlässigend
Abwehr	Nicht-hier-Sein	nicht geben
Ersatzbedürfnis	Frieden, Heiterkeit	Anerkennung
die Maske sagt	»Ich habe nichts damit zu schaffen!«	»Tue du es, ich kann es nicht«
mentales Kennzeichen/Bild	Ich habe kein Recht, da zu sein	Ich verdiene es nicht. Es ist nicht genug da
astrales Kennzeichen/ Emotion	Angst, Arroganz, Haß	Alles vergleichen, Eifersucht, höllische Wut
physisches Kennzeichen	Bewegung von der Peripherie aus, erstarrt, Energie oben, Augen leer	schlapp, ruhelos, nach oben gezogen, nicht kompakt, Arme kraftlos
negative Orientierung	Ich will hier nicht sein	Ich setze mich nicht dafür ein, es zu bekommen
Anspannung	hält sich zusammen	hält fest
Problembereich	menschlicher Kontakt, Ordnung in den täglichen Angelegenheiten	durchhalten, wenn es schwierig wird
Auswirkung auf den anderen	Dieser gerät in Verwirrung, er unterbricht den Kontakt	Dieser ermüdet, fühlt sich nicht gut genug
muß lernen	den Geist im Stofflichen zu entdecken, Einheit auf allen Gebieten zu schaffen, Kontakt	sich zu erden und durchzuhalten, in sich selbst die Quelle zu finden und zu empfangen
Kernaussage	Ich bin hier zu Hause	Ich bin zufrieden
Gaben	Das Licht sehen und Licht sein, Humor	zufrieden, weise, die kleinen Dinge zu schätzen wissen
Chakren	Krone weit geöffnet, Wurzel ganz geschlossen, Solarplexus kontrahiert	Stirn-Chakra weit geöffnet, Herz sehr geschlossen, Solarplexus offen oder weniger stark geschlossen
Typus	Intuition	Denken
Element	Feuer	Luft

MASOCHISTISCHE STRUKTUR	RIGIDE STRUKTUR	PSYCHOPATHISCHE STRUKTUR
von eineinhalb bis drei Jahren	im vierten bis fünften Lebensjahr	je nach Kombination
anale Fixierung	genitale Fixierung	gilt hier nicht
sich ausdrücken	Liebe geben und empfangen	Unterstützung empfangen
erstickend, überall und zuviel	unterdrückend, ja/Trennung/nein	demütigend, ja=nein, nein=ja
weder ja noch nein sein	das Herz nicht geben	Wollen statt Fühlen
Bestätigung	Perfektion	Macht, Kontrolle
»Ich tue doch mein Bestes!«	»Ich mache es gut, ich bin o.k.!«	»Du kannst mir nichts anhaben, aber ich kann dir etwas tun!«
Ich muß mich beherrschen. Ich bin schmutzig	Hingabe = Verlieren Beherrschung = Gewinnen	Ich will nicht fallen. Ich muß auf der Hut sein
Sumpf der Verzweiflung, Widerstand und Verlangen	Stolz, Wettkampf, Herzenskummer, Jähzorn	Unterwerfung, Angst, Verführung, Rache
geerdet, Blockade Ober- und Unterkörper, Ballonrumpf und »Smile«	harmonischer, energetischer Körper, rundum gepanzert	Verschiebung von unten nach oben, von vorne nach hinten, Augen!
Ich fühle mich immer weiter schlecht	Ich gebe mich nicht hin, ich fühle nichts	Ich tue nur, was ich will
hält in sich	hält sich zurück	hält sich aufrecht
Grenzen setzen, etwas wirklich aufgeben	Liebesleben, den Kopf beugen	Gemeinschaftlichkeit im weitesten Sinne
Dieser fühlt sich schuldig und provoziert	Dieser distanziert sich, wird unfrei, ironisch	Dieser fühlt sich von Angst und Verlangen beherrscht
zu unterscheiden und offen zu zeigen, kraftvolle aktive Liebe	Herz und Sexualität zu vereinigen und sich vom Umfassenderen leiten lassen	zu vertrauen, ohne den Überblick zu behalten und seine Geheimnisse aufzudecken
Ich bin frei	Ich habe lieb	Ich vertraue mich an
warme und nuancenreiche Liebe, Freiheit	Demut in Würde	Mut, dem Unbekannten entgegengehen
Kehle geschlossen, Herz und Solarplexus nicht verbunden, beide im Widerstreit miteinander offen	Wurzel- und Sexual-Chakra offen, Kronen- und Herz-Chakra geschlossen, Solarplexus und Stirn-Chakra zu weit geöffnet	Stirn-Chakra und Solarplexus zu weit geöffnet, im übrigen abhängig von der jeweiligen Kombination
Fühlen	Empfinden	Wille
Wasser	Erde	*Quinta essentia*

Die sieben Strahlen

	ERSTER STRAHL **Wille oder Macht**	**ZWEITER STRAHL** **Liebe–Weisheit**	**DRITTER STRAHL** **aktive Intelligenz**
Schlüsselwort	der Kämpfer	der Heiler	der Weber
Kernsatz	der den Weg bahnt für die göttliche Absicht	der die göttliche Qualität ausdrückt	der die Intuition widerspiegelt
Qualität	Stärke, Mut, Beständigkeit, weiter Horizont, Menschenführung, Wahrhaftigkeit	ruhig, kraftvoll, Intuition, Heiterkeit, Geduld, klarer Verstand, treu	weiter Horizont, ausgewogene Sicht, Geduld, Aufrichtigkeit, Vorsicht, Intelligenz
Verformung	Stolz, Wunsch, andere zu beherrschen und zu kontrollieren, unbarmherzig, grausam	kalt, gleichgültig, verächtlich gegenüber weniger Begabten, »Schriftgelehrter«	intellektueller Dünkel, Kälte, Isolierung, überkritisch, zerstreut, ungenau
Weg des geringsten Widerstandes	Liebe zur Macht und Autorität, selbstsüchtige Ambitionen, Isolierung	Angst, Mangel an Selbstachtung, Selbstmitleid, depressiv sein, abwarten	Beschäftigt-Sein, manipulieren, Materialismus, Egoismus, Mittelpunkt des Wissens
zu erwerbende Qualität	zarte Gefühle, Geduld, Toleranz, Demut, Mitgefühl, Freundlichkeit	Liebe, Mitleid, Selbstlosigkeit, Energie	Toleranz, Hingabe, Genauigkeit, Energie, gesunder Menschenverstand
Aufgabe für die Persönlichkeit	Inklusivität	Zentralisierung	Stillsein
Quelle des Leidens	Erleiden einer Niederlage, Degradierung, Untergeordnet-Sein, Demütigung	Herzenskummer, Untreue, Einsamkeit, Ausgeschlossen-Werden, enttäuschtes Vertrauen	Schmach, Nachweis der eigenen Unfähigkeit, Unfreisein, manipuliert werden, ruhelos
Art des Unterrichts	die Wahrheit durchsetzen, den Schüler auf die eigenen Füße stellen	Teilen von Wissen, in Kontakt mit dem Inneren den Schüler ansprechen	unpersönliche Darlegung der Grundlagen, dosiert
Wie wird der Weg gefunden?	durch Willenskraft, die sozusagen das Himmelreich »mit Gewalt« an sich reißt	durch Studium der zeitlosen Weisheit, bis Wissen und Leben eins werden	durch tiefes Nachdenken über philosophische und metaphysische Fragen
Berufe	Soldat, Herrscher, Abbruchunternehmer, Führerpersönlichkeit, Krisenmanager	Lehrer, Heilberufe	Diplomat, Bankier, Geschäftswelt, Radio, TV und Computer
Chakra	Kronen-Chakra	Herz-Chakra	Kehl-Chakra
Farbe	rot	blau	gelb

VIERTER STRAHL Harmonie–Konflikt	FÜNFTER STRAHL konkretes Wissen	SECHSTER STRAHL Hingabe	SIEBTER STRAHL Ordnung–zerem.Magie
der Verbindende	der Forscher	der Folgsame	der Gründer
der Harmonie erzeugt	der zum Erstrahlen bringt	der das göttliche Muster verankert	der die Gottheit manifestiert
physischer Mut, großmütig, starke Gemütsbewegungen, schnelle Auffassungsgabe	Ausdauer, gnadenloses Gerechtigkeitsgefühl, aufrichtig, gesunder Menschenverstand	Hingabe, Liebe, Zärtlichkeit, Loyalität, Ehrfurcht, Intuition, einspitzig	Stärke, Ausdauer, Höflichkeit, Mut, großes Interesse an Einzelheiten, Selbständigkeit
egozentrisch, exzessiv, voller Leidenschaften, moralische Feigheit, träge, schlampig	überkritisch, voreingenommen, keine Ehrfurcht und kein Mitgefühl, unversöhnlich, kalt	parteiisch, eifersüchtige u.egoistische Liebe, Abhängigkeit, sektiererisch, Selbsttäuschung	Formalismus, oberflächliches Urteil, Stolz, eingebildet, zu hoch hinauswollen
Unklarheit, Mangel an Objektivität, permanente Konflikte, große Pläne	alles analysieren, beweisen wollen, Gefühllosigkeit, intellektueller Stolz, Kritik	Fanatismus, Rigidität, Widerstand gegen das Neue, besitzergreifend, schwärmerisch, intensiv	zu großer Nachdruck auf Organisation, rituelles, magisches Denken, Aberglaube
Genauigkeit, ein geläutertes Leben, Gleichgewicht, Heiterkeit, Vertrauen, Selbstlosigkeit	Gefühl der Verehrung, Hingabe, Mitempfinden, Liebe, Loslassen, Weitblick	Flexibilität, Heiterkeit, Reinheit, charakterstark, inneres Gleichgewicht, Selbstaufopferung	Toleranz, Demut, Liebe, großzügige Sicht, Sanftmut
Standhaftigkeit	Loslösung	ausgewogenes Sehen und Sein	innere Ordnung u.Ordnung i.d.Lebensführung
Mißerfolg, sich nicht vollkommen ausdrücken können	Verachtung, geistige Niederlage, auf Fehler hin ertappt werden	Untreue, plötzlich ist das Gute zu Ende, falsch verstanden/beurteilt werden	Mißerfolg, Demütigung, Unhöflichkeit, Verlust äußerer Macht
dramatisieren, illustrieren in Wort, Bild und Gebärde	Verdeutlichen, so genau wie möglich, Schemata, Diagramme	inspirierend, eine leidenschaftliche Darlegung, persönliche Färbung	mit den neuesten audiovisuellen Mitteln
durch Selbstbeherrschung die widerstreitenden Gegensätze ins Gleichgewicht bringen	durch wissenschaftliche Forschung, die bis ins Grenzenlose führt	durch Gebet und Meditation, die die Vereinigung mit dem Einen sucht	durch Beherrschung, Riten und Beachtung höherer Gesetze
alles in Zusammenhang mit Schauspielern, Übersetzen und Kreieren von Schönheit	Wissenschaftler, Psychologe, Rechtsanwalt, Ingenieur, Chirurg	Pfarrer, Priester, Verkäufer, Berufe in der Welt der Werbung	Physiotherapeut, Innenarchitekt, Bildhauer
Stirn-Chakra	Sexual-Chakra	Solarplexus	Wurzel-Chakra
orange	grün	violett	indigo

Literatur

Wir führen hier die Werke auf, die für uns beim Schreiben dieses Buches eine wichtige Rolle gespielt haben und die wir gleichzeitig für gründlichere Studien empfehlen wollen. Dabei unterscheiden wir zwischen Büchern, die für das gesamte Buch von Bedeutung waren, und solchen, die wir hauptsächlich in Zusammenhang mit einem bestimmten Thema zu Rate gezogen haben. Letztere führen wir unter den jeweiligen Themen an.

Allgemeine Literaturempfehlungen

Bailey, Alice A.: *Serving humanity*, Lucis Press, London u. a. 1981.

dies.: *Eine Abhandlung über die Sieben Strahlen; Esoterische Psychologie Bd. 1*, Lucis Press, 1956.

dies.: *Esoterische Psychologie Bd. 2*, Lucis Press, 1959.

dies.: *Briefe über okkulte Meditation*, Lucis Press, 1973.

Baker, Douglas: *The egoic lotus*, Little Elephant, Essendon 1977.

Norman O. Brown: *Zukunft im Zeichen des Eros*, Pfullingen 1962.

Buber, Martin: *Die Erzählungen der Chassidim* (insbes.: »Der Schatz«), Manesse Verlag, Zürich 1949.

Govinda, Lama Anagarika: *Grundlagen tibetischer Mystik*, O. W. Barth / Scherz, München 1976.

ders.: *Schöpferische Meditation und multidimensionales Bewußtsein*, Aurum-Verlag, Freiburg.

Jung. C. G., und Franz, M.-L.: *Der Mensch und seine Symbole*, Walter-Verlag, Olten 1986.

Jung. C. G.: *Erinnerungen, Träume, Gedanken*, Walter-Verlag, Olten 1971.

ders.: *Die Beziehung zwischen dem Ich und dem Unbewußten*, JGW 7. Walter-Verlag, Olten 1971.

Kaiser, J. W.: *Geboorteween van de nieuwe mens*, Servire, Den Haag.

Korteweg, Hans, und Voigt, Jaap: *Helen of delen*, Contact, Amsterdam 1986.

Korteweg, Hans, und Loon, Corrie van.: *Echt waar*, Ankh. Hermes, Deventer 1987.

Le Guin, Ursula: *Der Magier der Erdsee*, Heyne-TB, München 1979.

Patanjali: *Die Wurzeln des Yoga*, O. W. Barth / Scherz, München 1982.

Powell, Arthur E.: *The Etheric Double*, Theosophical Publishing House, London 1969.

ders.: *The Astral Body*, a. a. O., 1972.

ders.: *The Causal Body*, a. a. O., 1972.

ders.: *The Mental Body*, a. a. O., 1975.

Roberts, Jane: *The education of oversoul seven*, Prentice Hall, Englewood Chliffs, N. J. 1973.

Russell, Peter: *The Global Brain*, ohne Angaben.

Stanley Adler, Vera: *The Initiation of the World*, Rider, London 1977.

Sturgeon, Theodore: *Meer dan menselijk*, Meulenhoff, Amsterdam.

Trungpa, Chögyam: *Das Buch vom meditativen Leben*, O. W. Barth / Scherz 1988.

ders.: *Aktive Meditation*, Walter-Verlag, Olten, 5. Aufl. 1984.

Wilber, Ken.: *Wege zum Selbst*, Kösel, München 1987.

Literatur zum Thema Chakras

Bailey, Alice A.: *Eine Abhandlung über die Sieben Strahlen. Bd. 4, Esoterisches Heilen*, Lucis Press, London u. a., 3. Aufl. 1983.

Haich, Elisabeth: *Einweihung*, Drei Eichen, 8. Aufl. 1984.

Hülsmann, Carl: *Awakening of Consciousness*, Momenta Publishing, London 1982.

Pierrakos, John: *Life Functions of the Energy Centers of Man*, New York, Institute for the New Age of Man, New York 1975 (Monographie).

ders.: *Core Energetik – Zentrum deiner Lebenskraft*, Synthesis-Verlag, Essen 1987.

ders.: *Liebe, Eros, Sexualität*, Synthesis-Verlag, Essen. In Vorbereitung.

Tansley, David V.: *The Raiment of Light*, Routledge & Keagan, London 1984; deutsche Ausgabe in Kürze bei Synthesis: *Die Aura des Menschen*.

ders: *Radionics and the Subtle Anatomy of Man*, Health Science Press, Bradford, Holsworthy 1972. Deutsche Ausgabe demnächst bei Synthesis: *Radionik und die feinstoffliche Anatomie des Menschen*.

Avalon, Arthur (Sir John Woodroffe): *Die Schlangenkraft*, O. W. Barth/ Scherz, 3. Aufl. 1982.

Alchimie und die vier Typen

Burckhardt, Titus: *Alchemy*, Penguin Books, Hammondsworth 1974.

Evola, J.: *Die hermetische Tradition*, Ansata-Verlag, Interlaken 1989.

Franz, Marie-Louise von: *Alchemie*, Schors, Amsterdam 1983.

Gilchrist, Cherry: *Alchemy, the Great Work*, The Aquarian Press, Welling-
borough 1984.
Hermes Trismegistus (zugeschrieben): *Die 17 Bücher des Hermes Trismegi-
stos*, Akasha, Haar 1982.
Jung. C. G.: *Psychologie und Alchemie*, JGW 12, Walter-Verlag, Olten 1980.
ders.: *Psychologische Typen*. JGW 6, a. a. O. 1981.
ders.: *Mysterium Coniunctionis*, JGW 14, a. a. O. 1984.
Waite, Arthur Edward: *The Hermetic Museum* (darin unter anderem: »The
New Chemical Light«), Samuel Weiser, New York 1973.

Charakterstrukturen

Leites, Andre: *Countertransference, a Characterological Approach,* Institute
for the New Age of Man, New York 1976.
Lowen, Alexander: *Körperausdruck und Persönlichkeit*, Kösel, München
1985.
ders.: *Bio-Energetik*, Scherz, München / Rowohlt-Taschenbuch, Reinbek
1988.
Praag, Erik van: *Leven in je lijf*, De Toorts, Haarlem 1979.
Reich, Wilhelm: *Charakteranalyse*, Kiepenheuer & Witsch, Köln 1970.

Sieben Strahlen

Abraham, Kurt: *Psychological Types and the Seven Rays,* Lampus Press,
Cape May, New Jersey 1983.
ders.: *Threefold Method for Understanding the Seven Rays,* a. a. O. 1984.
ders.: *Introduction to the Seven Rays*, a. a. O. 1986.
Bailey, Alice A.: *Eine Abhandlung über die Sieben Strahlen*, insbesondere:
Esoterische Psychologie Bd. 1 + 2, a. a. O. *Die Strahlen und die
Einweihungen*, Lucis Press, London u. a. 1974.
Baker, Douglas: *The Seven Rays, Key to Mysteries,* Samuel Weiser, New
York 1977.
Hodson, Geoffrey: *De zeven mensentypen*, Uitgeverij der Theosofische
Vereniging, Utrecht.
Tansley, David V.: *Chakra Rays and Radionics*, C. W. Daniel Company,
Saffron, Walden 1984; deutsche Ausgabe: *Chakren und die Gesundheit
des Menschen*, Synthesis-Verlag, Essen, in Vorbereitung.